ドイツ現代史探訪

― 社会・政治・経済 ―

鳩澤 歩 編著

大阪大学出版会

はじめに
　──なぜこの本は書かれたのか。そして読まれねばならないのか──

日本とドイツの特別な関係

　日本とドイツ連邦共和国との距離はおよそ9,000キロ。現在、フランクフルト空港やミュンヘン空港への直行便で10時間ほどかかる。時差は8時間（春から夏にかけてのドイツのサマータイム時は7時間）。日本の時計から8時間か7時間遅らせるとドイツの時計になる。つまり昼夜が逆になっていることが多く、この点、国際電話やEメールでの連絡にとても都合がよいわけではない。

　このように地理的に遠く離れた国について知る必要は、どこにあるのだろうか。グローバリゼーションの時代に、知識を持たないでよい国や地域などない──などというのは、あまりにも優等生的な答えだろう。世界が一体化し同質化したからこそ、外国のことなどをさほど知らなくても何の不都合もない──とも逆にいえるかもしれないのだ。

　ドイツは、日本と日本に住む私たちにとって、特別な意味をもつ外国なのだ──と、ここで言い切ってしまいたい。

　外務省ウェッブ・ページ「各国・地域情勢」中の「ドイツ連邦共和国」の項目によれば、「日本とドイツは基本的価値を共有し、国際社会の問題に対し協調して取組む政治的パートナーであり」、経済関係では「ドイツは日本にとり欧州最大の、また日本はドイツにとって中国に次ぐアジア第2位の貿易相手国」にして、日本の直接投資の対象としてのドイツは「EU加盟国中第3位」を占める。……なるほど、としか言いようがないが、「日独外交の最大の問題は、両国間に外交問題がないことだ」という冗談すらある、こうした安定的で良好な関係が「特別な意味」をもつと言うのではない。

日本人が外国に向かい合う姿勢には、ひとつの問題、ないし危険というべきものがある。日本からドイツに向けられる意識には、今日にいたるまで、それが最も端的にあらわれてきたと思われるのである。
　少し長くなるが、以下のようなことだ。
　19世紀後半から20世紀前半にかけてのドイツはその学問と技術と生産力で、さらに社会的な改革の未来の方向を示すという点で、全世界的にきわめて大きな存在感と発信力をもった。日本もまた、深くその影響を受けた国の一つであった。
　最初からそうだったわけではない。「源　家茂」すなわち江戸幕府14代将軍徳川家茂の署名が入った「日普（注・プロイセン王国）修好通商条約」（1860）のドイツ側原本は、ドイツの首都ベルリン郊外のダーレム公文書館に所蔵され、美術的価値も持つコレクションのひとつとして、館内で売られる絵葉書にもなっていた。いまから150年前の幕末のこのとき、統一以前の「ドイツ連邦」を構成するプロイセン王国への関心が、日本人のあいだに強かったわけではなかった。新興国プロイセン王国と地理的・政治的概念としての「ドイツ」の関係すらも、当時の幕府首脳にはあまりよく理解されていなかったふしがある。一方、プロイセン公使は蝦夷地（北海道）に領土的野心を持ったとみずから記録にとどめているが、軍事制圧やその後の植民計画が能動的にすすめられたわけではない。幕末が煮詰まった時期、戊辰戦争を前にして追いつめられた会津・庄内両藩がプロイセンとの提携を模索したことを示す文書が、2011年になってドイツの文書館で発見されている。しかし、プロイセン公使を介した、北海道の一部の領土譲渡の条件まで付した打診にも結局プロイセン政府は応じていない。あちらはあちらで、日本にさほどの関心はなかった。少なくとも、無視できないほどの重い意思を押し付けてくるわけではなかったのである。
　開国期以降の1860年代前半、「世界」の知識は、伝統的に利用されてきたオランダ語によって、ついでこれに代わり英語で、さらに一時期フランス語によっても得られた。ドイツ語は幕末日本への新知識の導入に大きな役割を果たしたとはいえず、それを学ぶ者の数もなお限られていた。

はじめに

　しかし明治維新にやや遅れてプロイセンを中心に成立したドイツ帝国の存在は、日本人のなかで急速に大きいものとなっていく。それは法律、医学、軍事、工学技術、思想、文芸、音楽など多方面における、「教師」としてのドイツであった。

「教師＝ドイツ」のころ

　近代日本の政体を形作った明治憲法——大日本帝国憲法（1889 年発布）が、ドイツの欽定憲法をモデルにしたことはよく知られている。伊藤博文らが 1882 年からの 1 年余りにおよぶ滞欧調査で、ベルリン大学のルードルフ・グナイストやヴィーン大学のローレンツ・フォン・シュタインといったドイツ系法学者の講義を受けた成果であり、実際の起草にあたっては明治政府の法律顧問となっていたカール・レースラー（ロエスラー）やアルベルト・モッセというドイツ人学者の大きな協力があった。

　また、ドイツ帝国建設をもたらした普仏戦争（1870・71）でのドイツ勝利が世界を瞠目させ、これをきっかけに、当初フランス式を採用していた日本陸軍は兵制をドイツ式に切り替えた——というのも、（山縣有朋や桂太郎といった、のちに首相にもなった陸軍の実力者たちの名とともに）有名な話である。実際には仏独の外国人教官が混在していたようにフランス式とドイツ式はしばらく併用され、1891 年にプロイセンの 1888 年「普国歩兵操典」をほぼコピーした歩兵操典が採用されたことでドイツ式兵制採用が完成した。その背景には、ドイツから招聘された有名なヤコブ・メッケル少佐による陸軍大学での教育によって、エリート士官や軍上層部にドイツ式支持が浸透していたことがあったが、より直接的な原因は、当時の火器や無煙火薬の発達による歩兵運用の抜本的な変化にいちはやくドイツ＝プロイセン軍が 1888 年制定の歩兵操典で適応していたからだ、とも説明される。

　技術的環境の変化に即応し、さらにその変化自体を先導する点でドイツの存在感はあきらかであった。

　19 世紀後半のドイツにおける自然科学上の達成は目覚ましい。発電機、内燃機関、自動車、あるいは冷凍機や検眼鏡や陰極管の開発、化学元素周期表

の発表、結核菌・コレラ菌・肺炎病原体等の細菌医学上の発見、創傷の無菌処置・局部麻酔・血清療法・脳外科手術などさまざまな治療法の創始、電磁波やX線の発見とその利用、生理学や遺伝学の成長、リーマン幾何学など近代数学の進歩、古典物理学の完成とそれへの批判としての量子論＝現代物理学の出発……これらはすべてドイツ発のニュースであった。

　有機化学の研究が進んだ結果、染料、肥料、医薬品を中心にバイエル社やヘキスト社などの化学企業が爆発的に発展したことに典型的なように、科学研究は産業と直接結び付くようになり、顕著な経済成長をもたらした。「第2次産業革命」と後世呼ばれる19世紀末の「新産業」（電気、化学、内燃機関、精密機械など）の急成長の結果、19世紀の終わりごろにドイツの工業生産高は英国を追い抜き、アメリカに次ぐ世界第2位となった。

　工業化や経済成長、あるいは「資本主義」の確立というこの時期の変化に応じて、世の中の仕組み自体を変えねばならない・変えるべきだという議論においても、ドイツは先端的だった。社会主義思想の展開はドイツ語でこそ大々的になされたし、社会主義運動への対応としての公的な社会保障制度の充実もドイツ帝国政府がはじめておこなった。国民国家の体裁を取るのが遅れたためにナショナリズムもその分激しく唱えられ、海外植民地形成の後発国において「帝国主義」はより露骨な行動としてあらわれた。ドイツ帝国が崩壊するきっかけとなった第1次世界大戦時にも、「総力戦」と戦時統制経済という社会・国家・経済の新しい関係がいち早く模索された。都市化が急速に進んだがゆえに、自然回帰願望の形をとった一種の環境運動すらいち早く起こった。

　日本に住む私たちの先祖がドイツからの知識の吸収に多大な熱意を抱き、努力を払ったことは不思議ではなかった。世界の多くの国や地域が現にそうしていた。外交的に対立した——いっそ宿敵とも言うべき——フランスを含めた欧州の隣国や、かつてドイツ人移民の流入先であった南北アメリカも、19世紀以来大量の留学生をドイツ各地の大学に送り込んでいる。ただ、地理的に離れ、大規模の人的交流も持たなかったわりには、ドイツに学ぼうとする日本の態度には並はずれたものがあった。明治期を通じて、文部省留学生

のじつに80％強がドイツかオーストリアに派遣されている。この数字には複数国で学んだ者が含まれるとはいえ、つまりは明治政府の官費留学生でドイツに行かなかった者は5人に1人もいなかったのである。

近現代日本史に残る多くの政治家、官僚、軍人、学者、芸術家の名前を、ドイツ留学生ないし長期滞在者として挙げることができよう。明治時代（19世紀後半から20世紀初頭）に限っても、たとえば「東洋のビスマルク」を気取りさえした上記の伊藤博文を筆頭に、品川弥次郎、青木周蔵、後藤新平ら。日清戦争時の陸軍参謀本部次長・川上操六、日露戦争における旅順要塞攻撃の乃木希典。細菌医学の北里柴三郎、志賀潔。物理学者・長岡半太郎。法学の穂積兄弟（陳信、八束）。「近代歴史学の父」L. ランケに学んだ歴史学者・箕作元八。あるいは森林太郎（鴎外）、滝廉太郎……と、指を折っていけばきりがないというべきか。

殺到ともいうべき留学生のドイツへの集中は、明治から大正をこえ、昭和・第2次世界大戦期まで続いた。第1次世界大戦後のドイツ・ヴァイマール共和国でも、大日本帝国からやってきた様々な人びとの姿がみられた。共和国初期の天文学的インフレーションの時期には、にわかに強くなった日本円に物を言わせて膨大な数の書籍が買いこまれ、帝国大学の図書館の棚に納まった。1923年、少壮の陸軍軍人たち（一説にはのちの首相・東条英機も含まれる）が南ドイツの温泉保養地に集まり、「バーデン・バーデンの密約」といわれる陸軍改革とドイツに倣った総動員体制建設の誓いをたてた。その数年後のベルリンでは、留学知識人たちのマルクス主義文献読書会が反帝国主義運動グループに発展していった。20年代にミュンヘンで医学を学んでいた歌人・齋藤茂吉がヒトラーの失敗した最初の蜂起を目撃し、美人画で知られる画家・竹久夢二は死の前年（1933）をヒトラーがいよいよ台頭する共和国末期のベルリンですごした。

必ずしもドイツをほんとうに訪れるまでもない。国家エリート養成の高等教育機関である旧制高等学校では、英語を第1外国語とする甲類（文科甲類、理科甲類）と並んで、ドイツ語を主とする乙類（文科乙類、理科乙類）が併設されるのが普通であった（仏語選択の「丙類」はあまり設置されていない）。

若き学歴エリートたちの教養主義的な精神生活にカントやショーペンハウアーやニーチェの哲学書やゲーテ、シラーの文芸作品、モーツァルトやベートーベンやブラームスのレコードの音楽は不可欠だったし、日常生活にもドイツ語から来るあやしげな隠語（「アルバイト」や「メッチェン」や「ゲルピン」）が付いて回った。

「ドイツ熱」のもたらしたもの。そして、その後

　ドイツへの傾倒というものはたしかにあった。しかもそれは、1880年代以降の、三国干渉や第1次世界大戦（これは東アジアにおける日独戦争でもあった）をはさんだ決して安定的でも良好でもない現実の対独外交関係とはあまり関係なく、日本人のなかに続いたのであった。ドイツの側に、無関心や敵意を含む、その時々の外交関係の実態をそれなりに踏まえた対日感情の紆余曲折があったのとは、これは著しい違いだといえよう。要するに、きわめて積極的であるが、かなり一方的なものであった。

　このことが、少なくとも一度は私たちに悲惨な結果をもたらしたことを忘れてはならない。日本は1940年代前半の国家レベルの破滅の体験を、当時のドイツ——ナチ・ドイツ（ナチス・ドイツ）と共有した。そこに働いていたのは、政軍首脳はじめ当時の多くの日本の指導者がドイツ語を解し、あるいは「ドイツ体験」とでもいうべきものをもち、したがって自分が豊富な知識をもつドイツに傾斜した意識をもっていたことだった。日独伊3国同盟（1940年締結）が対米・対英戦争への道をなかば決定的にしたことを考えれば、ドイツへの傾斜が破局につながったという見方は疑い得ない。外交・軍事における協調だけではない。ドイツにおける戦時統制経済モデルも30-40年代の日本の課題とされた。戦時経済下の日本の企業統制団体の長は、カタカナで「フューラー（Führer）」と呼称されようとしたのである。フューラー＝指導者とは、「総統」とも訳された語ではなかったか。

　ナチ・ドイツに追随した以上、日本人がドイツを理解できたとは結局いえないだろう。「理解」という言葉には対象の理非や可否やあるいは善悪についての正しい評価という意味が含まれているはずだからだ。ある外国に対し

はじめに

て多くの知識をもつことが、かならずしも「理解」につながらない——という苦い実例もまた、ドイツは私たちに提供してくれたわけである。

　ある外国を「知る」ことの意義。そして、その難しさ。日本人がドイツに対するとき、この二つが既にあきらかである。

　そして私たちは、第2次大戦後には、東西に分裂したドイツへの関心を次第に失っていった。明治官僚国家の生んだ「ドイツ一辺倒」や戦前期の一面的な傾倒の反省を踏まえて、ではなく、学ぶべき「教師」や憧憬の対象を新しい超大国であるアメリカ合衆国やソビエト・ロシアに公然と切り替えた結果であった。それはその必要が現にあったからにせよ、ドイツに対しては、たとえばもっと最初から、社会的な破滅を共有した「敗戦国」としての新しい関心が互いにあってもよかったはずだし、少なくとも日本にはその点でドイツの忠実な「生徒」であり続けようとする態度があってもしかるべきだったかもしれない。だが、そうではなかった。私たちはドイツのことを割合あっさり忘れるようになったのである。

　これもまた、問題ではなかっただろうか。さまざまな他国のなんらかの成果に目を奪われ、その国の社会や文化に闇雲に傾倒することは第2次世界大戦後も続けられ、21世紀になってすらもその癖から私たちは抜けきっていない。もちろん、他者から積極的に学び、その美点を取り入れることに熱心なのはよいことに違いない。だが、それが今も結局は「理解」に結び付かないものにおわる危険は消えていない。かつて圧倒的だったアメリカやロシアへの熱狂はやや冷めた。だが、私たちは次々と憧憬の対象となる国や地域を乗りかえて、今日に至っているのではないだろうか。そのことが、戦前期の一面的なドイツへの傾倒がもたらしたのと似た結果につながるおそれも、拭うことはできないと思える。

　そもそも、かつて自明であるかに思えた国家としての「成功」の中身やその意味さえも、誰か、どこか別の国の真似をすれば済むという、わかりやすいものではなくなってしまったのではないか。もはや開化期でもなければ冷戦時代でもない。ある国の「成功例」を出来合いのモデルとして採用すれば事足りると、もう誰が信じられようか。

いま、ドイツと向かいあう

　再びドイツに関心を払うべきことの意義を、ここにも見出すことができる。「教師」や「モデル」を選択するときの、一方的で、かなり功利的な（大抵そういうものであろうが）態度が定める視野は狭い。そこからはたやすく外れてしまっても、ドイツという国とその社会は存在するのである。私たちはつきあいの必要から免れたわけではない（言い添えると、好きな相手と思うようにつきあう自由を奪われたわけでもない）。

　偏った思い込みや相互の誤解から成り立っていた関係から脱したあとも、関係そのものは、この「グローバリゼーション」の時代だからこそ避けがたく続くのである。そのときのつきあいには、言葉の正しい意味での「理解」がなければならない。一辺倒の熱狂の後に熱が冷めるのはいいが、そうしてやってきた冷静な態度が行き過ぎて、無関心や無知の淵に沈んでしまうわけにはいかないのである。

　ドイツという国・地域は、その意味できわめて好都合な対象であろう。私たちは（こんな本を書き出した著者の私たちですら）もはや「ドイツ一辺倒」ではないし、そうではありえない。しかし、そうした日本（日独関係）の現在でこそ、見えてくるものがあり、学ぶべきものがある。しばしば共通の問題を抱え、あきらかに似た対処法をとることもあれば、全く別個の手段を試みることもある。はじめて、はっきりと同じ時間を日本とドイツという遠く隔たった国・社会は意識するようになったともいえる。

　もしも世界の中の日本を知るために、日本の外の社会を知ることが必要であるとすれば（これは必要であろう）、ドイツは、いわば成熟した対象であり、そのメリットは生かされなければならない。

　そうはいっても、「いまさらドイツ？」という声はあるだろう。過去の関心や「研究」（この言葉はもともとドイツ語"Forschung"からの訳造語）の蓄積は蓄積として、私たちは未知の新しい対象に向かうべきではないのか、その実際的必要こそがはるかに高いのではないか、と。その対象とはたとえば北東アジアであり、インドであり、アフリカであり、南米であり……。

　それもそうだろう。だが、こうした「乗り換え」に潜む危険については、

上に述べたとおりであった。

　ここでは逆の角度から、まさに「いま」ドイツに向かう必要に触れておこう。

　たしかに、たとえば日本の大学でドイツ語を学ぶ人数は減ったといわれる。テレビやラジオの「ドイツ語講座」の視聴者・聴取率は知らないが、医師のカルテはもはやドイツ語では書かれないようだし、大学院の入学試験から「第2外国語」を外した例も多い。日本におけるドイツ語学習は衰えたといえば、数字上ではその通りだろう。だが、高等教育機関で教わる主要な言語としてドイツ語が完全に姿を消す事態を想像するのは難しい。また、現場に近い場所のひそかな実感としては、大学の"パンキョー"こと一般教養課程（1・2年生配当の全学共通科目）における「第2外国語」としてある程度真剣に習得しようとしているのは、やはり仏語や独語である気がする。中国語、スペイン語、朝鮮語、ロシア語……といった非・西欧語への目に見える需要が急増している一方、旧制高校以前からの伝統は、意外に今も強固だという印象を持てるのである。そして、これは単に旧習の墨守ではないとも思える。強固な伝統は、どこかで現実的な必要性によって裏打ちされているものではないだろうか。

　アカデミズムの現場ばかりではない。フランクフルト市場——いまや会社としては大西洋をまたにかけた世界最大のマーケットの一翼となった——の情報をオンライン画面上のアラビア数字でのみとらえる金融マン、ドイツ法なんか見たことも触ったこともないとうそぶく裁判官、経費節減のため特派員はロンドンかパリに一人いればいいという新聞社首脳、ドイツ・ブンデスリーガ（国内リーグ）などから学ぶものはないと書くサッカー・ジャーナリスト……などというのは、これからも出てきそうにない人たちである。

　ゴミ処理や原発政策など環境問題への対処、移民問題、社会保障政策の今後、歴史教育における外国との話し合いを含む戦後処理の問題、海外派兵問題、地方分権・自治のシステム、アメリカ合衆国のそれとは異なるとされる経済システムとその運営、製造業のさまざまな分野での日本との激しい市場競争などなど、やはり私たちがドイツに関心を持たざるを得ないトピックス

は実に多い。2011年3月の東京電力・福島第1原子力発電所の事故を知るや、ドイツ政府がただちに自国の原発政策を転換したことは、震災のあまりの規模と深刻さに立ちすくむばかりだった私たちに、いわば頬を打たれるような思いを与えたではないか。

だから現に、ジャーナリスティックな現代ドイツ論にせよ、「ドイツを知る〇〇章」、もしくはドイツで暮らすハウツー本にせよ、無数のウェブ・ページにせよ、ドイツの現状に関する書籍の出版や情報発信は途切れないのである。

なぜ「現代」の「歴史」なのか

そんな中で本書が新たに構想されたのは、近現代史全般のパースペクティブでとらえた現代ドイツ社会のコンパクトな見取り図が必要だと考えたからである。現代社会論や同時代史の紹介・叙述が、何らかの前史を踏まえずに書かれることは絶対にありえないが、それらがナチ時代（1933–45）よりも前にさかのぼる、歴史的により長いスパンの把握をふまえることは、意外に少なかった。

やや話がずれるが、昭和史研究で著名な半藤一利氏にして、あるエッセイの一節では、神聖ローマ帝国とフリードリヒ2世（大王）時代のプロイセン王国をどうやら若干混同していた。「何故、昭和前期の軍人・官僚はドイツにあれほど魅せられたのか」という興味深いテーマへの「歴史探偵」の推理の価値が、その分ほんの少しだけ損なわれたかもしれないのが惜しまれる。半藤歴史探偵のような上手の手からも水は漏れる。まして私たちの手においておや。そして今日、「ヨーロッパ史」は比較的漏れやすい水になってしまったようでもある。

唐突だが、ここにひとつの景色がある。右の写真は、ドイツの首都ベルリン市の中心部ポツダム広場の片隅に立つ、あるモニュメントだ。東西ドイツを隔てた「ベルリンの壁」の建設地に重なったことで、30年近く放棄されていたポツダム広場には現在、大々的な再開発計画によって、高層建築の立ち並ぶドイツで最も超近代的な景観が出現している。それにはそぐわない、有体にいって薄汚れたこの不恰好なモニュメントは何であろうか。なぜ、この

はじめに

場所にそれが建てられているのだろうか。

これは正確にいえば未完成のモニュメントの一部。20世紀初頭の革命家カール・リープクネヒト（1871-1919）の記念碑の台座だけが据え付けられたままになっていたものなのである。しかも、ただ忘れ去られて残されているのではない。

リープクネヒトは第1次世界大戦中の1916年、当時ドイツ最大の繁華街だったポツダム広場で反戦デモの指揮をとり、逮捕・投獄された。その後、ヴァイマール共和国の初期に武装蜂起

図1　ベルリン・ポツダム広場のモニュメント（筆者撮影）

（スパルタクス団蜂起）に失敗、虐殺されたことで知られる（→第2部「3章」参照）。第2次世界大戦後の1951年に、社会主義体制の東ドイツすなわちドイツ民主共和国（DDR）ではリープクネヒト記念碑を計画し、まずこの台座だけが作られた。当時の西ドイツすなわちドイツ連邦共和国（BRD）の再軍備を牽制する東ドイツ当局の意図も、そこには働いていた。その後、記念碑本体は何故か10年間作られないまま、61年にはベルリンの壁が建設され、ポツダム広場は壁に引き裂かれたノーマンズ・ランドと化したため、台座は放置されていた。90年10月にドイツ統一（戦前期をふまえて「再統一（Wiedervereinigung）」と呼称する場合も多い）が実現、ポツダム広場を復興させるための再開発計画によって、95年にいったんこの台座は撤去・移動していた。ところが2002年、ポツダム広場のあるベルリン市・ミッテ（＝中央）区はこの台座をドイツの社会主義的・反軍国主義的伝統の歴史を示すモニュメントとして復旧することを決定、今日の形に落ち着いたのである。なお、1995年から2002年までのあいだに国政レベルとベルリン市政レベルで政権が変わっている。ベルリン市のモニュメント復活推進側には、左派である当

xi

時PDS（民主社会党）所属の市政府文化大臣がいた。PDSは、旧東ドイツの政権党だったSED（社会主義統一党）の後継政党として出発したものである。

どうやら歴史は現在にいたるまで、積み重なっている。しかも、ときに打ち消しあい、あるいは引き寄せあう、複雑な働きかけを互いにおこないながら、である。現在の私たちの目の前にある景観を理解するためだけにすら、そうした長い時の積み重なりを知り、その相互作用についても知識をもたねばならないのである。複雑な現代社会の、たとえ一局面にせよまとまった像を得ようとするならば、そうした知識の必要は予想以上に高いのではないだろうか。

本書の共同執筆者には、19世紀以降のドイツ史に関する研究（社会史、経済史、思想史）を専門とする者が多い。また、体制移行後のドイツ東部地域をそれ以前の東ドイツの歴史をふまえて論じることができる者が含まれる。また執筆者は全て、1980年代後半にドイツを対象とする社会史、経済史、思想史、文学……の研究をスタートさせた世代に属する。歴史学は（議論はあるにせよ）基本的には客観性をまず意識されるべきものであるが、自己のキャリアと対象とする時間とがほぼ重なるならば、そこに実感的な同時代史の叙述が成立することは期待してよいであろう。また、よく言われるように歴史は「過去と現在との対話」である（べきである）。これを現代・同時代ドイツに対してこころみることの意義は、小さくないといえよう。

本書について

さて、この本についてすこし説明しておこう。

本書は第2次大戦後西暦2000年代に至るドイツ現代史の概説と、現代ドイツ社会の多様な側面へのやや専門的に突っ込んだアプローチの2部から構成される。

これらに先立ち、まず近代ドイツ史の鳥瞰図が示される。「**序章　歴史的前提──1945年までのドイツ──**」では、資本主義（市場経済）という経済体制と「「国民」、「ドイツ」という枠組みのありかた」＝ナショナリズムとを軸に、ナポレオン時代から第2次世界大戦のドイツ敗北にいたるドイツ近代

史が論じられる。担当者は近代ドイツ史のメルクマールである19世紀中半の革命＝1848・49年革命を、単に政治動向によってではなく民衆運動の視点から精密に分析した著作をもち、その視角はドイツ史研究における先端的なそれである。この「序章」は単に年表や参考書の代わりに置かれているのではなく、本書のこれ以降の議論は、ここでの把握を前提に進められる。

つづいて「第1部」は、「ベルリンの壁」崩壊前後から今日（2009年連邦議会選挙とその後）にいたる政治動向と21世紀の経済問題に関する同時代史的な概説にあてられる。「**1章「ベルリン共和国」の政治――「壁」の崩壊から第2次メルケル政権まで――**」、「**2章　システムの苦難のとき――ドイツ経済の過去と現在――**」は政治・経済・社会に関する現代ドイツ史の駆け足の通観であるが、結果がまだ見えない事態をとりあつかう「現代史」にこそありがちな、ある固定したモノサシによる裁断を避けることに努力を払った。現代こそは最も距離感の取りにくい対象であり、書き手の立場や主観が入り込むことから最も逃れがたい。深刻な話題を扱いながら、文中、しばしば脱線や悪ふざけとも見える筆のすべりがあることに眉をしかめる読者もおられようが、普遍的でも中立的でもありにくい対象に対する距離をとろうとするゆえだったと諒解されたい。

この「第1部」を踏まえ、「第2部」では特定のテーマからみた、現代ドイツ社会論が展開される。思想・言論、体制転換前後のドイツ東部＝旧東ドイツ（DDR）史、現代ドイツにおけるマイノリティや社会運動の歴史的起源にまでさかのぼった紹介などである。包括性にこだわらず、各自の専門領域を生かす形で、歴史的知識を踏まえた多面的な現代ドイツへの知的探索がこころみられる。

「**3章　「過去の克服」は克服されるのか――ナショナリズムと共産主義の再評定――**」は、ドイツの「過去の克服」の問題をとりあつかう。有名なヴァイツゼッカー西独大統領（当時）による演説は、ドイツは「過去の克服」において（日本とは違って）真摯で模範的である、とのイメージを決定的にした。本章では、20世紀前半を生きた哲学者カール・ヤスパースやハンナ・アーレントらの経験とその議論からヴァイツゼッカー演説を照射し、「過去の克

服」をめぐる現代ドイツにおける困難をあきらかにする。ドイツの政府がとってきた謝罪や賠償を日本にとって学ぶべきモデルとして扱うことは一種のスタンダードであるが、一方で彼我の根本的な差異を強調する立場もある。いずれの立場をとるにせよ、本章を担当した倫理学・思想史の研究者が紹介する、「過去の克服」をめぐる言論の対立の深い背景を知ることなしに、私たちにとって知的に誠実な（つまり、見たくないから見ないや、知っていても知らないふりをする、ではない）態度をとることは不可能であろう。

「4章 「もうひとつのドイツ」の記憶──東ドイツに生きた人々とともに──」は、いまから20年前、1990年にドイツ連邦共和国の一部となることで消滅した東ドイツすなわちドイツ民主共和国（DDR）の歴史という、いわばもうひとつの、そして、次第に省みられなくなっていくであろう現代ドイツ史をとりあつかう。あらためて東ドイツの成立とその後の40年を概観することは、かつて「東側の優等生」とも呼ばれた体制の実態を確認するという意味を、まずもつであろう。東ドイツはかつて、好んで「現存する社会主義」を唱えた。「今、ここにある社会主義」とは、あきらかに、社会主義の世界史的・人類史的な未来を前提とした観念にもとづく用語であった。しかも、こうした世界観や歴史観は、「東側」だけではなく、「西側」でも相当数の人びとが共有するものだといえた。それがなぜ、約40年という短期間で消滅するに至ったのか？　その歴史をかえりみる必要は薄れない。また、同時に、「新連邦州」と呼ばれる東部ドイツの現状を知る上で、東ドイツ史の知識をもつことはやはり必須なのである。

「4章」担当者は、80年代後半に末期の東ドイツ社会で暮らし、市民たちのひそかな反体制運動にもコミットした経験をもつ。自身の日常生活の記憶をもとに、体制崩壊の20年後のいまは「見えない国」を、肉眼で見ようと呼びかける。それは私たちの社会を見ることにつながる。

「5章　規則を破るドイツ人──マイノリティ・抵抗者・アウトノーメ──」は、私たちがドイツ人とその社会に対してもつ紋切り型のイメージに修正を迫る。すなわち、ドイツ人は秩序や清潔を愛し、規則を忠実に守る。ドイツでは犬さえ横断歩道を直角に渡るのだ。よくいえば真面目、悪くいえば愚直

で融通が利かない。「お上」という言葉（"Obrigkeit"）を持ち、公的な権威・権力に弱い。柔軟な批判精神に乏しく、「官」に盲従する傾向が強い。そして、この国民性の行きつく最悪の先に、かつてのナチ・ドイツもある——というわけである。しかし、1980年代に生み出された空き屋占拠運動や反原発運動は、法律や規則に反抗し、権力や秩序を転覆する若者の志向を根強く示して今日に至っている。本章の筆者は、それまで19世紀ドイツ社会にほとんど存在しなかったと思われていた過激な無政府主義運動を独力で掘り起こした研究成果をもつ。同じ実証的な手法で、私たちが現代ドイツを訪れた時に現に目にしていながら——あるいは青春映画『ベルリン、ぼくらの革命』(2004) などが共感的に描きながら——ほとんど意識に残らない、現代の有力な反体制運動を紹介し、「真面目で国家意識の強いドイツ人」という像をゆさぶる。このことから、他者の属性を簡単に決め付けてしまうことの愚かさに気づかなければならないだろう。そして互いに理解することの難しさと、それを試みる意義をあらためて感じ取るべきだろう。

　「**6章　ジョークで見るドイツの官吏**」は、辛辣なジョーク・小話が切り取った現代ドイツ社会の一局面を描く。「官僚制の故郷」などとも呼ばれるドイツの現代の官僚組織は、そこに生きる市民の目にはどのように映っているのだろうか？　公式見解や研究レポートや新聞社説が取りこぼしてしまう真実の一片は、しばしばジョークによってこそ拾われる。よくできたジョークは無名の市民の公的な場では表面に出せない（しばしば、エゲツナイとも身勝手とも無責任ともいえる）本音を体現するし、そのことで社会の卓抜な自己批評ともなるからである。この章の筆者の実感は、ドイツにおける生活者のそれである。俎上にあげられているのはドイツの「官吏（単に「公務員」という以上の実体的な意味をもつ）」であるが、ここには「我々の」社会の問題に悩むドイツ市民の自画像がある。それはもしかしたら、数年後のあなたが住む街の隣人たちかもしれない。いや、あなた自身かもしれない。

　コラムとして5編を「第1部」以外のそれぞれの章末に収録した。「ドイツいまむかし」という通しタイトルだから、みずからの楽しい思い出話を述べるだけでも悪くはなさそうなものだが、いずれも自然にそうはならなかった。

とくに2編「震災の日」と「German Angst（ドイツ的不安）？」は、東日本大震災と東京電力福島第1原子力発電所事故の勃発（2011年3月11日）に対するドイツ社会の直後の反応を取り扱っている。それぞれの著者は単に報道によってではなく、みずからの体験によって、震災・原発事故に対するドイツの人々の反応を生々しく知り、そこから得たある感慨とメッセージをコラムに託した。残る3編のコラムも、ドイツ社会と対比して、私たちの社会に対する問いかけを何らかの形で提起している。そうせずにはいられなかったのである。外国について幾許かの知識を得ることは、このような意味を持つことを、私たちはまた知らねばならなかった。だが、ときにこうした自省の苦い思いや違和感や、あるいは当惑を抱えることになったとしても、ここに進むべき道があるのだろう。いざ……。　　　　　　　　　（2011年6月）

著者を代表して
鴋澤　歩
（ばんざわ　あゆむ）

目　次

はじめに
──なぜこの本は書かれたのか。そして読まれねばならないのか──

日本とドイツの特別な関係　「教師＝ドイツ」のころ　「ドイツ熱」のもたらしたもの。そしてその後　いま、ドイツと向かいあう　なぜ「現代」の「歴史」なのか　本書について

……………………………………………………鳩澤　歩　i

序章　歴史的前提
──1945年までのドイツ──……………………………山根徹也　1

ドイツにおける近代のはじまり　3月前期　1848年革命　ドイツ統一　ヴィルヘルム2世期の帝国主義政策　第1次世界大戦とドイツ革命　ヴァイマール共和国　ヒトラー政権の成立　ナチス独裁体制の形成　第2次世界大戦　戦争犯罪とホロコースト　ドイツの近代

（ドイツいまむかし）1848年革命の記憶

第1部　同時代ドイツ史──20世紀末から現在へ

1章　「ベルリン共和国」の政治
──「壁」の崩壊から第2次メルケル政権まで──………鳩澤　歩　23

はじめに──第3の共和国へ
(1) コール政権とドイツ統一
(2) シュレーダーの時代──ベルリン共和国の変化と対外政策
(3) アンゲラ・メルケルの静かな戦い
おわりに──ボンを遠く離れて……？

2章　システムの苦難のとき
　　――ドイツ経済の過去と現在――・・・・・・・・・・・・・・・・・・・・・・・・鳩澤　歩　59

　　はじめに――「ハルツ IV・パーティ」とは？
　　（1）ハルツ委員会報告まで――統一後のドイツ経済
　　（2）成功の経験――「経済の奇跡」
　　（3）色あせた奇跡――70 年代以降のドイツ経済
　　おわりに――ヨーロッパ経済のなかで

第 2 部　現代ドイツ社会を訪ねる

3章　「過去の克服」は克服されるのか
　　――ナショナリズムと共産主義の再評定――・・・・・・・・・奥波一秀　95

　　はじめに
　　（1）ヤスパース『罪責論』（1946）――「ドイツ人」の責任の深淵
　　（2）第 1 次大戦後のナショナリズムとヤスパース
　　（3）「ドイツ」とはなにか？――ヤスパースとアーレント
　　（4）マルクス主義の評定――ローザ・ルクセンブルク殺害をめぐって
　　（5）テロリズムの「現実」と言説――ノルテの「歴史修正主義」
　　（6）歴史をかたるということ――召喚される悪霊の影
　　（ドイツいまむかし）予防接種としての歴史教育

4章　「もうひとつのドイツ」の記憶
　　――東ドイツに生きた人々とともに――・・・・・・・・・・・・・北島瑞穂　130

　　はじめに
　　（1）敗戦と占領統治――「崩壊社会」からの出発
　　（2）占領軍政下の東西対立――冷戦の開始とドイツ分裂の予兆
　　（3）「二つのドイツ」建国――「東ドイツ」の誕生
　　（4）「一党独裁」への道
　　（5）50 年代の政権危機から「ベルリンの壁」建設へ

(6)「社会主義ドイツ」の模索

　　　(7) ウルブリヒト解任とホーネッカー政権下のジレンマ

　　おわりに

　　（ドイツいまむかし）震災の日

5章　規則を破るドイツ人
　　　　──マイノリティ・抵抗者・アウトノーメ──　………田中ひかる　154

　　　(1) はじめに──ドイツ史におけるマイノリティと抵抗者

　　　(2) アウトノーメの起源

　　　(3) アウトノーメの成立過程

　　　(4) 西ベルリンの空き家占拠運動とアウトノーメ

　　　(5) パンク・ロックと「ノー・フューチャー」

　　　(6) 1980年代後半から現在まで

　　おわりに

　　（ドイツいまむかし）ドイツを出て行くドイツ人たち

6章　ジョークでみるドイツの官吏 ………………宗像せぴ　183

　　　(1)「官吏ジョーク」とは

　　　(2) さまざまな「官吏ジョーク」

　　　(3) ドイツ官吏の歴史

　　　(4)「官吏ジョーク」は何故生まれたのか

　　　(5) 現代ドイツの官吏たち

　　（ドイツいまむかし）German Angst（ドイツ的不安）？

あとがき …………………………………………………………著者一同　203

著者略歴 …………………………………………………………………　209

序章　歴史的前提
―― 1945年までのドイツ ――

　現代のドイツを考えるとき、そこに現れている問題を歴史をさかのぼって理解する必要がある。「序章」では、近代に入ってから1945年までのドイツの歴史をおおづかみに見てみたい。現代のドイツの諸問題の軸になっているのは、一つには市場経済もしくは資本主義経済とよばれる経済体制のありかたであり、いま一つには「国民」、「ドイツ」という枠組みのありかた、言いかえればナショナリズムのゆくえであろう。この二つの軸となる問題が立ち現れた19世紀初頭から、第2次世界大戦までのドイツにおいてそれらがどのように展開したかを中心に、ドイツ史を概観してみよう。

ドイツにおける近代のはじまり

　「はじめにナポレオンありき」と歴史家トーマス・ニッパーダイは述べている。ドイツ近代史の幕は、ナポレオン・ボナパルト（ナポレオン1世）によるドイツ支配によって開かれたというのである。たしかに、19世紀はじめのナポレオン時代に、ドイツは大きくその様相を変えた。

　まず、神聖ローマ帝国が解体され、また、領土の再編と、ドイツにあった多数の国家の整理が行われた。10世紀に成立した神聖ローマ帝国は、800年にわたってドイツの地域における重用な政治的枠組みであった。15世紀ごろには、この帝国の領域を「ドイツ」と呼ぶ習慣も定着していた。しかし、この帝国は、中世末期以降においては、多数の小勢力のゆるやかな政治的連合体にすぎず、統一国家としての実質はなかった。18世紀なかばにおいて見てみると、帝国内には約300の領邦とよばれる君主制国家と、50ほどの自治都市（「帝国都市」）があった。そのうち最大の領邦は、ハプスブルク家が領

するオーストリアであり、これに次ぐ大領邦がプロイセンであった。1789年にフランスでは革命が起きていたが、オーストリアとプロイセンは1792年からこれと戦争状態に入っていた。しかし、フランス軍を率いるナポレオンに両国は敗北した。その結果、神聖ローマ帝国は解体し、また、この過程でドイツ諸国は約40の国家に整理統合されたのであった。

それと同時に、フランスにおいて革命によって達成された大きな社会変革が、ドイツにも及んだ。フランス革命は、中世以来の領主制を廃止し、手工業におけるギルド制を解体し、すべての（男子・成年）市民に法律上の権利のうえでの平等と経済的な自由を保障する制度を実現した。ドイツでは、ライン川左岸などフランスの直接統治下に入った地域や、フランスの衛星国として新設された国家では、そのような制度の直接的な導入がはかられた。また、プロイセンも、フランスに対抗する国力を養うことを目的として、領主制の廃止等の改革を進めた。これによって、資本主義的な経済体制の発展が準備された。

また、ナポレオン体制に対する反発と抵抗のなかから、ドイツにおいてナショナリズムが姿を現した。ナショナリズムとは、「国民（nation、Nation）」の統合と、これを単位として政治的な自立性を持つ団体（多くの場合国家）の形成をめざす運動と思想である。この時期、ドイツの知識人のあいだでは、ドイツ人として団結し、ナポレオン支配からドイツを解放すると主張するナショナリズム思想が広がった。

こうしてドイツにおける「近代」が開幕したのであった。

3月前期

ナポレオンの敗退後、1814年から1815年にかけて、ウィーン（ヴィーン）において講和会議が開かれ、ここに、戦勝国ロシア、イギリス、オーストリア、プロイセンを中心とする国際政治体制が構築された。ウィーン体制とよばれるこの体制は、復古主義を掲げたものの、実際にはかなりの程度、革命とナポレオン期の変革を追認した。ウィーン体制のもとで結成されたドイツ連邦は、それまでに行われた国家の整理統合を前提として、生き残った40弱

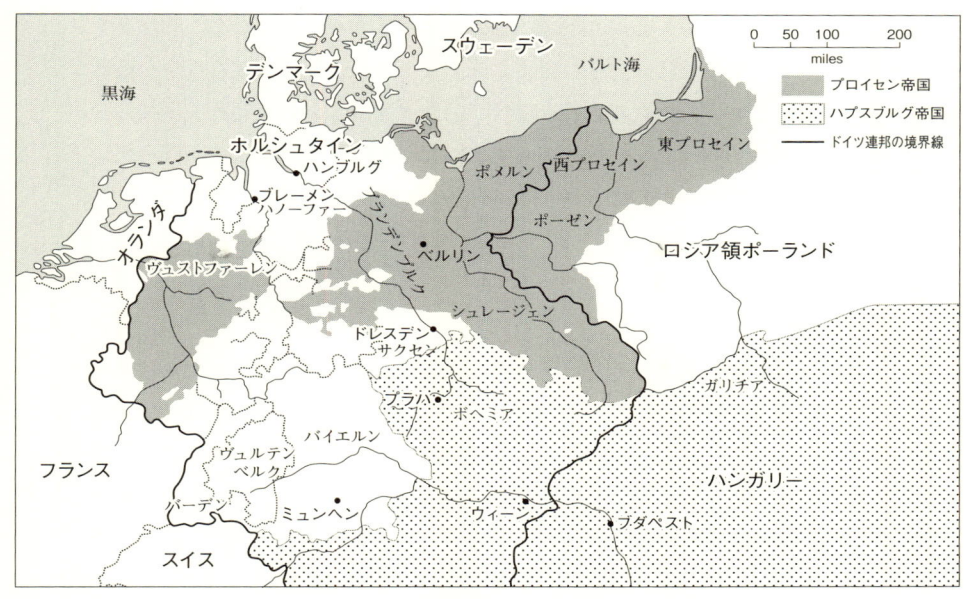

図1　ドイツ連邦（1816－66年のドイツ）

の国家のゆるやかな連合体とされ、各国において進められた改革の成果は事実上追認された。しかし、それと同時に、ウィーン体制は革命の再発をおそれ、現状以上の変革を阻止しようとしたため、政治変革を求める下からの運動を抑圧した。

　この時期のドイツ諸国を含むヨーロッパにおいて、ウィーン体制の政治的秩序に挑戦した運動は、おもにナショナリズムと自由主義を掲げていた。ナショナリズム運動は、小国に分裂したドイツの政治的統一を求めて展開した。自由主義とは、フランス革命においてめざされたような、個人の自由と法的平等、および代表制——多くの場合議会制——を通じての国民の政治参加の拡大を求める政治思想と運動である。ドイツにおいて自由主義は、言論・出版の自由の保障、議会制の確立や、憲法の導入ないし立憲主義政治の確立を求める運動として現れた。19世紀なかばまでは、ナショナリズム運動と自由主義運動はほぼ一体のものとして展開した。おもな担い手は市民層——学生を含む知識人層や企業家層など新興エリート層——であった。

3

他方、19世紀初頭の改革の結果、また、イギリスの「産業革命」の影響を受けて、ドイツの社会は大きな変化を迎えた。そのなかで深刻な社会的危機が生じていた。この危機の影響を受けていた民衆は、多様な運動を展開して状況に対応しようとした。そのなかで、国外で働く手工業職人の一部のあいだでは社会主義運動が始まった。この運動にかかわったカール・マルクスらが運動の目標を掲げるものとして作成したのが『共産党宣言』(1848)である。

1848年革命

　自由主義とナショナリズムに立脚する運動と、民衆の社会運動が連動して起きたのが1848年の3月革命であった。ドイツ諸国では民衆運動の圧力を受けて、それぞれにおいて自由主義内閣が成立し、また、ドイツ統一とドイツ憲法を審議するためのドイツ国民議会がフランクフルトにおいて開催された（フランクフルト国民議会）。

　しかし、市民層は民衆の社会運動に不安を感じ、両者のあいだには、深い対立が生じた。これを反映して、民衆運動の動員に積極的な急進派と、そうではない穏健な自由主義者とのあいだでの対立が、各国内やドイツ国民議会のなかで深まった。さらに、ドイツ統一の方式についても、ドイツ連邦全体をドイツ統一国家へと統合しようと考える「大ドイツ派」と、オーストリアを除き、プロイセン中心にドイツ統一を進めようとする「小ドイツ派」の対立が生じた。

　こうしたなかで、1848年の終わりには旧支配勢力が主導権を取り戻し、翌年なかばまでに各国の革命は終息させられた。ドイツ国民議会は、1849年3月に、小ドイツ的なドイツ統一の方針を前提とするドイツ憲法の採択にこぎつけたものの、ドイツ皇帝の位に就くよう要請されたプロイセン王がこれを拒否したことにより、その統一の試みは挫折した。ドイツ憲法も葬り去られ、ドイツ国民議会は解散させられた。革命は挫折し、ドイツ統一も果たされなかった。しかし、各国では農民解放や議会制・憲法の導入など、革命によってもたらされた変化は、旧勢力によって修正されたうえで受け入れられており、革命は、挫折にもかかわらず、ドイツを大きく変えたといえる。

ドイツ統一

　1850年代は反動期とよばれる時代で、革命を打倒した旧勢力による反体制派への抑圧が強かった。しかし、その一方で資本主義経済は順調に発展し、工業化（産業革命）が本格的に進行した。19世紀後半のうちにイギリスに匹敵する工業大国となっていった。1860年代に入ると、経済発展を背景に自由主義が勢力を増し、議会などを通じて政治の自由主義化とドイツ統一を要求する。プロイセンでは、議会下院で多数をしめる自由主義者と、政府とが対立する「憲法紛争」が生じた。あらたに同国宰相に任命されたオットー・フォン・ビスマルクは、強権的な政治をすすめる一方で、対デンマーク戦争、普墺戦争、普仏戦争と次々と対外戦争を遂行してこれに勝利し、ドイツ統一を達成した。ドイツ帝国が成立したのが1871年である。この動きを見て、自由主義者の右派は、ドイツ統一を優先する立場からビスマルクを支持するに至った。これ以後、ナショナリズムは保守主義との結びつきを深めることになる。

　ドイツ帝国は、それまで独立国であったドイツ諸邦より成る連邦というかたちをとり、プロイセン王を皇帝とした。諸邦はそれぞれかなり高度な自治権を保持したが、中央政治で主導権を握ったのはプロイセンであった。また、男子普通選挙制度に基づく帝国議会が設置されたが、その権限は大幅に制限され、皇帝によって任命される宰相は議会に対して責任を負わないなど、自由主義が求めていた立憲主義体制にはほど遠い。それにもかかわらず、ビスマルクと自由主義右派（国民自由党）の協力関係は続き、この勢力が保守派とならんで政権支持勢力となった。

　他方、工業が発展するなかで、1860年代以降、資本主義体制に対抗する労働者の運動が大きく進展した。そのなかで、社会主義を目標として掲げる二つの政党が成立し、1875年には合同してドイツ社会労働者党（のちにドイツ社会民主党（SPD））を結成した。ビスマルクは、社会主義者鎮圧法によってこれを弾圧し、同時に、労働者の体制内化をねらって社会保障制度を導入した。それにもかかわらず、社会民主党は、1912年には帝国議会内の第一党になるまでに成長していった。

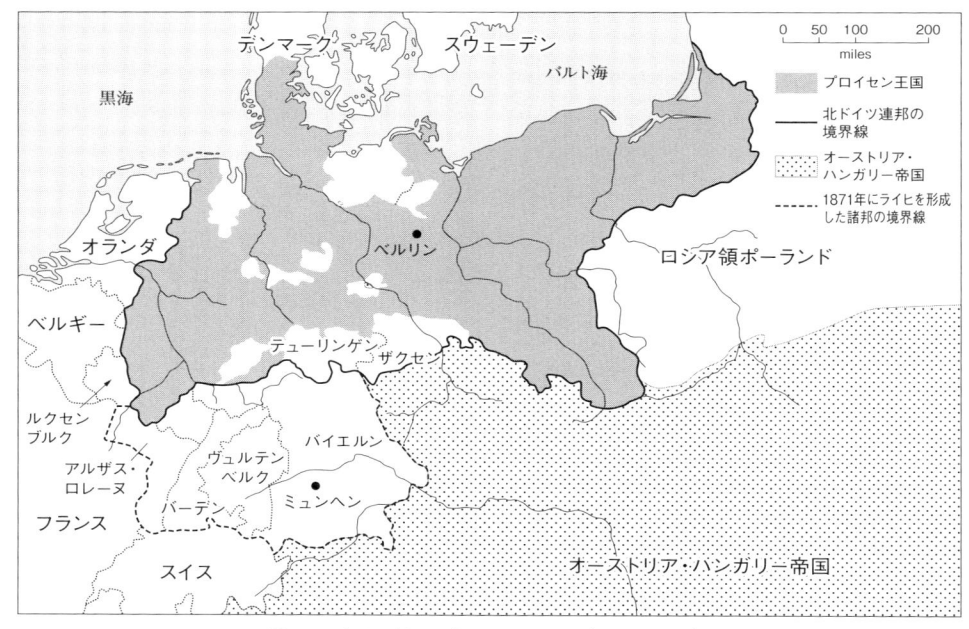

図2　ドイツ統一（1866-1918年のドイツ）

　また、帝国内で少数派となったカトリックを支持基盤として中央党が結成された。ビスマルクは当初、カトリック勢力を敵視し、カトリック教会の権限を削減する政策をとったため、中央党は反政府的な立場をとり、議会においては社会民主党に次ぐ比較的大きな勢力をなすようになった。やがてカトリック勢力よりも社会主義をより敵視するようになったビスマルクは、中央党とはやや協力的な関係を持つようになった。

ヴィルヘルム2世期の帝国主義政策

　ビスマルクが帝国宰相を勤めた「ビスマルク期」の後半にあたる1880年代、世界は、列強が植民地獲得を競い、軍事的な対立を深める、いわゆる帝国主義の時代に入った。しかし、そのなかにあってもビスマルクは、対立の火種となるような対外進出については抑制的な態度をとりつつ、巧みな外交によって、列強との対立を避け、ヨーロッパ内での孤立化をふせごうとした。

1890年のビスマルク辞任後、親政を開始したヴィルヘルム2世は、外交政策を転換し、積極的な対外進出をはかった。これを支持したのが、高度に発展し、大規模化した重工業資本やこれと結ぶ銀行などであった。国内では排外的なナショナリズムが扇動され、帝国主義政策への大衆の統合がはかられた。そのようななかで、労働者の国際連帯と反戦を主張していた社会民主党においてすら、しだいに愛国的な傾向が強まった。

　ドイツが特に重視したのは中近東であり、とりわけオスマン帝国への進出に力を入れ、イスタンブルからバグダッドに至るバグダッド鉄道建設の利権を確保するなどした。また、アフリカや南太平洋においても植民地を獲得し、中国への進出もはかっている。

　こうしたドイツの動きに脅威を感じたイギリス、フランス、ロシアは、とりわけ日露戦争後はしだいに協力関係を強め、ドイツに対抗する3国協商を形成するようになった。これに対してドイツは、イタリア、オーストリアと結成していた3国同盟によって対抗しようとした。オーストリアはドイツを後ろ盾としながらバルカン半島への進出を強めたが、この地を狙うロシアとの対立がより深まる結果となった。かくしてバルカン半島は、「火薬庫」となった。

第1次世界大戦とドイツ革命

　1914年、ヨーロッパ列強のあいだで戦争が勃発した。きっかけは、オーストリアの皇太子がサライェヴォで暗殺されたことであったが、すぐにこの事件は、バルカンにおいて対立していたオーストリアとロシアの対決を招き、オーストリアと同盟関係にあるドイツは、ロシアとの戦争を開始することになった。ロシアと協商を結ぶイギリス、フランスもまたドイツに対して宣戦し、こうして、ドイツ、オーストリアの同盟国軍と（イタリアは中立）、ロシア、イギリス、フランスの連合国軍とのあいだの大戦争が始まった。第1次世界大戦である。やがてアメリカも連合国側に参戦し、この戦争は文字どおりの世界大戦となった。

　ドイツ国内では、社会民主党すら愛国主義に傾いて自国の戦争を支持した

ため、ほぼ全政党が政府・軍の戦争遂行に協力する「城内平和」が成立した。大戦は各国にとって、人員・物資の大量動員を必要とする総力戦となった。多くの人命が失われたほか、食糧・物資の不足による負担も大きかった。

当初は、戦争が勝利のうちにすぐに終結するという期待が支配的であったが、この期待はうらぎられ、戦争が何年も続き、徐々に戦況は悪化していった。このようななか、大きな負担を背負わされた大衆の不満はしだいに高まっていった。これを背景に、1917年には、社会民主党内で戦争の継続に反対する部分が離脱し、独立社会民主党を結成した。1918年11月、戦争継続に反対する兵士・労働者の蜂起によって帝政は瓦解した。各地で革命勢力を代表する労働者・兵士評議会が成立した。首都ベルリンでは共和政が宣言され、ベルリン労働者・兵士評議会が結成された。この評議会の委任を受け、社会民主党と独立社会民主党からなる臨時政権（人民委員政府）が成立した。こうして革命が起きたのであるが、政権を主導した社会民主党は、社会体制の急激な変革を避け、軍など旧支配層と協力関係をしだいに築いていった。これに対して、独立社会民主党はより社会改革を進めるよう要求した。さらにラディカルな社会主義的変革を求める社会主義左派勢力はドイツ共産党を結成し、労働者主導の革命政権を樹立することをめざした。

ヴァイマール共和国

1919年1月にドイツ共産党が蜂起を起こすと、社会民主党政府は、右派軍人などによって結成された反革命派の「義勇軍」の協力を得て、これを鎮圧した。その直後にヴァイマール（ワイマール）において国民議会が開催され、新しい憲法が採択され、ヴァイマール共和国と呼ばれる共和政が成立した。ヴァイマール共和国憲法は、人民主権と共和政、男女普通選挙制度、社会保障などを定める、当時としてはもっとも民主的な憲法であった。

ヴァイマール共和国において政権を担当したのは、以後しばらくは、社会民主党と、カトリック政党中央党や自由主義政党の連立政権となった。一時社会民主党に協力した保守派、旧帝政支持派は、民主主義と共和政に敵対し、他方、共産党は左の立場から反体制運動を続けた。

ヴァイマール共和政の初期には、戦争の後遺症が癒えないなか、インフレーションが起こるなど、経済的混乱が続き、右派や左派の反乱や武装蜂起があい次いで、政治的にも不安定な状況が続いた。対外関係問題においても、第1次世界大戦の講和条約として結ばれたヴェルサイユ条約がドイツに対して領土の割譲と多額の賠償金を課し、またドイツの軍備を制限したため、右派を中心に強い反発があり、安定をみなかった。

しかし、1923年に通貨改革が成功したことを機に、ややドイツ経済は安定を見た。その後数年間続くこの経済的安定の背景には、アメリカからの豊富な資金流入もあったことはみのがせない。自由主義右派の政治家で、外相となったグスタフ・シュトレーゼマンの外交によって、諸外国との関係も改善され、ドイツの国際的地位もやや安定した。

ヒトラー政権の成立

20年代のうちは国会の支持に基づくヴァイマール連合政権が続いたが、1929年に世界恐慌（世界大不況）が起こると情勢は一変した。ドイツは恐慌の深刻な影響を受け、工業生産は低下し、失業者は300万人ちかく（一説には600万人）にのぼった。このような中で、保守派の軍中枢部を中心とする勢力は、すでに25年に大統領に就任していた保守派の大統領パウル・フォン・ヒンデンブルクとともに、議会制民主主義を空洞化させ、権威主義的な体制を築こうとした。そのために、まず大統領の権限によって1930年、中央党の政治家ハインリヒ・ブリューニングが任命され、彼の内閣のもとで次々と国会の議決を経ない大統領緊急令によって統治を行う政治に移行した。その後もヒンデンブルク大統領の任命によって反議会主義的なパーペン内閣、シュライヒャー内閣が続いたが、ヴァイマール憲法のもとでは、議会に権限が確保されており、支持勢力がわずかなこれら保守派の内閣は、33年はじめにはゆきづまってしまった。

このとき、大統領周囲のグループが選んだ協力者が、ナチ党（ナチス）であった。ナチ党（国民社会主義ドイツ労働者党）は、第1次世界大戦後結成された極右団体であり、アドルフ・ヒトラーを指導者として、23年にはミュ

ンヘンで一揆を起こすなど、急進的な反共和国活動を行った。しかし、20年代のあいだ党勢はのびず、弱小勢力にとどまっていた。しかし、世界恐慌以後、さまざまな右翼分子や不満層を吸収しながら、勢力を急速に拡大し、32年7月の選挙では議会においては4割近い議席を獲得してついに第一党となった。

　ナチ党は、排外主義的なナショナリズムと、人種主義的な反ユダヤ主義を掲げ、社会民主党、共産党などの左派を敵視し、議会制民主主義と自由主義を否定し、ヴァイマール共和政の打倒を目標とした。同時にナチ党はきわめて暴力的な組織であり、突撃隊、親衛隊などの実力行使組織によるテロ活動をくりかえした。また、同時に大資本を攻撃することで、労働者層や、企業職員や中小零細商工業者や農民など中間層の不満にも訴えようとした。巧妙なプロパガンダの技術も奏功し、世界恐慌によって痛めつけられた中間層など各階層からの不満票を集め、ナチ党は躍進したのである。

　それまでの保守派による反議会政治に行きづまった大統領らは、議会内での勢力と大衆的基盤を獲得するため、ヒトラーを首相とすることによって、反共和政の政治を継続しようと考えた。

　1933年1月30日、大統領の要請を受け、ヒトラー内閣が成立した。

ナチス独裁体制の形成

　ヒトラーは、政権掌握後まもなく国会を解散して総選挙を実施した。投票前の2月末、国会が放火により炎上すると、政府はこれを共産党によるものであるというデマゴギーのもと、共産党やその支持者や反政府派とみなされた人々を弾圧し、社会民主党などに対してもテロ、妨害活動を行った。これによって、反ナチ党勢力の選挙運動は自由に行えない状況になったものの、選挙結果においてナチ党は過半数を制することができず、連立与党の支持によってかろうじて国会の過半数を獲得した。

　この国会において、ヒトラー政府はまず、立法権を政府にゆだね、政府制定の法律は憲法に反していても有効とする全権委任法を提案した。この提案は改憲の提案であったので、可決には国会の3分の2の賛成が必要であった

が、賛成票はその数に達しない見込みであったため、なおも議席を獲得していた共産党議員を逮捕することによって法案の可決を実現した。国会で反対票を投じたのは社会民主党議員のみであった。全権委任法の可決によって事実上ヴァイマール共和政は終焉した。

ナチ党の突撃隊・親衛隊など党組織は、この勝利を機に、ユダヤ人や共産党・社会民主党などへのテロ攻撃と逮捕、拘禁を強化し、政府もユダヤ人と反政府派を官公庁、ジャーナリズム、文化芸術活動から全面的に排除する政策をとった。5月には労働組合が解散され、7月にはナチ党以外のすべての政党が解散させられた。ヴァイマール期には保障されていた各州の自治権は廃止され、強力な中央集権体制がしかれた。こうした一連の政策は「強制的同質化」と呼ばれ、ナチ体制の特徴をなすものとなった。1934年には、ナチ党内で、ヒトラーと対抗する自立的な勢力に成長した突撃隊の勢力をそぐため、ヒトラーは突撃隊隊長エルンスト・レームらを粛清した。これによってヒトラーの党内における絶対的権威が確立した。

第2次世界大戦

このような独裁体制の形成の過程においても、ナチ党はある程度の大衆的な基盤を確保しえた。その原因の一つは、道路建設など大規模な公共事業を行ったことが、当時進んだ失業率の劇的な低下と経済の回復に役立っていると見られたことであった。しかし、無理な財政支出は大きな赤字を生み、対外戦争とそれによる外国からの収奪なしには財政破綻は避けえない状況となった。また、ナチ党が唱える急進的なナショナリズムにとっては、ヴェルサイユ条約は屈辱であって破棄すべきものであり、また、第1次世界大戦後、外国の支配下に置かれたドイツ人居住地を奪還することが大義とされた。こうして、ヒトラー政権は対外的に強硬な姿勢をとっていた。

1936年、ヒトラーは、ヴェルサイユ条約で軍を置くことを禁止されていたラインラントに進駐し、公然と条約を無視した。翌年には、スペイン内戦に干渉して、イタリアと共にゲルニカなどの都市に対する空爆を行った。さらに、38年3月、オーストリアに進軍してこれを併合した。同年9月には、ド

イツは、チェコスロヴァキア領内でドイツ人が多く居住する地域であるズデーテンラントの併合を要求した。この問題をめぐってイギリス、フランスとドイツ、イタリアが行ったミュンヘン会談では、イギリス、フランス側がいわゆる「宥和政策」をとって妥協し、ドイツの要求が認められた。翌39年にはヒトラーは、英仏両国との了解事項を反故にして、チェコスロヴァキアに進軍し、西部のチェコをドイツに併合し、東部のスロヴァキアはドイツの保護国とした。次に、ヒトラーはポーランドに対して領土の割譲を要求し、ついに9月1日、ポーランド侵攻を開始した。これに対して、それまで宥和的な態度をとっていたイギリス、フランスも、ドイツに対する宣戦を布告せざるをえなくなった。ドイツの同盟国となっていたイタリアも参戦した。こうして第2次世界大戦が始まった。

　たちまちポーランドを占領したドイツはその後戦線をつぎつぎと拡大し、40年にはフランスを占領し、41年までには、ソ連領をのぞくヨーロッパ大陸の大部分を制圧するに至り、北アフリカにも進軍した。

　ドイツとソ連のあいだには1939年に独ソ不可侵条約が成立していた。ナチ政権はもともとソ連を敵視していたものの、ポーランド侵攻の前には英仏と対抗するため、ソ連と結ぶ方針を選んだ。ソ連も、ナチ党を危険視してはいたものの、ミュンヘン会談における英仏の宥和政策を見て、ドイツとの提携にふみきっていたのであった。しかし、41年6月、ドイツは不可侵条約を突如破棄してソ連に侵攻した。ドイツ軍はソ連領内を進撃し、第2の都市レニングラード（現・サンクトペテルブルク）に迫った。

　いっぽう、ドイツ、イタリアと1940年に日独伊三国軍事同盟を結んでいた日本は、すでに中国、東南アジアへの侵略を続けてアメリカと対立していたが、41年12月8日、ついにハワイ真珠湾を攻撃してアメリカに対する戦争を開始した。これに続いて、ドイツは、軍事同盟を理由にアメリカに対して宣戦したので、アメリカがヨーロッパ戦線にも参戦することになった。こうして、第2次世界大戦は、日独伊の枢軸国と、米ソ英と中国を中心とする連合国とのあいだの戦いとなった。

　これ以後、ドイツにとっては戦況は悪化した。東部戦線では41年のうち

に進撃は停滞しはじめ、43年はじめにはスターリングラード（現・ボルゴグラード）において1個師団がソ連に対して降伏した。このころから、連合国側の反撃が強まった。同年にはイタリアに英、米が上陸し、44年にはノルマンディーに英米軍が上陸した。その後は、ソ連と英・米の東西からの進撃が急速に進み、45年にはいるとドイツ本土もほとんどが制圧された。ソ連地上軍の包囲攻撃を受けていたベルリンで、地下壕にこもっていたヒトラーは4月30日に自殺した。5月7日にドイツはソ連をのぞく連合国に対して無条件降伏を行い、翌日にはソ連に対しても無条件降伏を行った。ドイツ東部はソ連に、西ベルリンおよびドイツ西部は英米仏によって占領され、ナチ・ドイツの国家機構は解体された。

戦争犯罪とホロコースト

　この間、ドイツは占領地において過酷な収奪を行い、また、多くの人々に強制労働を課した。ナチ・ドイツは、第1次世界大戦時の事態をくりかえさないようにするために国民の負担をできるだけ軽減する政策をとったため、被占領地の人々からの収奪と、労働強制はそれだけ大きくなった。また、ドイツは、敵国や抵抗運動の戦闘員を多く殺傷したばかりではなく、多くの捕虜を死に至らしめ、また、非武装の住民に対してもしばしば殺戮を行った。特に、ソ連占領地域においては大規模な殺戮を行っている。

　ナチ政権はまた、国内においても反体制運動やさらにはナチ党の政策やイデオロギーに対して非同調的な人々に、迫害を加え、過酷なテロルを行使した。逮捕、拘禁や暴行、拷問、さらには殺害や死刑が大量に行われた。

　さらに、ナチ党のイデオロギーから見てさまざまな理由から「有害」とみなされた人々が排除の対象とされた。精神障害者など、遺伝的な疾病があるとみなされた人々は、強制的に断種をされたり、殺害されたりした。同性愛者も強制収容の対象とされた。人種主義イデオロギーのもとで「有害」とみなされたロマ（シンティ・ロマ）もまた迫害、殺戮の対象とされた。そして、もっとも大規模な民族絶滅政策（ジェノサイド）の対象とされたのが、ユダヤ人であった。

ナチスは、すでにふれたように、結党当初から人種主義と反ユダヤ主義を唱え、「優秀なアーリア人種」の国であるドイツから、「有害な人種」としてのユダヤ人を追放することを訴えていた。政権獲得後、ナチ党はただちにユダヤ人に対する迫害を本格化させた。1935年には「ニュルンベルク法」を制定して、ユダヤ人の公民権を奪い、職業を厳しく制限し、ドイツ人との結婚を禁止するなど、ユダヤ人差別を制度化した。38年11月には、「帝国水晶の夜」と呼ばれる、ナチ党による暴行、破壊、放火などの大規模なユダヤ人迫害行動が全国で起きた。

　しかし、ユダヤ人の全面的な強制収容が政策化されたのは、戦争勃発後であった。ポーランドを占領するとただちにドイツは、ポーランド在住のユダヤ人を、いくつかの都市のゲットー（ユダヤ人居住地区）に収容した。その後、ソ連に侵入すると、おもに親衛隊によってユダヤ系住民の殺戮が行われた。はじめのうちナチ党は、ゲットーに収容したユダヤ人を、ヨーロッパ外のいずれかの地域に追放することを計画していた。しかし、1941年にはドイツにとって戦局は思わしくなくなり、ユダヤ人の追放は不可能となった。

　この41年ごろに、ドイツ本国と全占領地域のユダヤ人を組織的に絶滅する政策が固まったと見られる。政策決定のプロセスと、個々の決定の正確な時期、あるいはヒトラー自身がどの程度この政策決定に関与していたかについてはなおも不明な点は多い。しかし、いずれにせよ、1942年はじめには本格的な絶滅のための作業が着手されていた。同年1月20日、ベルリン郊外のヴァンゼーで開かれた政府、ナチ党幹部の会議では、「ユダヤ人問題の最終解決」すなわち、ナチ支配下の全ヨーロッパにおけるユダヤ人の絶滅の計画が確認されている。以後、親衛隊の管理下に、政府諸官庁の協力のもと、ユダヤ人絶滅が進められた。

　42年の夏にポーランド諸都市のゲットーは解体され、ユダヤ人は各地に建設された強制収容所に送られた。以後、ヨーロッパ各地のユダヤ人も強制収容所に送られた。そして、収容の目的を強制労働とする——とはいえこれらにおいても殺戮は行われたのだが——強制収容所とならんで、殺害を主目的とする絶滅収容所が、ポーランドのアウシュヴィッツ＝ビルケナウ（強制収

容所と併設)、トレブリンカ、マイダネク、ベウジェッツ、ソビブルなどに建設された。絶滅収容所では、毒ガスによる大量殺害や、大量の死体の焼却処理を可能とする施設が整備され、日々多くの人が殺害された。その他の強制収容所でも、不十分な食糧供給に起因

図3 ベルリン郊外グリューネヴァルト駅の貨車専用プラットホーム。強制収容所への移送を記憶するために保存(共著者撮影)

する飢餓、栄養失調と、過酷な強制労働による疲労、劣悪な居住環境による疾病が重なり、多くの人々がまもなく死に至った。45年のドイツ降伏までに、全ヨーロッパの約600万人のユダヤ人が死に至らしめられたとみられる。

ドイツの近代

　ここまでドイツにおける「近代」のあゆみを見てきた。けっして資本主義とナショナリズムの二つだけが歴史の動力であるわけではないが、この二つのからみ合いを見ることがドイツ近代を理解するうえで役立つことが理解されたであろう。第2次世界大戦終結から、東西ドイツの分立を経て、再統一後の今日に至るまで、資本主義経済のありかたと、ナショナリズムの問題をめぐってさまざまな取り組みがなされるが、依然として解決をみたとはいえない。それだからこそ、現代のドイツを考えるにあたって、ドイツの歴史を長期的に知る必要があるのである。

　そして、歴史を知ることの理由は、もう一つある。記憶をめぐる問題を考えるためである。現代のドイツ社会において、歴史上のできごと、とりわけ、ナチス・ドイツの戦争と、ユダヤ人絶滅政策やその他のさまざまな非人道的行為に対してどうとりくむかは、大きな課題となっている。たとえ戦後に生

図4 ベルリンの「ヨーロッパの虐殺されたユダヤ人の記念碑」
(http://de.wikipedia.org/w/index.php?title = Datei: Holocaust-Mahnmal_Berlin_2006.jpg&filetimestamp = 20101214090345)

まれた世代であっても、かつてドイツの名において行われた行為が自らと、もしくは自分たちの現在の国家とまったく無関係であると言うことは許されない。それゆえ、ドイツでは政府、自治体、あるいはマスメディアや市民のあいだでも、くりかえし、過去のできごとを記念し、伝える作業がおこなわれている。こうしたドイツにおける過去をめぐるいとなみは、わたしたちにとっても他人事ではあるまい。

(山根徹也)

ドイツいまむかし

1848年革命の記憶

　過去のあるできごとをどのように記憶するか。それは、国家にとっては、自らの正統性を歴史的にどのように位置づけるかという問題と関わっており、市民にとっては、現代の社会をどのように捉え、それが未来にむかってどのような方向を取ることが望ましいとするのか、という問題と関わっている。

　「はじめに」でふれられているリープクネヒトのモニュメントもそうしたことの例であり、また、「3章」で検討されるホロコーストの表象の問題は、現代ドイツのありかたに根底的に関わるものである。

　1848年革命もまた、さまざまなかたちで記憶・記念がなされてきている。革命の挫折後しばらくは、当局の禁圧により、ドイツ諸国で公然と

革命記念行事を行うことは困難であったが、第2帝政期には大きな周年ごとの記念式典が民間で行われるようになった。そして、75周年にあたるヴァイマール共和国期の1923年には、革命記念式典にフリードリヒ・エーベルト大統領が参列することによって、記念式典は国家が関与するという意味で公的なものとなった。第2次世界大戦後の東西ドイツにおいても、1848年革命の伝統が顕彰され、それぞれの国家の正統性を訴えるために利用された。150周年にあたる1998年には、多くの記念行事がドイツ各地で催され、博物館などでの特別展示が行われ、おびただしい数のパンフレット、概説書や学術研究書が出版された。

　しかし、この革命をどのように記念するか、あるいはそもそも記念するかどうかについては、ドイツ社会のなかで方向性に微妙な違いがある。1848年をめぐって、記憶をめぐるズレが存在するのである。

　そのズレが象徴的に現れるのは、3月18日と5月18日という二つの日付である。1848年3月18日は、ベルリンで民衆の蜂起が始まった日である。一方、1848年5月18日は、フランクフルト国民議会開会の日である。この議会において統一ドイツのための憲法が採択された。このうちどちらの日を記念の対象として選ぶかは、歴史を通じて、記念行事を主催する主体——政府、自治体、政党、労働組合、市民団体など——の立場によって大きく異なっていたのである。

　まず、3月18日は、下からの民衆蜂起を象徴する日であり、下からの運動による政治体制の変革をめざす急進派や社会主義運動が重視してきた。特に後者にとっては、1871年以降はこの日付は同時にパリコミューンを記念する日でもあり、労働運動の国際連帯と社会主義を訴える日となった。ベルリンでは、社会主義政党を中心に、1848年3月18日に戦闘で亡くなった革命戦士が眠るフリードリヒスハイン墓地へむかうデモンストレーションが行われた。他方、自由主義政党は、フランクフルト国民議会がその実現をめざしたドイツ統一と、自由主義的な諸価値を強調し、5月18日をおもな記念日とする一方で、3月18日とそれに象徴される民衆の直接行動を顕彰することを避けたのであった。

このような対立は、第2次世界大戦後、東西ドイツが成立してからは、東西ドイツのイデオロギー対立と結び付けられた。東ドイツの支配政党・社会主義統一党（SED）は、ドイツ労働運動の伝統の正統な後継者であると主張し、3月18日を記念する行事を重視した。戦後西ドイツの政府レベルでは、3月18日ではなく、5月18日に式典が行われた。

　東西ドイツ再統一後のはじめての大きな周年行事が行われた1998年にも、こうした方向性の違いが見られた。

　連邦国家レベルでの公式行事は、5月18日、かつてフランクフルト国民議会が開催されたパウロ教会において行われた。旧東独出身の大統領ローマン・ヘルツォークは、フランクフルト議会とその成果を、今に受け継がれる自由と民主主義の出発点として賞賛した。しかし、ベルリンほか各地で起きた民衆蜂起についてはふれず、民衆の下からの行動が革命の推進力を生んだことは、少なくとも明示的には評価しなかった。一方、新たに首都となったベルリンでは連邦政府、州政府による大きな式典は行われなかった。国家レベルでは、いまだに民衆運動を警戒するかのごとく、また、東ドイツに対するイデオロギー的な対抗を継続するかのごとく、日付の選択がなされたのである。

　しかし、政府だけが記念式典を行うわけではない。さまざまな市民団体がいろいろな内容の式典を各地で行った。ベルリンでも、連邦、州政府に対抗するかのように、3月18日を顕彰しようとする動きがあった。その中心は、市民運動団体「アクション3月18日」である。この団体は、1978年に当時の西ドイツで結成され、3月18日を公的に顕彰することを求める運動を続けている。1998年にも彼らは、フリードリヒスハイン墓地への行進を行うなど独自の記念行事を催し、市の中心にあるブランデンブルク門前の広場を「1848年3月18日広場」と名づける運動などを行った（この要求は実現され、2000年からこの広場の名称は「3月18日広場（Platz des 18. März）」となっている）。

　近代の転換点である1848年革命が現代ドイツ社会の出発点となっているのは、確かである。しかし、近年の歴史学が明らかにしてきたよう

序章　歴史的前提

に、この革命はきわめて重層的であり、互いに異質なものの相互関係によって生起した複雑なできごとであった。それゆえ多様な観点からこの革命に意味づけをすることが可能である。

　すでに3月18日は、ベルリン州では公的な記念日の一つとなるなど、アクション3月18日の運動は着実に成果を生み出しつつあるようである。しかし、今後3月18日が連邦規模での記念日となるかどうかは未知数である。ドイツ社会は1848年をどのように記憶していくのであろうか。

第 1 部

同時代ドイツ史
― 20 世紀末から現在へ

1章 「ベルリン共和国」の政治
──「壁」の崩壊から第2次メルケル政権まで──

はじめに──第3の共和国へ

　現在のドイツ連邦共和国は、しばしば「ベルリン共和国（Berliner Republik）」とも呼ばれる。いうまでもなく首都ベルリンに由来するものだが、正式の別名でもなければ単に便宜的な通称・略称でもない。もともとはドイツ統一後、首都を基本法（"暫定的な憲法"という意味を持たせるために西ドイツ建国時にこう呼んだ）の制定からほどない1949年の議会決議どおり、ベルリンに戻すべきかどうかの論争のなかで、90年代初頭に生まれた概念である。

　この当時既に定着していた歴史的概念として「ヴァイマール共和国（Weimarer Republik）」があった。これは本書「序章」で見たとおり、第1次大戦後の民主的な憲法の制定地に因んだ通称であった。ちなみにいわゆる「ヴァイマール憲法」の正式名称は「ドイツ・ライヒ憲法」。ヴァイマール共和国の正式な国号も──1871年に成立したドイツ帝国（いわゆる第2帝制）と同じく──「ドイツ・ライヒ」であった。この場合のライヒ（Reich）は「帝国」ではなく、"統一された国"の意味である。だから訳語は「ドイツ国」とされることもある。この「ドイツ・ライヒ」は民主的な国制を否定したナチ・ドイツ（いわゆる「第三帝国」）の時代にも国号であり続けたが、1945年の敗戦で国家が崩壊するとともに歴史的な概念となった。

　1949年に占領下のドイツが東西に分裂して建国し、いわゆるボン基本法にもとづいて西ドイツ＝ドイツ連邦共和国が誕生する。これが「ボン共和国（Bonner Republik）」であり、冷戦期当時の「自由主義陣営」＝西側＝西ヨーロッパの一員であることを強く志向した体制であった。

　「ベルリン共和国」という語が議論で使われるようになったのは、1990年

の東西再統一によって「ボン共和国」とは何か異なった新しいドイツができるのではないかという考えからであった。このとき「ベルリン共和国」という語には、未来への期待や民主的な"共和国"であることの意思表示の一方で、強い危惧も込められていた。なんといっても「ライヒ」の首都であったベルリンには、ナチ・ドイツの記憶が染みついている。「新しい」(?)ドイツ連邦共和国がどこに向かおうとしているのかは、国内外の注視するところだった。

……そして、それから20年がたった。

この章では、「ベルリン共和国」となったドイツの政治的な動きをとりあつかう。コール（中道右派連立）政権〜シュレーダー（中道左派連立）政権〜メルケル（大連立）政権〜メルケル（中道右派連立）政権という連邦政府の変遷と、それにともなう外交姿勢の変化（とくに対米姿勢のシフト）が中心となる。統一以来の「ベルリン共和国」の政治史の基本的な事実をここで確認しておくことにしよう。

(1) コール政権とドイツ統一

80年代末西ドイツ（ドイツ連邦共和国）の議会政党

1989年11月9日木曜日の夜、「ベルリンの壁」が落ちた。

このときの西ドイツ（当時）の首相（Bundeskanzler）は、59歳のヘルムート・コール。保守系中道のCDU（キリスト教民主同盟）を率い、姉妹党でドイツ南部・バイエルン州でのみ活動するCSU（キリスト教社会同盟）と事実上一体の与党CDU/CSUとして、FDP（自由民主党）との連立政権を運営していた。

CDUはドイツ敗戦まもない45年6月にベルリンとラインラントで結党され、戦前のカトリック的な中央党や右派、保守系リベラルなど多様な政党のメンバーを集めて、50年までに全国政党組織を整えた。第2次大戦後、欧州各国でつくられたキリスト教系民主主義政党のひとつである。連邦共和国初代首相コンラート・アデナウアーや経済相（のち2代首相）ルートヴィヒ・エ

アハルトを中心に、西ドイツの復興と「経済の奇跡」の時代に政権を担当してきた。69年にクルト・キージンガー大連立政権の崩壊で下野し、82年にコール党首のもと、久し振りに政権に返り咲いていたのである。

　連邦議会で野党にまわっていたのは、SPD（社会民主党）と緑の党（Die Grünen）。最大野党のSPDはかつての政権党で、労働組合を支持基盤とする左派系中道政党である。緑の党は環境保護・平和運動を党是に躍進中の新しい勢力であった。

　SPDは「序章」にあったように19世紀以来の長い伝統を持ち、すでに帝政末期には当時のライヒ議会（帝国議会）で第1党、第1次大戦後の共和政でも共和国樹立期以来しばしば政権の座にあった。しかしナチ時代には徹底的に弾圧され、戦後再建されたものの、ソ連占領地区のSPDは共産党との強制的な合併によってSED（ドイツ社会主義統一党）へ吸収された。西ドイツのSPDもアデナウアー率いる与党CDU/CSUに国政選挙では敗れ続けたため、「ゴーデスベルク（バート・ゴーデスベルク）綱領」を定めて産業社会化などのマルクス主義的な路線と訣別し、階級政党から国民政党への脱皮をはかった。その甲斐もあり66年にはクルト・キージンガー首相（CDU/CSU）との大連立政権に加わり、FDPとの連立合意がなった69年からはヴィリー・ブラント（任、69-74）とヘルムート・シュミット（任、74-82）の2人の連邦首相を出した。

　西ドイツの連邦議会では、このSPDとCDU/CSUとが2大政党であった。89年まで過去11回の連邦選挙ではそれぞれおおむね3割台から4割台の周辺で得票率を上下させ、いずれも単独で過半数を制したことは（アデナウアーCDU/CSU政権の1957年選挙における得票率50.2%を除いて）なかったため、連立政権が常に組まれてきた。

　1966-69年の大連立政権以外は、それぞれの連立のパートナーは必ず自由民主党（FDP）（57年はその分派DP）であった。FDPは戦前のリベラル寄りの保守政党であるドイツ人民党の流れをくみ、47年に全国政党として出発、中産層や医師、弁護士など専門職・自由業者の支持を背景とした。FDPはこのときまで2回連立相手を乗り換え、政権に参加し続けることによって得票

率（最大は61年選挙の12.8％で、おおむね10％弱）以上の存在感を維持してきた。80年代に緑の党が連邦議会に議席を獲得するまで、ごく短い例外的な時期を除いて、西ドイツの議会には会派としてはこの三つだけが存在していた。

　有名な「5％条項」（政党別投票の全国得票率が5％を超えない場合、その党は議席を得られないという規定）が、あきらかに小政党や新政党に不利に働いたためでもあった。少数意見の軽視にもつながりかねないこの5％条項は、戦前の苦い経験に裏打ちされているといわれる。ヴァイマール共和国では小党の乱立で議会政治が不安定になり、結局は極端な世界観をもつ小政党であったナチすなわち国民社会主義ドイツ労働者党（NSDAP）が共和政を破壊することになった。

　その反省から、西ドイツの議会政治では、まず安定が重視された。そのための議会運営上の仕組みは多い。野党は次の首相候補を擁立しなければ不信任案を提出して首相を追い込むことはできないし、逆に首相も随意に議会を解散する権利をもたない。したがって西ドイツの首相の在任期間は比較的長く、選挙の結果現職の首相を擁する与党が敗れて政権が交代したことは、西ドイツ時代には一度もない。

　政権交代は常に連立の組み替えで起き、現にコール政権もそのようにできていた。82年、FDPがSPDとの連立政権であった当時のシュミット政権から離脱することで、あまりぱっとしない政治家だと思われていたCDU（キリスト教民主同盟）のコール党首に政権がもたらされたのである。

　この巧みな政局運営を行ったのが、当時のFDP（自由民主党）党首ハンス・ディートリヒ・ゲンシャーであった。コール内閣では副首相兼外務大臣を長く務める。ゲンシャー外相は当時の西ドイツの欧州統合路線を軌道に乗せ、またのちにはコール首相とのコンビで東西ドイツ統一実現に大きな役割を果たした。ただ、コール政権誕生後、ゲンシャー個人の評価こそ落ちなかったものの、FDPの「裏切り」ともみえる行動は選挙民の党支持率をいったんはやや下げた。また、FDPの連立離脱を招いても労働組合との関係を重視したSPDは、こちらもシュミット個人の名声や人気とは別に、支持率の低下に悩

みはじめる。

　そうした変化のなかで台頭し、83年に連邦議会に進出、従来の西ドイツ政治の3極体制を揺るがすに至ったのが、環境保護と平和を謳う緑の党である。

　緑の党の前身となる70年代以前の諸団体の発足時には、ドイツに伝統的な環境思想を体現する保守的な考えの持ち主が集まっていた。のちの同党とは、政治思想的にはむしろ逆の立場である。いわゆる「68年運動」（60年代に戦後の西側陣営のほぼ全ての国で起き、68年ごろにピークをむかえた急進的な革命運動・社会運動やそれに呼応する文化運動。→第2部「5章」参照）の影響を強く受けた急進的な新左翼運動の活動家が大量に参入することで、反核運動を含む「新しい社会運動」を中心とする、左派的なスタンスが確立された。80年に連邦政党としての「緑の党（直訳すると、「緑の人びと」）」が結党され、「エコロジー的」「社会的」「底辺民主主義的」「非暴力的」という四つの理念を掲げた。「底辺民主主義的」というのは、結党早々に保守的な環境主義者が離脱したことで党を掌握した左派、とくに急進派（「原理派」）の考えをよく示したもので、議会制民主主義の理念と抵触する部分もある反権威的な「非中央・直接民主主義」の主張である。実際には緑の党は79年にブレーメン市議会に初めて議席を得て以来、各地州議会での成功を経て、83年には連邦選挙での「5％条項」枠突破に成功し、既成政党（とくにSPD）に飽き足らない若者を中心に支持を拡大していた。路線対立は避けられなかったが、80年代後半には党勢伸張を背景に、ヨシュカ・フィッシャーら「現実派」が主導権を奪う。環境保護、反戦平和主義だけではなく、党運営の開放性——主要ポストですらローテーションで割り振り、フィッシャーも内心腐ったという——や市民参加のスタイルや男女同権の主張の実践も、緑の党の人気と影響力を高めた。1987年の議会では8％を超える支持率を集め、連邦政治は本格的な4極体制に入っていた。

　東西ドイツの市民の行き来を阻んでいた「ベルリンの壁」が突然のように崩壊したとき、西ドイツの議会制民主主義の主要なプレイヤーである政治家たちは、このようにグループ分けされたのである。

　なお、ドイツ連邦共和国の国会は2院制だといえる。しかし、日本の衆・

図1　壁崩壊直後（1989年12月）のブランデンブルク門
（http://de.wikipedia.org/w/index.php? title ＝ Datei: BrandenburgerTorDezember1989.jpg&filetimestamp ＝ 20060903131244）

参両院に似たものを想像すると間違いだろう。上記の連邦議会（Bundestag）は、国政選挙（1949年連邦選挙法以来の、小選挙区における人物評価を加味した比例代表制）による各党の議員から構成される。普通はこちらを"議会"とするが、これに加えて、連邦の各州政府の代表が集まる連邦参議院（Bundesrat）がある。連邦国家である（西）ドイツでは、各州の利害に関係する法律については連邦参議院の審議が必要とされる。「州知事」などではなく、「首相（Ministerpräsident）」が率いる各州政府の独立性は——各州議会の政権与党が連邦議会のそれと同じとは限らないこともあり——強く、地域レベルの利害判断が重視される結果、しばしば連邦議会の意見と食い違う。国政の舵取りは、連邦共和国においてはこの点でも難しくなりうるし、現にしばしばそうなった。

　さて、ベルリンの壁崩壊のニュースが飛び込んだとき、ボンの議会場にいた議員のなかから「統一と権利と自由」ではじまる西ドイツ国歌の歌声が自然にあがった。最初はCDU/CSUの数人の議員からはじまり、FDP、SPDの議員がそれに和し、緑の党の何名かもやがて加わった。

ドイツ統一への 329 日

　その 1989 年 11 月 9 日木曜日、コール首相は民主革命下のポーランドを外交訪問中であった。この春以来の東欧における共産主義体制の明らかな動揺、とりわけ東ドイツの動きに気を揉みながら、当時のレフ・ワレサ自主労組「連帯」議長（のちにポーランド大統領）などとの会見をこなしていたのである。

　長い間不可能に近かった東ドイツからの市民の出国が、東側陣営のハンガリーがオーストリアとの国境を開放し、事実上東独市民の通過を容認したことで可能になり、この週に入って 5 万人、この年ですでに 20 万人に及ぶ大量の亡命者・難民が西ドイツに流入していた。突破口を開いた最初の大規模な越境計画は「汎ヨーロッパ・ピクニック」と呼ばれた。その名称は当局へのカモフラージュで、実態は命がけの脱出行であったが、こうした大きな変化をうけて、ライプツィヒにはじまりドレスデン、マクデブルクなどの都市で政府批判の市民運動が急速に高まった（→第 2 部「4 章」参照）。この結果、10 月なかばには、それまで 18 年にわたって東ドイツを支配していたエーリヒ・ホーネッカー書記長の失脚が起きていた。SED（ドイツ社会主義統一党）の一党独裁は依然として続き、エゴン・クレンツが後継の書記長であった。

　ベルリン発の一報が入ると、コールは当時のポーランドの W. W. ヤルゼルスキ大統領との会談をいったんキャンセルし、現地で開かれる「壁」崩壊を祝う市民集会に出席するために、西ドイツ連邦軍機に飛び乗った。このとき、コールは珍しく「パーティを間違えた」と名文句を吐いたという。まず向かったのは、ハンブルクである。ここで急遽提供された米空軍の小型機に乗り換えた。法制上なお米英仏の共同統治下にあったベルリンには、西ドイツの連邦軍機が入れなかったからである。

　これから 329 日たった 1990 年 10 月 3 日深夜 0 時、ドイツ統一が実現する。統一記念式典では、ベルリン・ブランデンブルク門そばで花火が打ちあがり、サーチライトが夜空を照らした。門に近接するライヒスターク（帝国（ライヒ））議会議事堂）の屋外階段にはヴァイツゼッカー大統領、ブラント元首相らと並んで、コール統一ドイツ首相も主役として立ち、のべ 200 万人ともい

われた大群衆の歓呼にこたえた。

「壁」崩壊の主役たち

　コール西ドイツ首相は、82年の政権奪取の当初から東西統一（「再統一」）を構想していたわけでも、とりわけ強く願っていたわけでもない。かつてのブラントSPD政権が「国家」としての東ドイツ承認や東欧諸国との関係改善をはかる（新）東方政策（Ostpolitik）を推し進めた一方で、CDU/CSUは第2次大戦後ポーランドに編入された旧・ドイツ領土の放棄を公には認めていなかったし、東ドイツ政府との現実的な対話を進めたシュミットSPD政権よりも、ドイツ国家の「再統一」を目指す立場を表向きはアピールしていたとはいえる。しかしコールはCDU党首として何よりもアデナウアー初代西独首相の後継者をもって自任し、その考えは「西欧＝西側陣営の一員としての西ドイツ」という路線からはみ出すものではありえなかった。

　「壁」建設時のベルリン市長であったブラント元首相のほうにこそ、ドイツ統一の願望ははるかにあきらかであった。彼の有名な（新）東方政策には、「統一されたドイツ国家」を――それ以前の保守政権のように東ドイツ国家の否定によってではなく、むしろ容認と対話によって――目指すナショナルな意識の色合いがあった。しかし、そのブラントが80年代に認めざるを得なかったように、なによりも当時の現実として、「ドイツ統一」がいかなる形にせよ達成される見込みは全くなかった。「壁」の崩壊も早くとも21世紀以降のことだろうと、誰もが思っていたのである。

　「壁」の崩壊に至るまでの東ドイツの体制転覆に、コールが直接寄与した面は、したがって少ない。

　もっとも、「ペレストロイカ」を唱えたミハイル・ゴルバチョフ書記長のソ連（当時）との間にゲンシャー外務大臣がとった対話路線は、80年代末に民主化の動きがみられたときには、東欧諸国政府との交渉の背景となった。たとえば、チェコ＝スロヴァキア（当時）に脱出した東ドイツからの亡命者の鉄道による西ドイツへの移送などには、それがうかがえる。

　だが何といっても、東ドイツの一党独裁体制を転覆させたのは、市民の自

発的な民主化運動であった。ザクセン地方の伝統的な商業都市・ライプツィヒが民主化運動の震源地である。最初、限られた数でしかなかった反体制派——教会関係者や平和グループ——は、89年の秋以降にはより広い層の市民の参加を得て急速に勢力を拡大し、恒例となった「月曜デモ」などの非暴力的な大規模抗議活動が、(東)ベルリンのホーネッカー政権を追い詰めたのである。中央集権的な東ドイツにおいて、ライプツィヒやドレスデンなど地方の都市は首都への資源集中のワリを食ったところがあり、経済的にもより疲弊しており、大気汚染など環境問題も深刻であった。「新フォーラム」「今こそ民主主義を」などのグループは、政府による武力鎮圧の脅威と戦いながら、「我々が国民だ (Wir sind das Volk)」のスローガンを掲げる大デモを展開した。全世界にテレビ中継されたザクセン地方の12万人のデモや、それに呼応したお膝元(東)ベルリン・アレクサンダー広場での70万人に及ぶ大デモに、東ドイツ政府は耐えかねた。改革路線をとろうとしていたゴルバチョフに見放されたホーネッカーは、独裁政権内の一種の宮廷クーデターによって失脚する。クレンツ新政権が苦し紛れに出した新しい旅行法規、すなわち旅行・出国の一定の自由化の方針は、記者会見での報道官のミスによって(管理当局の準備が整うはずの)発表翌日ではなく「たった今から」と発表されてしまう。これを聞きつけて国境検問所に押し寄せた市民の圧力によって、アクシデントともいえる形で「壁」は崩壊したのである。

コールの決断と難問の解決

いったんことが起こった後のコールの対応は迅速であり、大胆であった。コールはワルシャワ訪問で会見したワレサ議長とは違い、「両ドイツ国境の開放は間近だろう」とはまったく予感していなかったし、まさにその夜の「壁」の突然の崩壊も、彼のあずかりしらぬところで起きた。だが、11月末にはコールは統一を目標とすることを決断、「統一10項目構想」を発表し、「壁」の崩壊後に本格化した「ドイツ問題」の主導権を握ることに成功した。このとき、民衆デモにおけるスローガンは、「我々が国民 (das Volk) だ」から「ドイツ、唯一の祖国」(旧東ドイツ国歌の一節)に、あるいはより有名になった

「我々は一つの国民（*ein* Volk）だ」に移りつつあった。東ドイツの一般市民たちの希望は民主化・改革という当初の目標を越えて、近い将来の統一も視野に入れたものになっていた。政治的なカンにすぐれたコールはこの変化をとらえ、ドイツ統一にともなう数々の難問のクリアを決意した。

　ドイツの分断は第2次世界大戦とその後の冷戦の結果であったから、戦勝国であるアメリカ、ソ連（当時）、イギリス、フランスの同意なしにいかなる形の統一もありえなかった。当初、ジョージ・ブッシュ（父）政権のアメリカ以外は、このうちのどの国もドイツ統一には賛成でもなければ好意的でもなく、アメリカにしても統一後の全ドイツが西側陣営としてNATO（北大西洋条約機構）に加盟し続けることを統一容認の条件にしていた。理の当然として東ドイツ駐留のソ連軍の引き上げが不可避となるが、ソ連がそんなことをやすやすと認めるはずがないと思われた。フランスとイギリスは、中欧に強大なドイツが復活することを本能的に危惧していた。また一方、東ドイツにおいてもデモをこれまで主導してきた改革勢力の多くは東西統一に消極的であり、一党独裁の共産主義でも資本主義でもない「第3の道」を模索するつもりであった。性急な統一への忌避感は、西ドイツでも緑の党やSPD左派などに強かった。

　コール政権はこれらの問題を、粘り強い外交交渉と選挙戦の勝利とによって解決した。フランスではミッテラン大統領が89年内に歩み寄り、欧州の通貨統合の推進――すなわち、近い将来のドイツ・マルクの放棄による欧州共同通貨の実現――を半公然の条件に、統一に理解を示した。年明けにはゴルバチョフが、コールとの首脳会見によって、ドイツ統一を話し合うときの「2＋4協議」の枠組みを認めた。「4」は占領4カ国であるが、「2」は当事者である東西両ドイツのことである。ドイツ人に決定権を与えることで、何らかの形での統一を事実上容認するものとなった。「2＋4」の枠組みを前提に外交交渉が継続するうちに、最後まで西側内部でゆさぶりをかけていたマーガレット・サッチャー英首相もついに抵抗を断念する。サッチャーは、ドイツとポーランドの国境オーダー・ナイセ線を最終的に受け入れたコールの決定を「ステイツマン」的だと称えてみせた。

東ドイツの民意を問う共和国人民議会の最初で最後の自由選挙は、外交交渉のつづく3月18日に行われた。結果、再建された東ドイツ・SPD有利の下馬評は覆され、東ドイツ・CDUなどが構成する保守党同盟が圧勝する。

コールが3月はじめに明らかにした東の連邦共和国への加入という形（基本法23条の規定による加入）での迅速な統一というプランが、大衆の支持を得たのである。東ドイツ・CDUを中心とする連立内閣が党首ロタール・デメジエールを新首相として成立し、コールの考えにそったすみやかな統一にむけて動き出した。

東ドイツ国民の圧倒的多数を占める労働者は、元ヴィオラ奏者の弁護士であった無名に近いデメジエールにではなく、精力的に遊説をくりひろげ、東ドイツの迅速な復興を約束し、応援演説会場では選挙民にプレゼントをばらまいたコールに投票したのだといえる。多くの東ドイツ市民は、西ドイツで実現している豊かな生活をすぐに手に入れることを期待した。

5月には両ドイツ間で通貨経済同盟（「通貨・経済・社会同盟」）が結ばれ、ドイツ・マルクと東ドイツのマルクとが1:1の比率で交換されることになった。そして6月には米ソ首脳会談によって、最大の難関と思われた統一ドイツのNATO加盟をゴルバチョフが認め、9月いっぱいで「2＋4協議」が終了した。10月3日、ドイツ統一条約が発効し、東ドイツが基本法妥当領域に編入された。ブランデンブルク、メクレンブルク・フォアポメルン、ザクセン、ザクセン・アンハルト、テューリンゲンという5つの「新連邦州」が誕生し、ドイツ統一は達成された。

統一の代償

以上にまとめたように「幸運の女神の前髪をつかんで放さなかった」コール首相は、統一を実現した宰相（Kanzler）として国際的な名声を獲得する。その余勢を駆って90年12月の連邦議会選挙でも与党CDU（キリスト教民主同盟）/CSU（キリスト教社会同盟）が43.8％の得票率（連立与党のFDP（自由民主党）も11％を獲得）で圧勝した。SPD（社会民主党）は惨敗し、緑の党にいたっては連邦議会の議席を5％条項によって喪いかけた（東部ドイ

ツの友党・同盟90の善戦により議会勢力を死守し、93年に「同盟90/緑の党」として正式に合党)。

　しかし、早くも翌91年には東部ドイツの復興が容易ではないことが誰の目にもあきらかになった。

　迅速な統一自体が誤りだったというべきかどうかには議論がある。たとえば歴史家H.A. ヴィンクラーは、統一交渉のパートナーとしてゴルバチョフ書記長とシュワルナゼ外相というコンビが当時のソ連に健在であったというタイミングを重視する。また、東マルクの切り上げとなり、結果として競争力の乏しい旧東ドイツ地域の産業を破滅させた通貨同盟による東西マルク1：1の交換比も、政治的にはやむをえない決定だったとしている。

　とはいえ、旧東ドイツ地域の資産について「補償より返還を」という原則を導入し、ナチによる没収や国有化以前の所有者の権利にかかわる問題をきわめて複雑にしたことは、その後の国営企業民営化や投資に大きなマイナスになった。これに加え、「ドイツ統一基金」の設立すなわち借り入れによって東部ドイツ復興支援は可能だとしたことも、ヴィンクラーが「ドイツの経済的統一の本質的に重要な誤り」とするところである。増税に頼らなくても東部ドイツ復興はできると考えたことは、たしかにコールの明白な目論見違いであった。東部ドイツの状況が、蓋を開けてみると——おそらくは東ドイツ政府が公表していた種々の統計データの粉飾にもよってであろうが——予想以上にひどかったという弁解はできる。しかし90年当時のヴァイゲル財務相は、統一に関わる現実的な費用見積もりの提出を拒否していた。見たくないから見ない・気がついても言わない・言っても聞かない、が破局に至る道だといわれる。統一にむかって驀進したコール政権に、これが少しも当てはまらないとはいえないだろう。事実、統一から2年もたたないうちに、当初の楽観論は影を潜めた。

　東部ドイツ社会は、統一後もかつてのDDR（ドイツ民主共和国）体制の後遺症とも言うべきものにまず悩まされた。生活インフラ整備の遅れだけではなく、偏った工業化優先の政策下で放置された環境汚染からの回復にも予想以上の時間とコストがかかった。悪名高い国家秘密警察（シュタージ）によ

る「監視社会」は、その消滅後も深い影を人びとに投げかけていた。文化人や政治家、運動家など東ドイツにおける著名人には（体制に批判的であればこそ、余儀ない）当局との何らかの意味での協力関係にあった者が多く、統一後CDU副党首になっていたデメジエールすらシュタージとの関係を暴露されて失脚した。公開された個人記録の閲覧により、家族や親しい同僚が自分を当局に密告していた事実を知るという悲劇も珍しいものではなかった。

　しかし、なによりもコール政権を直接苦慮させたのは、経済問題であっただろう。通貨統合でいったん崩壊した東部ドイツの産業基盤はなかなか確立せず、新連邦州は10数％の高い失業率に苦しみ続けた。増税はしないというコールの約束は、91年に「連帯税」（東部ドイツ復興支援目的の所得税・法人税増税）が導入されることで反故にされた。東西ドイツの住民はそれぞれ「ヴェッシー（西の連中）」「オッシー（東の連中）」と呼びあった。「オッシー」という呼び名には、社会主義時代以来の怠け癖がついたドンくさい奴ら、という2級市民扱いの軽侮の念がこもっていた。すでに90年、94年の連邦議会選挙や新連邦州の地方選挙では、SED（ドイツ社会主義統一党）の後継政党であるPDS（民主社会党）が、東部ドイツ市民の鬱屈や憤りを汲み取って勢力拡大をはじめていた。

　このころ、1993年のベルリンでは、シドニーに敗れることになる2000年夏季オリンピック招致運動のキャンペーンが行われ、繁華街の広場などには招致宣伝の屋台が立っていた。厳然たる反対運動もあったためか（→第2部「5章」参照）、あまり盛り上がった雰囲気はなかったが、筆者はそこで友人の子供へのお土産にオリンピック・ベアーの柄の入った黄色い靴下を買った。「壁」崩壊直後から3年ぶりに訪れた東ベルリンの目抜き通りウンター・デン・リンデンでは、米・欧・日の大企業の看板やネオンサインが目立つことにいまさらのように驚いた。だがライプツィヒのような地方都市では、汚れに汚れた灰色の駅舎や街全体のどこかワイルドな雰囲気に正直おっかなびっくりで、足元の明るいうちにとオペラも一幕で切り上げて、長い夕刻をホテルにむかって急いだものだ。臆病を嗤われても仕方がないことだが、言葉の覚束ない国の未知の都市

はどこでもなんだか怖く思えるものだろう、と言うのはあたらない。

「"東"は今でも怖い」と、フランクフルトからベルリンにやってきた大柄なドイツ人の女子学生が告白したのを聞いたことがある。それは、さらに年月がたった96年の元日未明であった。ブランデンブルク門に新年の花火を見物に行ったところで、既に一杯機嫌の青年男女の一団に誘われてそのままベルリン・フンボルト大学の学生（その名もカフカ君）の下宿に遊びにいったのだが、路線改修工事中のSバーンとバスを乗り継いでようやくたどり着いた"東"の果て（通りの名はなんだったろうか？）の住宅街は灯りも乏しく、漆黒の闇に包まれ、シックというよりは物凄いとしかいいようのない古い建物が並んでいた。凍える季節の深夜とはいえ、そしていくらドイツ人が生活騒音に敏感だとはいえ、ドイツ有数の大都市の片隅に、少しは人の気配があってもいいのではないかと思ったのである。

統一以前には社会主義圏の友邦ベトナムなどからの労働力受け入れ以外に移民流入の経験が乏しかったこともあり、東部ドイツにおいては現状への不満が排外主義につながり、外国人襲撃事件がしばしば報じられた。一党独裁体制下で少年団や青年団に組織化されていた若者たちが、行き場を失ってしばしば極右・ネオナチ組織に吸収されることも問題視された。一部市民の排外主義的な暴発は東部ドイツに留まることではなく、西側でもトルコ系住民への襲撃事件が社会にショックを与えた。結果として、ナチ時代の反省から基本法の規定上も寛容であったドイツの難民受け入れ政策は、より制限の多いものに変更されることになった。過激派の暴力的な行動が立法府を動かすという事態は、感心できるものとはいえなかった。

コール政権のおわり

1990年にはドイツ代表チームのサッカー・ワールドカップ優勝を「今年は統一とW杯優勝の年だ」と喜んでみせたコール首相だったが、96年のヨーロッパ・カップの優勝では「サッカーの代表選手は故障しても休まず頑張ったが、この態度を労働者も見習って欲しい」という意味の発言でひんしゅく

を買う。

　ドイツは、成長の停滞と慢性的な高失業に悩まされていた。あまりにも大きかった統一の代償というばかりではなく、かつては自慢の種であり他国の羨望の対象であった手厚い福祉政策や労働者の権利保護すらも構造的な問題として指摘されるようになっていた。政府・経済界・全国労働組合の3者による話し合い、「雇用のための同盟」も単なる政治的アピールにとどまり、高失業への抜本的な解決策は見出されない。この結果、地方議会においては国政与党の敗北が続き、結果として連邦参議院と連邦議会とで多数派が異なる「ねじれ」現象が生じたため、コールは政策運営にますます手間取ることになった。

　1993年にマーストリヒト条約が結ばれ、欧州連合（EU）の枠組みができた。統一ドイツの国際貢献面でのアピールや通貨統合をはじめとするヨーロッパ統合では大物ぶりを発揮できたコール首相だったが、97年の「今年のことば」には「改革の停滞」が選ばれてしまう。内政の行き詰まりは深刻であったが、同時に、国民は長く続いたコール政権に飽きはじめていた。

　98年選挙ではコールはついに政権の座から滑り落ちる。CDU/CSUは得票率40％を下回る大敗で、微減のFDP（自由民主党）とともに下野した。

　CDUの名誉党首となったその後のコールは、公私両面で苦難に襲われた。病に苦しんでいた夫人の自殺に加え、99年には党首時代の党ぐるみの不正献金疑惑が発覚し、起訴は免れたものの影響力は急低下、政治生活から引退した（2002）。

　80年代のコール首相は、政治学の博士号を持っているわりには見るからに知的でも弁舌巧みでもなく、そもそも容姿もスマートとはいえなかったので、所詮は党内抗争にのみ長けた政治屋だと軽侮されていたきらいがあった。

> 　ドイツの博士論文といえばおしなべて（少なくとも量的には）重厚なものだが、若き日のコールの学位論文はひどく薄っぺらだった、という話をドイツの大学で何度か聞いたことがある。考えてみれば、「だから何？」ということになりかねない他愛もない悪口だが、ドイツ社会においては（わが国などとは違い）それなりのポジションを占めているアカ

がデミカー（大学人）たちのコール首相観がうかがえたことはたしかだ。

コールはしかし、「統一の宰相」として国際的な大政治家の座に駆け上がり、アデナウアーを超える連邦共和国史上の最長期政権を築いた。にもかかわらず、政治家としての晩年は明るいものにならなかった。

ドイツ統一のバランスシートがまだ書き終えられていない以上、政治家コールその人への評価もまだ落ち着かないだろう。しかし、そのコールは、2010年に80歳の誕生日をむかえた。このときドイツ第1公共放送（ARD）の番組用のアンケートでは、59％の回答者が「コールはよい首相だった」と答えるという結果が出た。これはカリスマ的な人気を誇った東方政策のブラント（68％）やEUの長老としても尊敬されるシュミット（75％）には及ばないが、自分を政権から追ったかつてのメディアの寵児ゲアハルト・シュレーダーの47％を大きく上回る評価である。すでに前年『シュピーゲル』誌増刊号が行った「戦後60年の最重要人物」アンケートでは、コールが堂々の1位に選ばれ、リベラルな論調で知られた同誌を驚かせている。アデナウアー以下の歴代首相やフォン・ヴァイツゼッカーら大統領、ホーネッカー、ウルブリヒトといった旧東独の指導者、F. ベッケンバウアー、M. シューマッハー、S. グラフといったスポーツの名選手、ロック歌手ネーナ、ノーベル文学賞作家G. グラスらを押しのけての結果であった。そして2010年10月3日には、統一20周年式典にも来賓として登壇した。「統一の宰相」、以て瞑すべし、ということになるのだろうか。

（付記）瞑するどころか、2011年8月末、81歳のコール元首相は、雑誌インタビューに応じて、現メルケル政権の外交政策には確たる指針が欠けていると厳しく批判し、なお意気さかんなところをみせた。

（2）シュレーダーの時代——ベルリン共和国の変化と対外政策

シュレーダー登場

98年9月の第14回連邦議会選挙は、首相候補ゲアハルト・シュレーダーと党首オスカー・ラフォンテーヌの2枚看板で闘った野党SPDがコール首

相率いる CDU/CSU に大勝し（得票率 40.9%）、議会内最大会派の地位を 36 年ぶりに取り戻した。現職首相を擁する与党が連邦議会選挙に敗北し、政権交代が起きたのは連邦共和国史上はじめてのことである。SPD（社会民主党）は緑の党との連立を成立させ、党のイメージカラーをとって「赤緑連立」とよばれる中道左派政権ができあがった。緑の党からは、フィッシャー外務大臣、トリッティン環境大臣等 3 人が入閣した。

シュレーダーは、「新しい中道」という選挙スローガンを掲げた。労働者の権利を代表する SPD の従来的なイメージを刷新し、経済政策・社会政策に新機軸を打ち出すことで、コール政権末期の「改革の停滞」から抜け出すことを訴えたのである。ここには「ニュー・レイバー」「第 3 の道」を標榜し、労働党政権でありながらサッチャー保守党政権下の改革姿勢（サッチャリズム）の実質的な継承者として成功したトニー・ブレア英首相が意識されていた。

シュレーダーは 1944 年生まれであった。これは単に首脳の世代交代が実現したという以上の印象をあたえた。シュレーダーが「68 年世代」に属したからである。60 年代の政治運動（「68 年運動」）は、かなり世代的な現象であった。若者たちは先行世代への不信と反抗を強く訴え、資本主義体制を否定するとともに、古い社会秩序や価値観の打倒を目指した。その彼ら・彼女らが壮年に達し、いよいよ国政の指導者の地位に昇ったことには特別な意味があると思われた。

もっともシュレーダーは、68 年の若者たちの反乱に一定の意義をみとめながらも、自身が「68 年世代」に括られることには抵抗をしめしている。戦死者遺族であったため、ナチ期を生きた父親との相克という世代的経験をもっていない。苦学しながら 63 年に既成政党の SPD に入党しており、連立パートナーとなった緑の党のフィッシャー外相のように、過激な急進的左翼活動に飛び込んだわけでもない。とはいえ 66 年にはゲッティンゲン大学に入学し、法律を学びながら「学生の革命」の時期をすごしている。連邦首相としてははじめて離婚経験者であることも、なにか目新しいイメージを与えるものだった。がっちりした体格でりゅうとした背広を着こなす姿はテレビ映えがし、派手な言動でマスコミの話題になることが多かった。

議員時代のシュレーダーがある夜、酔ってボンの首相府（首相官邸）の門にしがみつき、「おれはここに入りたいんだよ！」と叫んだというエピソードが、首相就任当時よく喧伝された。野心的な青年の望みは20年の歳月を経てかなえられたわけである。

1999年にそのボンから機能が移転され、2001年に建物の新築がなったベルリンの首相府の最初の主人となったシュレーダーは、「ベルリン共和国」の"新しさ"を好んで強調し、また、たしかにそれを代表する存在となった。

「新しい中道」——第1次シュレーダー政権

シュレーダーは「新しい中道」を掲げ、グローバル市場におけるドイツ経済の競争力を高めるという目標を明言して選挙戦に勝利したが、これは成長停滞と高失業に苦しむドイツ経済の建て直しを、従来のSPDの社会民主主義的な方策とは異なった角度から行うことを期待させるものだった。労働組合との伝統的な関係を重視し、社会国家＝福祉国家的な理念に強くこだわり、左派コワモテ風の人気があったラフォンテーヌ党首が選挙戦をともにしたことは、かえってSPDの路線転換をアピールするものとも受け取られた。新政権の成立早々はコール政権時代の規制緩和のいくつかを元に戻したが、民間経済人と労働組合幹部の同時入閣が実現したことや、頓挫していた「雇用のための同盟」の対話を復活させたことには、政界・財界・労働界一体の改革志向があらわれていた。

また、外交政策ではシュレーダーは前政権との継続性をまず強調し、いわゆる現実路線をとった。冷戦終結後、コール首相は統一以前の西ドイツ時代のきわめて自制的な外交姿勢の一部転換をはかっていた。とくにドイツ連邦軍の国外派兵（とりわけ、NATO域外での戦闘行動）が議論の焦点になっていた。国際貢献を重視したコールは1993年以降、NATO域外への連邦軍派遣に対する憲法裁判所の合憲判決をうけて、ソマリアや旧ユーゴスラヴィアなどへの連邦軍派遣をすすめていた。98年には連邦議会選挙敗北による下野が決まると同時に、シュレーダー次期政権との連携をとり、コソヴォ空爆への参加を決定、連邦議会はほぼ全会一致でこれを採択した。

新政権にフィッシャー外相を出した連立パートナー・緑の党（同盟 90/緑の党）にとっては、党是の平和路線からすれば苦渋の決断であった。だが、この後も与党としてしばしば妥協を強いられたことは緑の党をある意味では鍛え、国民の信頼を安定させるものになったともいえる。緑の党の最大の目的である環境主義的政策は、環境税の導入や原子力発電所の段階的廃止の実現という形でシュレーダー政権下に実を結んだ。

伝統的な血統主義から離れて属地主義的な要素を入れ、条件付で二重国籍を認めた新国籍法（1999）や、滞在許可の簡素化や移民融合促進コースの設置という内容を含む新移民法（2004）の制定といった融合主義的な外国人政策もまた、「赤緑連立」政権だからこそ実現したリベラルな政策であった。

　これらの政策は一面では現実の後追いであり、ドイツは既に 70〜80 年代――50 年代に流入した外国人労働者（「ガストアルバイター」）が定住し、世代を重ねた時期――には外国人居住者が人口の 1 割近くともいえる事実上の多民族社会になっていた。このことで、本書筆者のひとりは大いに助けられたことがある。1994 年 12 月 24 日。クリスマス・イブに留学生としてひとり学生寮に残ることは別段つらくもないが、食事の買い物をつい忘れてしまっていたことはミスもミス、一晩飲まず食わずの危機に直面した。普段でさえ夕方には閉まってしまう（当時の）スーパーマーケットは早々に営業を終えているし、コンビニなんてものはドイツにはない。ここは数年後には首都移転もあろうかという大都市ベルリンであったから、なんのことはあるまいと高をくくったのが間違いであった。クリスマスの夜に営業する飲食店など、敬虔なキリスト教徒の社会にあろうはずもなかったのである。

　東洋人異教徒はレストランらしきものを探して、酷寒の夜の下町を一人さまよったが、心覚えのある店はことごとく閉まっていたし、心覚えのない店もすべて灯りを消していた。アメリカ中西部から来た寮友が「ベルリンはとてもにぎやか（lebendig）だ！」と褒めていた言葉を思い起こすと、このゴーストタウンのなにがレベンディッヒだ、と腹立たしい。歩きに歩き、おれが子供のときは日本でもお正月には買い物なんて

簡単にはできなかったよな、とあきらめかけたところで、ふと目を上げると遠くに赤や黄の灯りが見えた。しかも街路に人通りがある気配で、ちょっと lebendig だ。クロイツベルク区に来ていた。ここにはベルリン有数のトルコ人街があり、すなわちトルコ料理店がある。敬虔なイスラム教徒は、キリスト教のお祭りとは関係なく営業しているのだ。非常に美味な羊肉と野菜の土鍋焼などを食べ、ひと心地をつけた。それ以来、イスラムには好意を感じている。本書筆者のひとりがイラン人家主からアパートを借りたら、その部屋は税金滞納による差し押さえの対象になっていて執行吏が乗り込みかけてきた、という災難話を聞かされても、まあ不動産トラブルは大家がなに人であれ、あることだし、だからといって人種的民族的偏見に堕してはいかんよな、と思うのである。

　もっとも、労働者の権益を制限しても経済成長のために企業活動を活性化することを優先したシュレーダーの姿勢は、SPD の従来的な路線をはみ出すものとならざるを得ず、結局はラフォンテーヌ財務相の離反を招いた。福祉国家的な「大きな政府」をよしとするラフォンテーヌは、労働市場の構造改革や緊縮財政を目指すシュレーダーの経済政策を「新自由主義（ネオ・リベラリズム）」だと批判し、就任から半年ほど（99 年 3 月）で閣外に去った。なお辞任の年には、みずからの信念を示す『心臓は左で（links）打つ』というタイトルの市場主義批判をベースとした本を出版、話題を呼んだ。その後も閣外にあってシュレーダー政権の社会政策・経済政策への批判を続け、2005 年にはついに SPD を脱退、東ドイツにおける独裁党だった SED（ドイツ社会主義統一党）の流れを汲み、「旧東独市民の利益を代表する唯一の政党」として台頭したマルクス主義的な PDS（民主社会党）と組んで、「左派党（Die Linke）」を形成、党首となった。ラフォンテーヌが一貫してある種の大衆的な人気をもつ存在だったことは記憶されるべきだが、スキャンダルや健康の悪化もあって、2009 年には公職を退いている。

　シュレーダーはラフォンテーヌの SPD 党首辞任も乗りきり、みずから党の掌握に成功したが、肝心の成長・雇用政策にははかばかしい効果がすぐにはみられなかった。

ドイツにおいて高失業の感覚的な指標は失業者が400万人を超えるかどうかであるといわれる。シュレーダーは任期中に失業者を350万人以下に減らすことを目指したが、2000年から2001年にかけては景気の持ち直しをうけて失業者数は全ドイツで380万人台まで低下し、目標達成への希望がみられた。ただし95年以来はじめて失業率が2桁を切ったこの時にも、全ドイツでの失業率は9％台半ばに下がったにすぎず、これは同時期のアメリカ合衆国の急速に低下した失業率に比べてなお高水準であった。しかも改善がみられたのは主に旧西独地域であり、旧東独地域＝「新連邦州」では134万人から137万人にむしろ失業者数は増加し、失業率17％台という雇用低迷が続いていた（→第1部「2章」参照）。

　2001年秋に米国同時多発テロが起きたこともあって世界的な景気減速が起きると、ドイツの景気も一気に悪化し、2000年に年率2.9％まで回復していたGDP成長率は落ち込み、マイナス成長下で雇用も急速に悪化、400万人の心理的大台に戻ってしまった。

　景気低迷のなか、SPDは2002年の連邦議会選挙で苦戦を予想された。ライヴァルとなるCDU/CSUの首相候補には、CSU党首のバイエルン州首相エドムント・シュトイバーが立った。かつての農業国のイメージが強かったバイエルン州はITやバイオテクノロジーなどの先端産業部門で国際的な大企業を抱え、ドイツ内で比較すれば高い成長率と低い失業率を誇るようになっていた。この実績を背景に雇用問題の解決と社会安定を訴えるシュトイバーは手強く、直前の世論調査の結果でもリードを許したシュレーダーが政権をうしなうことは十分に予想された。

　ここでシュレーダーは、選挙における勝利のために、二つの大きな手を打ったといえる。後に出版されたシュレーダー自伝のタイトルは『決断』であった。このときのまさに決断は、ともに、現在の「ベルリン共和国」にも大きな影響力を及ぼすものとなった。

　ひとつは、喫緊に解決する必要をあらためて突きつけられた高失業問題への対策として、雇用市場の抜本的な構造改革のプランを提示したことである。親交のあったフォルクスヴァーゲン社の労務担当取締役ペーター・ハルツを

中心に雇用問題に関する諮問委員会を設け、2002年8月の選挙期間中に「ハルツ委員会報告（答申）」としてまとめさせ、それらの改革プランの実行を公約したのであった。その内容は「2章」で再び取り上げるが、政府部門である雇用庁の機能改革とともに失業者にも勤労義務を明文化するなど、雇用市場の規制緩和を盛り込んだ内容は、「新たな中道」路線の再確認でもあった。野党CDUのアンゲラ・メルケル党首ですら、このハルツ委員会報告の意義を認めた。ただしSPDの伝統的な労働組合＝労働者の保護からの逸脱でもあり、その中身がシュトイバー陣営の改革方針と一見見分けがつかないこともあって、シュレーダーの選挙対策の切り札になりえたわけではなかった。

決定的な効果をもったのは、アメリカのジョージ・W. ブッシュ（子）政権によるイラク攻撃に、シュレーダーが明確な反対の姿勢を示したことであるといわれる。2002年8月5日の選挙演説において、「国連決議によってイラク攻撃が認められたとしてもドイツは出兵しない」と明言し、大量破壊兵器の隠匿を理由にイラク攻撃を図るアメリカを公然と批判した。これはフランス、ロシアと立場を同じくするものであり、第2次世界大戦後、決してありえなかったドイツ連邦共和国とアメリカとの外交上の対立をあえて選んだのである。シュレーダーは実際にロシア、フランスと並んで国連安保理理事国に働きかけ、アメリカのイラク攻撃に反対する議論を進めた。アメリカ政府は衝撃を受け、D. ラムズフェルド米国務長官は出兵に反対するフランス、ドイツを「古いヨーロッパ」、出兵に賛成するポーランドなどのEU新規加盟国を「新しいヨーロッパ」と呼んでみせた。EU内部でも外交姿勢に分断が生じたことになるが、継続性を意識してきたシュレーダー外交はここで大きな転換をみせたといえる。この変化は唐突ではなく、旧ソ連の崩壊で唯一の超大国となったアメリカの1国主義的な外交姿勢への根強い不信が、選挙戦略をバネに一気に表面化したものでもあった。

シュトイバー・CDU/CSUの圧倒的な優位は、選挙戦終盤で急速に失われた。シュトイバーは選挙当日の9月22日、いくつかのCDU/CSU有利が予想された地域の開票を待たず、夜には勝利宣言を出したのだが、文字通りフタを開けてみると結果は意外なものとなっていた。得票率（38.5％）はほぼ

等しい、わずか3議席の差で与党 SPD が再び第1党となり、緑の党の善戦でシュレーダー連立政権は維持されたのである。わが首相がアメリカの非をならす断固とした姿勢は、あまねくドイツ市民の心理のどこか微妙な部分に強く共鳴したのではないか——と想像せざるをえない。

　「お前は日本人か。この前の戦争（第2次世界大戦）の同盟国じゃないか。また一緒にやろうぜ。ただし今度はイタリア抜きでな！」という有名なジョークを、実際にドイツ人に飛ばされたことはない。さすがにあちらもこちらも、もはや「この前の戦争」を実感できる世代ではないからだろう。いや、そもそもそんな風にドイツ人が日本人に冗談を飛ばすというのも、それ自体が日本人好みの都市伝説にすぎなかったのかもしれない。だが第2次大戦に出征したことがあるらしい年齢の老弁護士に、「アメリカ人は物質主義的で、欲深くて、浅薄な連中だ。君たちも日本人だから、わかるだろう？」と言われたことはある。そしてまた、彼らよりも下った戦後生まれのベビーブーマーには、アメリカに対して愛憎なかばする感情があることは——後続の世代として想像するように、おそらく日本も同様に——間違いないだろう。

　シュレーダー政権はイラク出兵以外の点では米独関係の修復に努め、テロとの戦いにおける貢献をアピールすることも忘れなかったが、あきらかにこの外交姿勢の転換は第2次シュレーダー政権を特徴づけるものとなった。

自己主張するドイツ——第2次シュレーダー政権の外交

　「私のドイツは世界において尊敬を集めている。それは、我々がパートナーかつ模範であるからだ。それは、我々が諸民族からなるヨーロッパを建設し、世界平和と人権を保全するのに力を貸すからだ。しかも、そうだからといって、我々が自らの国益を隠す必要がないからだ。これが、『我々ドイツの道』である」（グルーナー（丸畠・進藤・野田訳）「参考文献」からの引用）。

　このようにシュレーダー首相は 2002 年の選挙戦中にはっきりと「国益」やドイツの独自路線とも取れる姿勢を唱えているが、こうした発言は、歴代の連邦首相とくらべて異例の印象をあたえるものだった。

2004 年 3 月には、国連安全保障理事会の常任理事国入りの希望を正式に表明した。国連安保理常任理事国は第 2 次世界大戦の戦勝国メンバーで構成されており、ドイツがそれに加わろうとするのは一種のタブーであった。現にコール首相時代の 1992 年には、常任理事国入りを強く希望する外務省スジの動きを、「まだ荷が重過ぎる」と首相自ら押し止めたほどである。EU 統合の立役者としてコールは特に、ヨーロッパ各国の不信を生むだろうドイツの突出を嫌わなければならなかったこともあるが、この種の自制は戦後西ドイツ外交の基本姿勢でもあった。対米外交でこの根強い伝統を破ったシュレーダーは、大国としてのドイツの自己主張に踏み入ったのである。

　国際社会でのドイツの存在感は、安全保障政策の面でも示された。コール時代から進められてきた連邦軍の国外派遣は日常化し、あくまで EU や国連の枠組みを守りつつではあるが、軍事・非軍事の両面で積極的な危機管理政策がとられるようになった。今日、数千人規模の連邦軍将兵がアフガニスタンはじめ国外に派遣されている。

　また、シュレーダーは米国との距離を置いた一方で、旧ソ連崩壊後のロシアとの関係を深めた。資源大国として成長するロシアとの密接な経済関係を重視したのだが、「強いロシア」をスローガンに掲げ、強権的・独裁的姿勢をしばしば批判されるウラジミール・プーチン大統領（当時）とは個人的にも親密なパートナーシップを築いた。この対ロシア関係の改善は、持続的な影響力をその後のドイツの外交政策に与え続けるものとなる。外交は首脳の世界観や政治的判断で動くものであると同時に、日常的な外交業務に携わる多数の専門家の意見や感覚によっても左右される。冷戦時代のソ連を相手とした外交官や研究者に代わり、EU のパートナーとしてのロシアを研修・訓練の場や最初の任地とした新世代の専門家たちがキャリアを重ねれば、ドイツとしての対ロシア政策も以前とは根本的に異なるものとなるであろう。シュレーダー政権における外交的転換は、そうしたドイツ外交のいわば構造的な変化に拍車をかけたのであった。

シュレーダーの退陣

　シュレーダーは 2003 年 3 月に、前年 8 月に出された「ハルツ委員会報告」を 30 項目の改革プログラムのパッケージ「アジェンダ 2010」としてまとめた。労働市場における規制緩和や失業手当の支給期間短縮、医療保険改革、年金水準の再度引き下げなどの改革促進プランは労働組合や与党 SPD、緑の党の一部などをはげしく刺激したが、結局は野党を含む大勢から現実路線として受け入れられることになる。だが、慣れ親しんだ「社会国家」のシステムを抜本的に見直すものとなる改革プログラムは、国民のあいだに不安を醸成したこともたしかであった。

　「アジェンダ 2010」は実行に移されたものの、そのプロセスは緩慢なものとなった。福祉の後退や生活水準の低下が危惧され、国や州、地方自治体の負債が増大する一方で、期待された経済の復調や雇用情勢のはかばかしい好転はみられなかった。2005 年 1 月には失業者数が戦後初めて 500 万人を突破し、2 月には戦後最悪の 522 万人を記録した。世界大不況の 1930 年代初頭に記録された失業者数が、およそ 600 万人とされる。もっともこれは失業給付金制度改革の一時的な影響と冬季の建築現場凍結・閉鎖による数字であり、春以降にはさすがに 500 万人の大台は切った。しかし、とりわけ東部ドイツでは高失業と人口流出が慢性化し、右翼勢力の伸張が社会不安をかきたてた。

　こうしたなか、2005 年 5 月のノルトライン・ヴェストファーレン州選挙で、SPD は歴史的といわれる敗北を喫した。第 1 次シュレーダー政権時代から SPD は既に多くの州選挙で敗れていたが、長年にわたる SPD の金城湯池であった連邦最大州までも 36 年ぶりに失ったことの打撃は、決定的であった。この結果、連邦参議院の 3 分の 2 は野党に占められ、政府による参議院の運営は事実上不可能となる。

　シュレーダーはただちに翌年に予定されていた連邦議会選挙の前倒しを決意した。国民の信をあらためて問うことで政権を維持しようと考えたのである。日本ではしばしば「伝家の宝刀」とも呼ばれる首相の議会解散権は、議会政治の安定を優先するドイツでは認められていない。だがシュレーダーは自分への信任決議を与党議員にわざと棄権させることで、やや強引に解散・

選挙に打って出た。憲法上の議会解散権をもつ連邦大統領ホルスト・ケーラーも若干の逡巡の末にこれを認め（7月21日）、9月18日に第16連邦議会選挙の投票が行われた。

選挙戦の結果は、その後延々続いた複雑怪奇な連立交渉の原因となった。連立与党はSPDが前回選挙から4.2ポイント減の34.2％、緑の党も微減の8.1％の得票で、赤緑連立での過半数維持に失敗した。一方、野党CDU/CSUも3.3ポイント減の得票率35.2％に留まり、連立パートナーに擬されていたFDPが党首として2度目の国政選挙を率いたギド・ヴェスターヴェレのもとで得票率10％に迫る善戦をみせたものの、こちらもあわせて過半数に届かなかった。ところが、両党とも勝利宣言を出したことはいうまでもない。また、緑の党を得票率（8.7％）で追い抜く躍進を果たしたのは、ラフォンテーヌら左派・PDS（民主社会党）の選挙連合であった。

ここから2ヶ月におよぶ駆け引きが展開された。54議席を獲得した左派党は改革路線にはげしく抵抗しており、SPD、CDU/CSUともに連邦レベルで連立政権樹立を考えられる相手ではない。このため、ありうる組み合わせはSPD首班で緑の党にFDPを加えた「交通信号」か、CDU/CSU首班で2政党を加えた「ジャマイカ国旗（または黒信号）」か、あるいは「大連立」か、ということになる。最初の二つは政党のシンボルカラーによるもので、赤・緑・黄、黒・黄・緑、さもなければ赤・黒の大連立というわけである。もっとも「交通信号」では連邦参議院の運営が難しいのは変わりがないため、現実の選択肢は「ジャマイカ」か「大連立」に絞られた。19日の週には実現性が高いと思われた「ジャマイカ」連立案は、FDPや農業層を地盤に持つCSUが緑の党との溝を埋められないこともあって後退し、9月最終週には「大連立」案が浮上した。しかし「大連立」合意はその次の週も容易には進まず、10月はじめのドレスデン選挙区の補選では選挙区をCDUが制して1議席を追加する一方、比例選挙区としてはSPDが第1党になったために、双方が2度目の勝利宣言を出しあうなど、事態はなお混迷した。

この間シュレーダーは、首相の座にはこだわらないとしながらも、なお政権に意欲をみせつづけた。10月中旬にようやく大連立への交渉がはじまっ

たが、SPD は「2 年後またシュレーダーに首相交代、ということではどうか？」とシュレーダー首班に執着する。第 16 期連邦議会はその初日 2005 年 10 月 18 日には新首相を指名することができず、その後も交渉は難航を続けたのである。

（3）アンゲラ・メルケルの静かな戦い

「コールの娘」から女宰相（Kanzlerin）へ

2005 年 11 月 22 日、連邦議会は CDU（キリスト教民主同盟）党首アンゲラ・メルケルを首相に指名した。連邦共和国 8 人目の首相はドイツ憲政史上最初の女性宰相であり、ドイツ語 "Kanzler" に女性を示す接尾辞 "in" がこのときはじめてついた。牧師の娘で、赤ん坊のときに旧東ドイツ・ブランデンブルク地方に家族で移住し、大学で理論物理学を専攻した。博士号を取得し、「壁」の崩壊までは科学アカデミーに勤務する物理学者であった。なお、牧師や自然科学系の「非政治的な」アカデミシャンは、市民(ミドルクラス)社会的な伝統を断ち切ろうとする東ドイツ社会において、教養ある市民層の文化・価値観を保存する助けとなった社会集団であったといわれる。

史上初の女性首相、しかも東ドイツ出身ということであれば、メディアがセンセーショナルにとりあげ、かの女自身いくらでも派手に振舞うことができそうである。しかし、私たち日本人が想像する、メディア・アイドル風のメルケル・ブームのようなものは就任直後にも別に起きなかったようだ。

ひとつにはメルケルの、無口で控えめ、自制的だといわれる性格によるものだろう。かの女は 2 度結婚しており、「メルケル」は前夫の姓であるが、化学者である現在の夫も滅多に政治的な行事に姿をみせないことで有名である。メルケル自身、人びとを揺り動かす大演説を得意にするタイプではなく、歴史に残る名演説といったものはまだないようだ。また、たかだか 15 年という短い政治生活で瞬く間に政界の頂点に上りつめたという事実も、その並外れた野心と実力によるものだと評価されるよりも、単にめぐり合わせやツキのおかげだとかえって軽視されるもとになったところもある。

図2 アンゲラ・メルケル首相
(連邦首相府ホームページ。http://www.bundeskanzlerin. de/Webs/BK/De/Angela-Merkel/Biografie/biografie.html)

東ドイツ時代のメルケルには政治経験はなく、民主化運動にも「壁」崩壊以前には加わらなかった。「壁」崩壊の 1989 年 11 月 9 日には、いつものサウナの予約をとっていたという。東ドイツとしては最後のデメジエール政権で副報道官をつとめ、統一後は連邦議会の議席を得るが、91 年コール政権で女性・青年相に抜擢されて人々を驚かせた。女性・青年問題省はこのとき新しく分離・新設されたもので、それへの 30 代半ばの女性の登用には、東ドイツ出身者にポストを割り振ろうという人気取りの意図があきらかに先行していた。「コールの娘さん(Mädchen)」という渾名がここからつけられた。94 年から 98 年の CDU 下野まで環境相を勤め、その後は党幹事長に引き上げられた。そのメルケルが俄然頭角をあらわしたのは、1999 年にコール以下の党要人を襲ったヤミ献金疑惑に対して、率先してコール前首相らの責任追及を唱えたことである。有力者たちのスキャンダルで大打撃をうけた CDU において党内の草の根の支持を得たメルケルは、2000 年に CDU 党首となり、州選挙の勝利を重ねたことで次第にベテラン議員たちに実力を認めさせていく。政権奪回を狙った 2003 年の連邦議会選挙では友党 CSU のシュトイバーに首相候補を譲ったが、選挙での惜敗後も党内での地歩を強化し、赤緑政権の不人気に乗じて連邦参議院での逆転を実現、シュレーダーを前倒し選挙に追い込んだのであった。

しかし州首相も経験していないメルケルは、たしかに党内の他の要人に比べて知名度も行政経験も浅く、当初はその指導力に不安がもたれた。優位を予想された 2005 年の選挙でも CDU/CSU は議席を減らし、結果として甚だトリッキーな大連立政権が、外務大臣を含む多くの閣僚ポストを SPD にあ

け渡すことを条件にようやく成立した。メルケル政権は不安定と多難を予期され、大連立は国政を機能不全に陥らせる「最悪の選択」ではないかとすら危惧された。

大連立政権から中道右派政権へ

しかし結果として、議会占有率70%に及ぶ大連立政権は、国ぐるみの改革を（総論・一般論としては）支持する広範な国民層の意図にも合致するものとなり、政権運営には安定がもたらされた。

メルケルは前政権のハルツ委員会報告にもとづく改革プログラムを継承し、経済活性化と雇用促進、財政再建などの改革路線をすすめた。年金改革、健康保険制度の改革などの長年の懸案については派手な成果がすぐに上がったわけではないが、連立相手のSPDの意向も汲みつつ、多くの問題に手堅く対処するメルケルの調整的な手腕は国民の信頼を得た。2006、07年には予想以上に高い成長率を記録し、景気回復の兆しがみえたことも幸いした。

それ以上にメルケルの声望を確立させたのは、外交であった。2007年、EU議長国及びG8（ハイリゲンダム・サミット）議長国として存在感を示すことに成功し、とくに地球温暖化などの環境問題に対して国際社会でのイニシアチブをとったことで内外に高く評価された。また、前政権から引き続き――外務大臣をSPDから出したこともあり――ロシアとの関係を重視する一方で、アメリカとの関係修復に最も積極的に取り組み、ドイツ保守政権の伝統である「大西洋主義」的な枠組みを再強化した。メルケルは米国議会で演説した2人目のドイツ首相となったが、ドイツ統一に対するアメリカの支援と貢献にあらためて感謝してみせた。対米関係に留まらず、前政権と際立った対照をみせたのは、自由・人権といった民主主義的な価値を基準とした「価値外交」を世界的にも展開した点である。たとえば亡命中のチベットのダライ・ラマ14世とベルリンで会談を行い、サミットではプーチンと正面から論戦した。シュレーダー前首相は人権問題についてはロシアと中国に宥和的ですらあったが、彼より一つ世代が下で、東ドイツの一党独裁体制を経験したメルケルには、西欧・北米流の自由主義・民主主義的価値観への信念

が強いのだともいわれる。

　また、2008年におきた世界的な金融危機においては、持ち前の柔軟な現実主義を発揮し、財政再建を一時棚上げした積極的な財政出動によって決定的な破局を避けた。景気回復と財政再建は重い課題として残ったが、メルケルのリーダーシップは誰もが認めるところとなった。

　離婚経験者で子供がない職業婦人であるメルケルは、CDU/CSUのコアの支持基盤である最も保守的な層が理想とするタイプの女性とはいえないはずだが、そのリベラルなムードや環境問題への深い関心からかえってSPDなどの支持層にも受け入れられ、業績・手腕への評価とあいまって広範に高い人気を得る政治家となったのである。

　2009年9月27日に行われた連邦議会選挙では、連立与党同士が論戦を繰り広げた。結果、SPDが大幅に後退する一方でCDU/CSUは辛くも第1党の座を確保するとともに、次の連立パートナーと認められていたFDP（自由民主党）と共に議席の過半数を制した。10月28日、CDU/CSU及びFDPによる中道右派の新たな連立政権が誕生した。

　この第17連邦議会選挙で顕著だったのは、FDPの躍進である。党史上最高の得票率を獲得する原動力となったギド・ヴェスターヴェレ党首は、第2次メルケル内閣の副首相・外務大臣として入閣したが、これまでのドイツの議会政治家からすれば型破りのキャラクターで存在感をみせつけた。党首として最初に戦った2002年の選挙では、連立相手のどちらかの2大政党の代表を首相候補に推すのではなくFDP史上はじめてみずからが首相候補に名乗りをあげ、テレビのバラィエティ番組出演、「ギド・カー」と称する選挙カー、スーパーマンのコスプレなど、派手なパフォーマンスで売り出した。もっともこのときは、選挙後の連立相手を明確にしなかったことも災いして、FDPは目標ほど票を伸ばせなかった。

　　こうしたテレビ向きのパフォーマンスには、少なからず眉をひそめる向きもあった。芸能人、有名スポーツ選手、ワイドショー・コメンテーターなどのテレビタレントが国会議員や地方自治体首長になるのが珍しくない私たちは、逆に党首クラスの大物職業政治家がヨシモトやジャ

ニーズのテレビ番組でクイズの解答者になろうとコントを演じようと、もはや大して驚きも呆れもしないはずである。ちなみにドイツの議会政治には、日本の意味での「タレント議員」はいないそうである。イタリアにもギリシアにも元女優の有名政治家がいたはずだし、ロナルド・レーガンのようにハリウッドの俳優組合の委員長から議員を経て大統領などというルートがありうるはずだが、そういうケースもないようである。ドイツでは「テレビに出ている有名人」と「国民の選良」や政治的指導者との区別がより明確だとはいえる。なお2005年初頭には議員の年齢があまりに若すぎる（！）と連邦議会議長が苦言を呈したことがあり、これにはさすがに20代の議員たちが反論したが、政治家には一定の素養や社会的経験が必要だという考えが常識として公然と述べられる環境であることはたしかだ。……こんな風に書くと、我ながらどんどん「出羽の守」（「ドイツではね……」）になっていくが、逆に、ドイツの議会政治のある種の硬直性がここにみられると指摘することもできるのである。弁護士や党人や報道関係者や組合活動家や教授が政治リーダーになるのがよいことで、"テレビでみたあの面白い人"に一票を投じるのは愚かなことだと言い切る根拠は、実はそれほど強固ではない。2世・3世議員（これもドイツにはほとんどいない）はことごとく無能で寡頭政治の元凶だから有害だと言い切るのと同じ程度に、それは実は難しいはずである。ちなみに連邦議会選挙の投票率はきわめて高いのが普通で、低投票率が嘆かれた09年選挙ですら約70％であったが、同じ年の「政権交代」をもたらした日本の衆議院議員選挙投票率も（こちらはきわめて高いほうであるが）70％弱であった。この数字だけみると、「国民の政治への関心の高さ」なるものが、議員の人材供給源の大きな違いに現れているわけではないようだ。

ヴェスターヴェレは2005年にはメディア露出をやや抑え気味にしたが、FDPは前回以上に善戦、2009年には政権返り咲きを果たした。FDPは新自由主義的な主張を専らとし、改革路線の徹底を働きかける、連邦議会内第3位の勢力となった。もっとも、その後副首相・外相としてのヴェスターヴェ

レの手腕に党内外から疑問が投げかけられることも多く、FDPの前途にはほどなく暗雲がたちこめた。2011年4月はじめ、東日本大震災発生時の日本を訪れていたヴェスターヴェレは党首辞任（新代表選への出馬断念）の意向をメディアに報じられる。ヴェスターヴェレ党首辞任後、FDPは内部対立を抱えて迷走を続け、直後の世論調査の結果では、次回国政選挙で議席を維持できるかも危ぶまれるという、結党以来最大の難局を迎えた。

　また、左派党は順調に勢力を伸ばし、東部ドイツに留まらない全国政党としての地歩を固めた。改革路線がもたらす「社会国家」解体への不安が、市民のなかに根強いことの証であろう。SPD時代以来のスターであり、左派党を国政政党として一人前にした立役者であったラフォンテーヌ党首こそ降板したものの、既に複数の州や地方自治体で連立政権にも加わり、連邦議会第4位の会派として国政への影響力も将来は高まることも予想される。もっとも地方レベルと国政レベルとでは、同じ党でも現実的な行動力にかなり差があることもたしかなようである。

　注目すべきは、緑の党の「小さな国民政党」としての成熟と幅広い層への浸透であろう。09年選挙でも善戦した緑の党は、自治体選挙などで地歩を固め、その後のアンケート調査では支持率を急激に上昇させている。「中道」を標榜し、実力を蓄えた緑の党は、長期凋落傾向にあって人材枯渇気味の2大政党に失望した市民からの支持を引きつけているのである。東日本大震災が起きた直後におこなわれた世論調査での支持率急上昇や、地方選挙における大勝は、単に日本の原発事故によるショックの一時的な影響によるものではない。

　連邦共和国の議会政治は、2大政党制の基本的枠組みこそまだ変わっていないが、当初の左右2大政党・1中間政党の3極構造が、1980年代にもう一つの中間政党として緑の党を加えた4極構造となり、壁崩壊から20年でさらに多極的な構造に変化しつつあるともいえる。今後、首相または首相候補の個人的人気とは関係なく2大政党が得票率を減らす事態が続けば、この多極化は、思わぬ結果をベルリン共和国の政治にもたらすかもしれない。

メルケル時代の動揺

　時計の針をやや戻すと、2010年初頭のメルケル首相への評価はきわめて高く、目立つライヴァルもいなかったため、政権は安定していた。ある世論調査では、メルケルの業績に70％以上の国民が満足しているという結果が出た。リーマン・ショックによる金融危機を何とか乗り切り、大連立の解消で内政・外政にフリー・ハンドを得たメルケルが、強大なドイツをどのように舵取りしようとするのかが注目された。もっとも、あくまで「ドイツのためのヨーロッパではなく、ヨーロッパのためのドイツ」という、作家トーマス・マンの言葉をゲンシャー元外相が引用することで連邦共和国の鉄則となった行動原理を踏みはずすことはないだろう、というのが内外の大方の予想であった。たしかな信頼をメルケルは得ていた。

　しかし、政治家の人気ほどあてにならぬものがあろうか。ユーロ圏に属するギリシアの財政破綻が2009年末から10年2月にかけて深刻な問題として表面化したことが、ケチのつき始めだった。共通通貨ユーロの価値を守るためにはギリシアへの財政支援が必要であり、その巨額の支出は結局ドイツが主に担うしかないというのは、誰の目にも明らかだった。しかし、EUのために自分の財布をはたくのにはいい加減ウンザリ——という本音が、ドイツ国民にはひそかにあるのではないか。少なくとも、メルケルとその閣僚たちはその気配を感じ取ってしまったようである。メルケル自身が断固とした対応の表明にやや逡巡したことや、経済技術相のような閣僚から救済に冷淡な発言が出たことは、結果としてメルケル政権の決断不足や内外での態度使い分けの印象を与えた。このことで、そもそも気にしていた選挙民の評価をかえって下げることになってしまった。ギリシア政府の財政再建計画が首都アテネで死者まで出す市街デモやゼネストに発展したギリシア危機の渦中、2010年5月9日には、ノルトライン・ヴェストファーレン州選挙が行われた。CDUは減税問題でのFDPとの足並みの乱れもあって敗北する。連邦参議院に最大議席を有する州を失ったことで、国政の政権与党は、過半数を割った連邦参議院の運営に困難をきたすようになった。

　……同じことを本章の前のほうで書いたような記憶があるが、気のせ

第1部　同時代ドイツ史——20世紀末から現在へ

いか？

　メルケルの指導力にやや疑問符がつけられたことで、CDUのベテラン政治家たちが妙に息を吹き返した感があった。たとえばドラスティックな財政再建を唱えるヘッセン州首相ローラント・コッホは、教育関係・青少年関係の予算も削減するべきだと、教育を将来の成長の切り札としても重視するメルケルと対立した。また、バーデン・ヴュルテンベルク州、ニーダーザクセン州、ザクセン州といったCDUの州首相たちも、メルケルの方針や指導性への批判を公然と述べた。

　これに関係する、小さな事件が危機一段落の後に起きた。2010年秋には、政策面でリベラルな色彩がやや目立つメルケル政権にあてつけるように、与党CDU内部から保守主義への回帰を訴える声があがったのである。ここから、そもそもCDUの「保守的側面（プロフィール）」とは何か、新しい保守主義政党がありうるのではないか、といった議論が起きたりもした。もともとはCDUの一有力議員の失言による要職辞任からはじまった騒ぎが、与党のアイデンティティと現政権の性格をめぐる論争にまで発展したのである。

　また、連立相手のFDPの党内抗争と党首辞任に至る迷走は、「黒・黄」連立政権の危機につながっていく。2011年前半現在、「赤・緑」連立への近い将来の政権交代も現実味を帯びてきた。「フクシマ」の衝撃的なニュースがドイツを覆った2011年3月末のバーデン・ヴュルテンベルク州選挙では、CDUが58年間守ってきた州政権の座から滑り落ち、緑の党が圧勝している。「赤・緑」ならぬ「緑・赤」連立政権が誕生した。つまり、緑の党の地方代表が州首相の座に史上はじめて着いたのである。

　ギリシア危機の渦中に話を戻すと、金融市場の混乱を「イナゴのごとき強欲な投機筋」のせいだと考えるショイブレ財務相や、連立与党内の金融市場規制強化の声にも動かされたのであろうか、メルケル首相は突如、国債の空売りを規制すると表明した（2010年5月19日）。これに驚いたのは、他のEU諸国である。「メルケルの道徳的ヒステリーだ」という市場関係者の冷笑ぎみの反応を別にして、各国政府は投機の規制におおむね異存はない（6月にはフランスも同様の措置をドイツと共同で取ると発表された）。だが、ド

イツ政府が他国に何の相談もなく重大な決定を抜き打ちで行ったことには、人びとは驚きと不満を隠せなかった。それはあまりにも１国主義的な行動であり、ドイツ連邦共和国らしからぬ行動だと思われた。たしかにコールなら、この場合、ミッテランやサッチャーへの挨拶を忘れることはなかったに違いないし、自分の内閣の財務相にもEU諸国蔵相へのすばやい耳打ちがあるように念押ししていただろう。

　もちろんこれで、ただちにドイツの危険な単独主義、あるいは「ドイツのためのヨーロッパ」志向への先祖がえりだ、というような危惧が起きたわけではない。それは国際協調の枠組みを守って行動することの必要を知り抜いていたアデナウワーからブラント、シュミット、コールにいたるボン共和国の指導者の半世紀の努力と忍耐が勝ち得た信頼ゆえであるともいえる。

　しかしベルリン共和国では、政権党の交代や首相個人の資質の違いを超えて、「ヨーロッパのためのドイツ」というモットーから離れたかのような行動がみられる。このことは、メルケル首相の時代にも、たしかに当てはまることになってしまった。もっとも、メルケル自身には、これは心外なことには違いないのだが……。というのも、「ドイツが金を出さないなら自分たちがユーロから離脱するぞ！」と言い出したのはフランスのサルコジ大統領であるらしいし、メルケルのドイツ政府は2010年5月以降、金融危機におけるEUの協調を唱えつづけ、2011年のユーロ危機の高まりのなかにも同じ態度を崩していない。ギリシア、ポルトガルなど諸外国の財政破綻の露呈によるユーロの先行き不安を食い止める存在はドイツしかないことを、今のところメルケルは忘れようにも忘れられないのである。問題はこうしたドイツ政府の態度が、ドイツ市民の複雑で微妙な意思にマッチし続けるものかどうかであろう。

おわりに——ボンを遠く離れて……？

　さまざまな政治的価値観の並立、２大政党制の動揺と多党制へのゆるやかな傾斜、EUの牽引役としてのリーダーシップの模索、その一方で１国主義

への誘惑……を、ベルリン共和国の政治の特徴としてあげることができそうである。その是非を短兵急には問えないだろうが、ボン共和国の戦闘的民主主義（議会制民主主義体制に反対する思想・勢力との対決）、安定志向、ナチへの反省から来る自制的な国際協調の優先とは、これらは随分異なってみえる。

　ベルリン共和国は、たしかにボン共和国と同じものではない。東部と西部の今なお残る地域差や、それ以上の問題として意識されるようになった社会階層間の貧富の差からみても、このことはたしかであろう。こうした変化は、ボン共和国が築き上げた財産を食いつくす、蕩尽のはじまりに他ならないのだろうか？　それとも、分断を解消し、ヨーロッパの中で確固とした地位を得たベルリン共和国20年の、成熟の一つのあらわれなのだろうか？

　やがて来る第18連邦議会選挙でドイツの市民が選ぶリーダーは、この問いに答える材料をさらに明確な形で与えてくれるのだろう。

（鳩澤　歩）

（参考文献）（日本語文献に限る。以下同じ）
ヴォルフ・グルーナー（丸畠・進藤・野田訳）『ヨーロッパのなかのドイツ——1800-2002』ミネルヴァ書房、2008.
ユルゲン・コッカ（松葉正文・山井敏章訳）『市民社会と独裁制——ドイツ近現代史の経験』岩波書店、2011.
三好載英『蘇る「国家」と「歴史」——ポスト冷戦20年の欧州』芙蓉書房出版、2009.
森井裕一『現代ドイツの外交と政治』信山社、2008.
ホルスト・テルチク（三輪・宗宮監訳）『歴史を変えた329日——ドイツ統一の舞台裏』NHK出版、1992.
H.A. ヴィンクラー（後藤・奥田・中谷・野田訳）『自由と統一への長い道』昭和堂、2008.

2章　システムの苦難のとき
　　　——ドイツ経済の過去と現在——

はじめに——「ハルツⅣ・パーティ」とは？

　ドイツ連邦共和国ブランデンブルク州ヴィッテンベルゲ。首都ベルリンとヨーロッパ最大の貿易港ハンブルクのちょうど中間くらいに位置する、人口およそ2万人の都市である。市内には未改修の建物が目立ち、空き家や空き地も少なくない。かつて4万人あった人口は現在も減り続け、高齢化も進んでいる。やや荒れた雰囲気の漂う古びた街並みを逆に利用して、半世紀前の第2次大戦期を舞台にした映画のロケ地にもなるとのこと。北東ドイツ・ブランデンブルク州はいわゆる「新連邦州」、すなわち旧東独地域である。

　およそ1,500年前にはスラブ系住民がこのあたりの土地に定住をはじめ、12世紀以降のドイツ諸侯の進出（東方拡大）の本格化によって13世紀なかばには記録に「ヴィッテンベルゲ（Wittenberge）」の名が登場する。都市の権利を得たのは14世紀はじめと考えられるが、その後19世紀までは、エルベ河水運こそあるものの、単に農業地帯の一小都市にすぎなかった。1820年代に地域で最初の工場（搾油場）ができ、1846年にはベルリン・ハンブルク鉄道が敷設され、両都市とそれぞれ4時間で結ばれた。

　20世紀初頭にはアメリカのシンガー社がミシン工場を構え、「ミシンの街」としての国際的名声が高まる一方、鉄道部品工場やセルロース・合成繊維などの大規模工場が集まり、地域の工業化の一大中心となった。だから当然のことだが、労働運動が盛んだったことでも知られる。1920年代には当時ヨーロッパで2番目に大きかった時計搭が建てられるなど、東部ドイツ有数の工業都市としての繁栄を続けたが、第2次世界大

戦では空爆で甚大な被害をうけた。戦争直後には、シンガー・ミシン工場の設備は占領軍の命令で「デモンタージュ（現物による賠償として強制的に接取されること）」されたが、新たに「ヴェリタス」のブランド名でミシン工場が再開されるなど工業の回復は目覚しく、東ドイツの計画経済体制下では「人民所有企業（国営企業）」として大経営が存続した。

しかし、統一後の1990年から91年にかけてこれらの大経営は解体・整理され、およそ8,000人が職を失った。鉄道線路、金属加工・機械部品、化学繊維、搾油などの主要工業は、現在、中小企業が中心的な存在となっている。そうした小経営では、旧東ドイツ時代以前の老朽化した生産設備がまだ使用されている場合も少なくない。ヴィッテンベルゲは最近、大規模な社会学的調査（フィールドワーク）の対象となったことで注目された。統一後20年を経た現在も、新連邦州において「統一ドイツ」としての平準化や融和は順調に進んでいるとはいえないことが結論されている。

月末の最後のウィーク・デイには、ヴィッテンベルゲ市中央部にある貯蓄銀行のキャッシュ・ディスペンサーの前には、人々の長い列ができる。その人だかりは自嘲的に、「ハルツIV・パーティ」と呼ばれるそうだ。

「ハルツIV」、あるいは「ハルツ第4法」とはなにか。本書「1章」でも触れたとおり、第1次シュレーダー政権下の2002年夏にまとめられた主に労働市場に関する改革プランが「ハルツ委員会報告」であった。あまりにも膨大で広範囲にわたるものであったため、第2次シュレーダー政権

図1　ドイツ東部・ブランデンブルク州ヴィッテンベルゲの古いアパートのひとつ
（http://de.wikipedia.org/w/index.php?title = Datei: Wittenberge_Johannes-Runge-Stra%C3%9Fe_6.JPG&filetimestamp = 20101114143653）

下で実施するにあたっては、2003年から1年かけて連邦議会が「ハルツ I（第1法）」から「IV（第4法）」までを順次可決した。

「ハルツ IV」の内容は、まず一言でいえば失業扶助の大幅縮減である。「失業扶助」と「社会扶助」という並列していたシステムをまず統合、その上で失業扶助の給付水準を引下げ、給付期間も64ヶ月から36ヶ月に短縮した。従来の「失業扶助」の給付期間を過ぎ、「社会扶助」を受取っていた長期失業者への基礎補償として、新連邦州で月額331ユーロ、旧連邦州で345ユーロの「失業給付 II」を設置したのである。また、失業保険長期給付の下限年齢を45歳から55歳に引き上げることで、早期退職優遇制度に歯止めをかけることも行われた。さらに2007年には追加的な措置として、社会扶助受給者が紹介された仕事への就職を拒んだ際には、給付を最大3割カットする（一部給付の打ち切りも含まれる）と決定された。

これは「まず働きなさい」という厳しい姿勢である。失業者個人の就業へのインセンティブを高めようというのが、政府の考えであった。連邦参議院でいったん否決され、05年年末の12月24日にようやく両院可決、と成立までの審議が難航したのも不思議ではない。

月末の銀行に長い列を作るのは公的給付金を受け取る人々だ、というのが「ハルツ IV・パーティ」という渾名の本来の由来だろうか。さらに、こうも考えられる。「ドイツ連邦共和国史上最大の福祉縮減」とも呼ばれる「ハルツ IV」は、長い伝統をもつ高福祉を誇ってきたドイツの「社会国家（福祉国家）」そのものの変容と、社会の動揺を象徴するキーワードとして使われているのだ、と。

そうした社会国家の変化の直接の原因は、新連邦州だけではなく、それら旧東独地域を飲み込んだ連邦共和国全体の経済の動きに求められるはずだろう。統一から20年で、ヨーロッパ最大の経済に何が起きているのだろうか。

(1) ハルツ委員会報告まで——統一後のドイツ経済

ドイツの経済力

　最初に確認しておかねばならないのは、21世紀初頭現在のドイツ連邦共和国が、間違いなく世界有数の経済規模と生産力をもつ経済大国でありつづけているということである。以下に、いくつか数字を並べてみる。

　規模でみると、実質GDP（国内で新たに生産された財貨・サービスの付加価値の合計額）は2009年現在の数値で、アメリカ合衆国、日本についで世界3位である（したがって2010年からは米、中、日についで第4位）。これはGDP世界総計の約4％、西欧総計でシェア1位の約20％を占める。また、1人当りGDPの成長率は先進工業国中で最も高い。この成長を支えるのは輸出の伸びである。2000年代に倍増した輸出額は中国と世界1位を争い、日本のほぼ倍の規模である。貿易総額（輸出額と輸入額を足したもの）はアメリカにつぐ2位をキープしていた（日本はすでに2004年に中国に抜かれて4位に）。近年、第3次産業（サービス業）化が進んだとはいえ、第2次産業（製造業）の比重が高く、自動車、機械、電子製品、化学・医薬品、金属製品などの製造とその輸出を経済の柱とする。「Made in Germany」は長く高品位製品の代名詞とされてきたが、総合機械メーカーであるダイムラー、自動車で有名なポルシェ、電機のジーメンス、製薬・化学のBASF、バイエル、IT企業SAPといった世界的大企業のほかに、従業員数500名以下・年間売り上げ5千万ユーロ以下のいわゆる中小企業もその名声の担い手であり、しばしば世界市場をリードしている。この製造業部門で働くのはおよそ800万人であるが、それを上回るおよそ2,800万人が広い意味でのサービス業で働いている。

　第1次産業に属する人々も含めて、国民の平均的な生活水準はきわめて高い。よく訓練された高技能の労働者に対して高い賃金と良好な労働条件・環境を用意し、ストライキなどの少ない協力的な労使関係を維持しつつ、高い技術力を生かした高度な生産性を実現している——というドイツ経済のイメージは、依然として誤りではない。産業発展を支える技術革新にも力が注

がれていることも——結果的に日米両国企業の後塵を拝するとはいえ——たしかである。EU 全体の研究開発費の 30％以上にあたる額を投じた結果、ドイツは全世界の特許出願数の 1 割を占めている。

現在のドイツ経済は厳しい国際競争にさらされているが、それは高いレベルでの争いであるといえる。世界経済フォーラムのランキング（2009 年版）によれば、ドイツの国際競争力は世界第 5 位にランクされた。この調査では 1 位がスイス、米国が 4 位、日本が 6 位であった。アジアなど新市場への急激な輸出増で潤うドイツは国際競争における勝者であるとも、グローバリゼーションから最も大きな利益を獲得しているともしばしばいわれる。EU 経済の最大の牽引車としての役割は、この 20 年間の経済環境の変化——この間、ときにドイツ経済は、他国における成長に遅れをとったことで「ヨーロッパの病人」とすら呼ばれた。——にかかわらず、不動である。

図 2　「強風日本上陸」「独の旋風」——日本語の新聞を読むドイツ人国際ビジネスマンのイメージ。ニュルンベルク空港の広告パネル（著者撮影）

悩める「社会的市場経済」

このように存在感をもつドイツ経済の特徴は、しばしば「社会的市場経済（Soziale Marktwirtschaft）」という言葉で表現されてきた。

政・財・労働界の要人から、このドイツの誇る独自の経済システムへの疑いが口にされることは決してなかったし、これからもないだろう。

問題は、今のドイツが「社会的市場経済」をうまく運営しているとは、誰も自信をもって言い切れないことだろう。

「社会的市場経済」の目標が、かつて 60 年代後半に「魔法の 4 角形」と呼ばれた「適正な経済成長、物価安定、高雇用、対外収支均衡」にあるとしたら、

少なくとも高雇用は達成されていないし、輸出依存の現在の成長が安定的に持続するかどうかも実は不明瞭である。内需に不安を抱えるなかで輸出に依存することから来る不安定や早晩の行き詰まりへの危惧は、くりかえし唱えられてきた。今のところ、心配が現実のものとはなっていないだけだともいえる。だがさらに深刻な問題は、何が「社会的市場経済」なのかは、実ははっきりとしなくなっていることだろう。誰もが「社会的市場経済」を守るといったり、そのポテンシャルを発揮させるといったり、あるいは「国際競争力をもった」といった時宜相応の形容詞を被せてみたりするが、その「社会的市場経済」とは何なのか、万人に共通の理解があるわけではないのである。

この「社会的市場経済」の概念はそもそも曖昧であった。戦後ドイツ経済のシステムは、資本制・自由企業経済であっても米英（アングロ・アメリカン）型の「弱肉強食」で社会的な「歪み」をもたらしかねない経済システムとは異なる、独自のものであるべきだという認識から作られた語である。その源は、ナチ・ドイツ時代を生き延びたドイツ特有の自由主義的経済学者の一団が主張した、いわゆる「オルド自由主義」にある。

"オルド"とは"Ordnung"すなわち"秩序"の意味であった。オルド自由主義的な「秩序ある市場競争」という考えは、第2次大戦後の西ドイツ復興期を支えた経済相（のち首相）ルートヴィヒ・エアハルトが掲げた「社会的市場経済」の理念の中核となった。西ドイツの基本法20条1項には「ドイツ連邦共和国は、民主的かつ社会的国家である」とあり、「社会的市場経済」という呼び名はこれに由来する。命名者はオルド自由主義者のひとりでエアハルトのブレーンだったミュラー・アルマク。当初は主に、適切なルール（たとえばカルテルなどの独占の排除や中小企業の保護など）が市場競争において重視されるべきだとする考えだったが、「社会的」という語が直截的に意味する公正な所得再分配の配慮という要素も強く求められた。60年代後半のキージンガー大連立（CDU/CSUとSPDの連立）政権下からは、これにケインズ的ないしケインジアン的なマクロ経済政策やある程度の「計画」の色彩が加えられる。大連立政権とこれに続いたSPD政権下の需要創出を中心とする政府介入の思想は80年代初頭に後退したが、CDUを中心とする保守政

権がとった供給面(サプライ・サイド=企業)重視の経済政策下でも、「社会的市場経済」の旗は降ろされない。だが、「社会的」にウェイトを置くのか、それとも「市場経済」を強調するのかは、論者によってかなり異なっていた。

戦後(西)ドイツ経済の復興(50年代前半まで)、成長(60年代いっぱい)、安定(とくに80年代後半)が誇られたとき、そうしたニュアンスの差は決定的に大きな問題ではなかったが、90年代からのドイツ経済はみずからの「社会的市場経済」の意味をあらためて、より正確に確かめる必要に迫られた。

高失業――最大の問題

シュレーダー首相(2002年当時)の委託をうけたハルツ委員会は、当時400万人を超えた失業者数を半分に減らすことを目標に提言を行った。ドイツ(総人口8,200万・就業可能人口(稼得人口)4,000万強)では「400万人」という失業者数が高失業の心理的な指標である(→第1部「1章」参照)。

1990年代のドイツ経済は慢性的な高失業にあえぎ続け、2000年代に入っても改善の兆しは全く見えなかった。

図3を見ると、ハルツⅣ法施行以前では2000年代初頭に最も失業率が高まっていることがいえる。ハルツⅣ法によって「失業者」にカウントされる範疇が広まったため、瞬間的には失業者数は500万人を超えた。2000年代後半には400万人を割り込む減少をみせたものの、旧東独地域の失業率の高さは固定してしまっていた(2009年現在、約11%)。

恒常的高失業が深刻化した最大のきっかけ――後述のように、失業率の高止まり自体は統一前の西ドイツではじまっていたので、「原因」というのはあたらない――は、ドイツ統一にあった。1989年晩秋の「ベルリンの壁」崩壊後、当時のコール政権の西ドイツ(ドイツ連邦共和国)は旧東ドイツ(ドイツ民主共和国)地域を新連邦州として吸収する形で、統一を短期間で実現した。しかしこれは、経済がほとんど麻痺・崩壊した地域を組み入れ、その復興を図る必要が生じたことを意味した。80年代の東ドイツでは、生産活動の停滞や消費生活の行き詰まりが顕在化したが、にもかかわらず一党独裁政権には何ら打つ手がなかったことが市民の抵抗を呼び、80年代末の体制転覆に

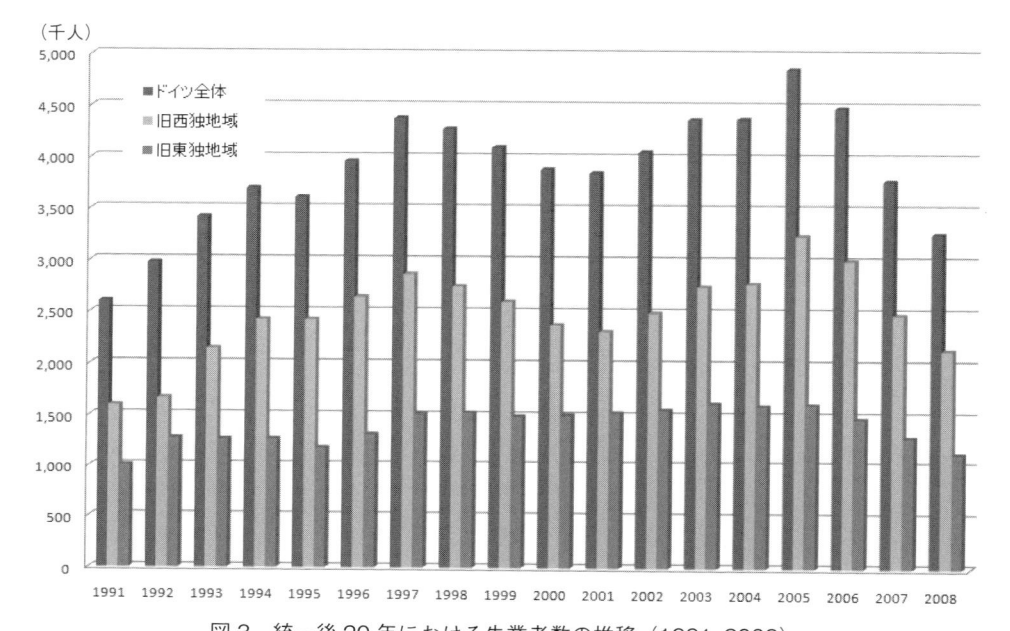

図3 統一後20年における失業者数の推移（1991-2008）
（Statistisches Bundesamt, *Statistisches Jahrbuch für die Bundesrepublik Deutschland* より著者作成）

つながった。

　その東ドイツ市民に対して、コール政権はただちに西ドイツと同等の生活水準を与えると約束することで、速やかな統一への道筋をつけた。そのため、東ドイツ市民の貯蓄を守るため西ドイツのマルク（DM）と東ドイツのマルクを1：1の比率で交換するという、彼我の経済格差の実態（西独マルクは4倍程度の購買力を持っていたから、1：4が適当な相場であった）に見合わないレートを、政府内外の多くの反対にかかわらず、設定せざるを得なかった。これは通貨の強制的切上げにあたるから、東ドイツの輸出産業には大打撃である。また賃金水準についても、東西で基本的に「同一職種は同一賃金」の原則を貫こうとした。結果、労働生産性をはるかに上回る賃金設定が行われた。結果として旧東独地域の工業は、為替安と低賃金コストを生かした低価格商品の供給という、多くの東欧諸国（いわゆる「移行経済」にあった諸国）

が90年代の体制移行期にとった戦略を採用できず、またたく間に立ち行かなくなった。これで生じた一種の「非工業化」によって、それまで社会主義体制下でまがりなりにも全雇用を実現していたはずの東ドイツ地域にはおびただしい数の失業者があふれた。

　また、既に本書「1章」で触れたように、ナチ・ドイツとDDRの二つの全体主義の時代を経て、新連邦州に残された資産（たとえば土地、家屋や工場など）の所有権の問題はきわめて複雑になっていたため、内外からの投資は消極的なものに留まった。統一後の東ドイツにおける資産の整理にあたった信託庁の施策には当時から批判が絶えず、ついに信託庁長官の暗殺まで起きた。また、旧東独の工場、企業などの生産設備は、国有資産である以上、本来はその従業員などの新連邦州の市民にまず権利があったはずなのに、一部の西ドイツの企業家が食い物にしてしまったという批判はいまも根強い。

　コールの選挙演説では「4、5年で花咲く光景になる」はずだった新連邦州は、96年以降には成長率も減退し、年平均失業率2桁を越える慢性的な高失業地帯になってしまった。

　統一は新連邦州再建にともなう大規模な需要をもたらしたから、統一直後から91年までは「統一ブーム」が訪れた。しかし西ドイツ地域（旧連邦州）の経済はこれを利用して浮揚することができず、ブームが92年に終焉すると、反転的な不況が到来した。新連邦州への公的資金の投入は続けられ、連邦政府の財政を圧迫した。

「立地としてのドイツ」における「改革の停滞」

　90年代の景気停滞のなか、「立地（企業立地）としてのドイツ（Standort Deutschland）」論が政府、経済界を中心に声高に唱えられるようになった。市場経済を支える企業の活動にもっと適合的な制度を整備すべきだという考え方である。その背景には、ドイツ経済の高賃金コストと硬直的な雇用構造や、その他様々な企業活動への社会的規制が経済のパフォーマンスを低め、投資と雇用の国外流出を招いているという危機感があった。

　企業立地としてのドイツの不利は80年代はじめから唱えられていたが、

80年代後半の好景気の時期をはさみ、あらためて90年代に再燃したものである。他の西欧諸国に比べて景気回復が進まぬなか、国内の高コスト体質やマルク高を嫌って一部大企業が生産拠点を国外に移転させてしまったことや、ドイツを含む国外からの投資をひき

図4　国境線オーダー川の対岸から、ドイツのフランクフルト・アン・デア・オーダー市を望む（著者撮影）

つけた中東欧諸国からの製品輸入が増大していることが、危機感をたかめた。1993、96年、99年に経済団体の一つであるドイツ商工会議所連合会が行った調査では、製造業の2-3割が生産拠点の国外移転を計画しているとされた。この数字をどう考えるかは難しいが、「企業立地」としてのドイツの地位低下を印象付ける出来事は、90年代にたしかに頻発した。19世紀末の「第2次産業革命」（後述）以来の伝統をもつ総合電機メーカーAEG（アー・エー・ゲー）などの破綻や、同じく名門の化学企業ヘキストのフランス企業との合併による改組（現・アヴェンティス）と本社移転など、相次ぐ企業のボーダーレスな合併・吸収である。さらにドイツ東部経済復興のキーの一つでもあったはずの外国資本進出は、明らかに停滞していた。

　新首都であるベルリン市は、日本企業にとっても魅力的な投資先のはずだった。歴史的な「壁」崩壊の余韻があった1991年には、成田からベルリンへの日本航空の乗り入れがはじめられた。また西ベルリンの目抜き通りであるクー・ダムの1等地には、日本のデパートが新しい店を構えた。観光にせよビジネスにせよ、日本とベルリンとの活発な行き来が見込まれたからだというのは間違いない。しかしその期待は、瞬く間にしぼんだといわなければならない。

日本からフランクフルト経由のジェット機が入れるベルリンの空港は、市南東郊外にあるシェーネフェルト空港しかなかった。西ベルリンの表玄関であったテーゲル空港や、市中心部にあり、クラシカルな建物が特徴的だったテンペルホーフ空港は大型滑走路を欠いていたために、やむをえなかった。ちなみにどちらも、戦後まもなくの「ベルリン封鎖」と「空の架け橋作戦」（後述）にゆかりのある空港である。これに対して旧東独の国際空港であったシェーネフェルト空港は90年代にはなおひどくアクセスが不便で、整備も進んでいなかった。そもそも肝心の乗客需要が乏しく、東京—ベルリン線は1年ももたず早々に廃止されてしまった。また、日本人ツアー客向けの一定の需要が見込めたはずのデパートも、2年で店を閉めた。なお、首都の国際空港としてベルリン・シェーネフェルト空港を整備拡大する計画は早々に決定されたものの、計画は遅れぎみである。少なくとも2012年までは私たちはヨーロッパのどこかの空港で乗り継いで、上記のベルリンの比較的小さな空港に降りることになっている。

　老舗日系デパート閉店の事情はもちろん部外者には定かではないが、1等地とはいえオフィス・ビルの賃料が法外に高かったという話もある。デパートが撤退後、別のブティック（寝具店）がフロアを埋めたが、その賃料はさほどのものではないそうで、「あの老舗デパートは、貸主にふっかけられたんだ。……というよりも、地元商店街から排斥されたのじゃないか？」と、うがった見方をする在留邦人もいた。観光バスが店の前に横付けするスタイルのパック・ツアーがなくなったわけではないから、そうしたこともあったかもしれない。なお、90年代ベルリン市の投資環境には、ややイレギュラーな要素もあった。「壁」に囲まれていた冷戦時代には、陸の孤島であると同時に「自由主義圏のショーウィンドー」である"西ベルリン"への産業誘致の観点から、企業には法人税優遇はじめ様々な措置がとられていたのだが、統一とともにそれらがなくなり、立地としてはかえって魅力を失ってしまったのである。「ここまで来るんだったら、いっそ、もう少しだけ東—東欧に出たほうが今は

いいかもしれませんね」と、ある日本メーカーの現地工場で聞いたことがある。現地の責任者が日本の某省官僚に語ったのであったが、なるほどベルリンからポーランド国境まではたかだか 80 キロほど、電車で 1 時間くらいなのである。

　これに対してコール政権では、1993 年に法人税減税を実施するとともに、規制緩和、民営化推進や財政支出の削減、労働市場改革を盛り込んだ報告書を閣議決定した。また 1996 年には「雇用と投資のためのアクション・プログラム」で、社会保障制度や雇用保証といういわば聖域にメスを入れた、さらに大胆な改革プランを打ち出した。これによれば、病欠手当が削減され、年金受給開始年齢が引上げられ、解雇保護法が見直されて解雇制限が緩和されることになる。

　当然のように、大きな反発が生じた。病気休暇に対する賃金継続支払カットの法制化（法律施行）には大規模な抗議行動が起こる。連邦議会を通過した所得・法人減税法案も、当時の野党 SPD が多数を占める連邦参議院で否決、廃案となる。流行語となった「改革の停滞」（→第 1 部「1 章」参照）はあきらかであった。

　そうこうするうちに、98 年上半期には失業者数（当時の基準での「失業」登録者数）は 480 万を突破した。

「ハルツ委員会報告」と「アジェンダ 2010」

　同年秋の連邦議会選挙によるシュレーダー政権への交代には、こうした改革の行き詰まり打開の期待が背景にあった。赤・緑（SPD・緑の党）連立政権は「新しい中道」を訴え、経済政策としてはコール政権以上の大幅な企業減税をはじめ、あきらかに供給面（サプライ・サイド）重視の政策をとった。SPD 党首にして党内左派のラフォンテーヌ財務相はこれらを「新自由主義的」だと批判し、政権から離脱した。こうした政権解体の危機を冒しても、シュレーダーは、労働組合が強い影響力をもつ SPD の伝統的な再分配重視・需要中心の経済政策ポジションから踏み出す「改革」路線を追求した。

　しかし 1998 年から 2002 年までの第 1 次シュレーダー内閣の「改革」路線

は、はかばかしい成果をあげなかった。99年から2000年にかけては世界的な景気の持ち直しもうけて成長率も年平均2%から2.9%へと上昇し、失業率も前年度から0.9ポイント改善して95年以来はじめて2桁を切った（年平均9.6%）。失業者数も年

図5 「本日ストライキ」2008年3月に決行されたベルリン市公共交通機関のストライキを知らせる張り紙（著者撮影）

平均400万人を下回り、93年以来の不況から抜け出して安定的な成長に転ずるという楽観的な予測も立てられたが、翌2001年には景気は急速に減速した。前年順調に伸びた資本設備投資の大幅な落ち込み（対前年比マイナス4.9%）が主因であり、シュレーダー政権下の「企業立地」を意識した政策の、まさに勘どころでの失敗という結果がつきつけられた。2001年の年平均成長率は0.8%であり、失業の急増こそみられなかったものの、経済活動の停滞はあきらかであった。

　ハルツ委員会報告は、窮地に立ったシュレーダーが、政権維持を賭けた連邦議会選挙のために打ち出した政策プランであった。そこで訴えられた福祉や雇用制度への抜本的な見直しは、第2次シュレーダー政権の最初の首相施政方針演説において「アジェンダ2010」としてプログラム化された。「国家給付を減らし、個人の自己責任と自助努力を促進する」というさらに踏み込んだ方向が明示された。

　この社会・労働市場政策の全面的改変は、2000年代前半にはさらに景気停滞が深刻化（2002年にはGDP年平均成長率0.1%、2003年にはマイナス0.2%を記録）するなか、労働界はじめ多くの反対を押し切って法制化が進められた。シュレーダー政権に取って代わったアンゲラ・メルケルの大連立政

権、さらに SPD が下野した後の 2011 年現在のメルケル中道右派連立政権下でも、改革路線は基本的に継承されている。

　それほどまでに改革されなければならない、ドイツの福祉制度や雇用制度とは何だったのだろうか。それらは第 2 次大戦後の「社会国家」を支えてきた仕組みであり、「社会的市場経済」の重要な構成要素だったはずである。

（2）成功の経験──「経済の奇跡」

「ゼロ時」から

　ここで 1945 年初夏に立ち戻ってみよう。

　ドイツ人の 15 人に 1 人が死んだ第 2 次世界大戦の終わりは、生き残った人びとにとって、つらい窮乏の時代のはじまりであった。空襲と地上戦によって首都ベルリンはじめ大都市は全て壊滅し、全土で総計 4 億立方メートルに及ぶ瓦礫の山を築いた。住居の 4 分の 1 が壊れ、2,000 万人ともいわれる人々が住む家を喪っていた。1,000 万人規模の難民が故郷を追われ、過酷な移動のさなかにあった。食糧確保は困難であり、成人の 1 日平均摂取カロリーは戦争初期の 2,400 キロカロリーから 1,400 キロカロリーまで低下した。なお、「序章」でみたとおり、ナチ・ドイツ政府は第 1 次世界大戦末期のドイツ革命の経験から戦時の民生維持には特に注意を払い、占領地からの収奪を機能的に行っていたので、カロリー摂取低下は戦争末期の 44 年から急激に生じたものであった。戦後、45 年におけるアメリカ軍占領区域の標準的な配給量はわずかに 860 キロカロリーにすぎなかった。

　欠乏した食糧を調達するには「ヤミ」（経済統制下では違法とされた自由取引）に頼るしかなかったが、闇市に出回る食糧を入手できる人は限られていた。悪性のインフレ下で、ライヒスマルク紙幣は紙屑同然であり、買出し──近郊農家からの直接購買（これも「ヤミ」である）──もままならない。飢餓の危機が常に目前にあり、現に栄養失調による餓死頻発や疫病の流行が問題化していた。冬には暖房に必要な燃料不足が深刻となり、人びとは公園や郊外の森の木を争って盗伐した。石炭は戦後賠償の意味をもって強制輸出

されていたから、市民の手に入るはずがなかった。さらに翌46年の冬は半世紀ぶりの記録的な厳寒であった。石炭はじめ原材料物資の不足と輸送網の寸断が、産業の復活を妨げていた。

空襲は連合国の計画や当時の印象とは違い、工場などの個々の産業施設を完全に破壊したわけではない。じつは施設は巧みに疎開、隠蔽され、あるいは被災後早々に修理されていたからである。戦前・戦時下には大規模な設備投資が行われていたため、工業生産施設は戦災や損耗にもかかわらず、45年の時点で戦前の36年より約20％増えていたともいわれる。また、戦時経済における経験はあきらかに戦後の工業的発展の基盤の一部となった。

だが、交通インフラの壊滅が生産活動をストップさせていた。また、現物賠償の一環として生産設備の撤去・移送（デモンタージュ）が行われ、生き残った工場施設や貴重な人材が強制的にソ連はじめ連合国に移送された。

図6　「ゼロ時」の破壊されたドレスデン駅
(L. Gall und M. Pohl (hrsg.), *Die Eisenbahn in Deutschland* (C.H. Beck, 1999))

デモンタージュによる施設・技術・人的資源の移動は、技術者の奪い合いで会社そのものが東西両陣営に分断された光学メーカー、カール＝ツァイス社などの大企業から、突然やってきた占領軍のトラックに機械や図面を根こそぎ持っていかれた町工場に至るまで例に限りがない。終戦時、ザクセン州にあったおよそ6,000台の編み機はすべてデモンタージュされたといわれる。最も有名な人的資源の移動は、V2号などのロケット兵器開発に従事していたW. フォン・ブラウンらのそれであろう。米ソに分かれたロケット技師たちは、冷戦下で大陸間弾道ミサイル開発や宇宙開発計画に大きな役割を果たした。米ソ宇宙開発競争時代のドイ

ツでは悔し紛れにか、宇宙空間で出合った米ソの人工衛星が「やあ、ひさしぶり！」とドイツ語で挨拶した、という小話がつくられた。

　これが「ゼロ時（Stunde Null）」のドイツ経済であった。「ゼロ時」とは、ナチ・ドイツ崩壊後、全てがうしなわれ、ゼロに戻ったと実感せざるを得なかったドイツ人の絶望的な状況を指す。それは中央政府の消滅と分割占領という政治的崩壊や、文明的な生活の崩壊・物質的な欠乏だけではなく、敗戦にともなう心理的な虚脱や、ナチ・ドイツの犯罪が露わになっていくことによる衝撃と倫理的な空白感をも意味した（→第2部「3章」参照）。

復興への道

　この「ゼロ時」から出発したからこそ、「作ること、貯めること、買うこと、費やすことが、西ドイツの大方の人びとの基本的活動であるばかりか、公的に肯定され賛同された国民生活の目標となった」（トニー・ジャット（森本醇訳）『ヨーロッパ戦後史』）のであった。挫折し汚辱にまみれた民族主義や軍事的栄光はもはや省みられるはずもなく、新しく始まった東西のイデオロギー対立にも——米ソがドイツを「冷戦（冷たい戦争）」の前線にしたことへの秘めた反感こそあれ——魅力は感じられなかった。

　ナチ時代への反省から顔をそむけ、経済復興と成長をやみくもに追求したともいえるこの姿勢は、終戦直後には未成年だった後続の世代によって厳しく批判されるようになる。

　　敗戦直後、いわゆる「瓦礫女（Trümmerfrau）」たちは、破壊された建物の建材をレンガ一つひとつから黙々と積み上げる仕事に従事し、復興のシンボルともされた。だが、多くが戦争によって一家の働き手を失い、残された家族とともにその日を生きなければならなかった彼女たちの立場からも、そうした事態を引き起こし、かつ戦後も反省を欠いた男たちへの批判は起こりうる。映画『ドイツ青ざめた母』（1980）の視点はそうしたものであった。

　1948年はドイツ経済の復興にとって節目の年となった。すでに冷戦の状況は決定的となり、アメリカは対ソ戦略のためにドイツの復興をヨーロッパ

復興の不可欠の要素として位置づけていた。これを戦争末期の（ドイツ産業の完全な解体も計画された）懲罰的な対ドイツ方針を総称する「ハード・ピース」と比較して「ソフト・ピース」と呼ぶ。ドイツの経済的復興は、アメリカにとっては共産圏拡大に対する最大の保険だと思われたのである。国務長官 H. マーシャルが唱導したヨーロッパ復興支援計画（「マーシャル・プラン」）が実施された。マーシャル・プランは、欧州経済協力委員会という共同の受け入れ機関を結成した西欧諸国に対し、48-51 年まで 120 億ドル以上の贈与ないし貸付けを行った。米 GDP の 1%にもあたる巨額の援助は、当時の西欧諸国の（主にアメリカに対する）貿易赤字額にちょうど相当したから、つまり米市民の税金で米企業に対する支払いを行うことにしたわけである。さらに西側占領区である西部ドイツ経済の安定のため、通貨改革が電撃的に実施された。通貨価値安定の効果は大きかった。新しい「ドイツ・マルク」の登場で、文字通り一夜にして物資が市場に戻ってきた。食料品はじめ物資は消え去ったのではなく、戦後インフレーションのもとでは、市民の手に届かないどこかに隠されていたわけである。

　西側占領地区のみで抜き打ち的に断行された通貨改革は、ソ連の猛反発を招き、ドイツ・マルクが西ベルリンにも適用されるとみるや、報復としてソ連軍が自分たちの占領区に囲まれた西ベルリンへの地上交通・運輸を遮断する事態すら招いた。当時の西ベルリンには、せいぜい 1 か月分の食料備蓄しかなかったという。この西側占領地区の干し上げを図った「ベルリン封鎖」に対して、「空の架け橋」作戦（西ベルリンへの、米軍機による大規模な物資の空輸）がとられた。危険な空輸作戦による抵抗が実り、封鎖が解除された後には、ドイツの分断が事実上確定されていた。1949 年、東西ドイツ国家がそれぞれ建国される。かつて一つの国家だった二つの地域で、まったく異なった経済システムが採用されることになった（→第 2 部「4 章」参照）。

「経済の奇跡」はなぜ起きたか

　1952 年には、西ドイツは戦前 1936 年の総消費額を回復する。一応の「復興」はなったといえる。しかし成長の勢いはとまらなかった。50 年代の

GDP 成長率は年平均で 8% 近くに及んだ。60 年代にこの勢いはやや衰え、1950-70 年の 20 年間の GDP 年平均成長率は約 5.5% となったが、この間に 1 人あたり GDP は 3,880 ドルから 10,800 ドルへと 3 倍近くに上昇している。高成長下では労働需要が増加し、失業率は順調に低下、60 年代には失業率 1.5% 程度の完全雇用状態になった。

> 60 年代の西ドイツは超完全雇用状態に至り、同時に深刻な人手不足に陥った。61 年にベルリンの壁が築かれたことで、これまで頼ってきた東ドイツ（当時）からの労働流入はストップしていた。そこで 50 年代から既に移民流入のあるイタリア、ユーゴスラヴィア（当時）、トルコからの移民労働で対応した。これらがいわゆる「ガストアルバイター（Gastarbeiter）」である。1960 年には 16 万人におよぶガストアルバイターが到来し、73 年の不況到来による募集停止時までに 250 万人に達した。「ガスト＝客」であるが、企業にとって雇用コストの低い労働者として、景気の調節弁の役割を負った側面もある。
>
> 外国人労働者の待遇は組織化されたドイツ人労働者と全く同じではなく、比較的低賃金で過酷な労働に余儀なく従事することも多かった。その実態の一端は、トルコ人労働者に変装して移民労働の現場に潜入したジャーナリスト、G. ヴァルラフの有名なレポート（『最底辺』（サコ・シェーンエック訳）岩波書店、1987）で知ることができる。彼らは単に一時滞在の「客」ではなく、不況期に労働需要が減った後も差別や偏見にさらされながら西ドイツに長期間滞在し、家族世帯を形成した。移民 2 世・3 世は西ドイツ社会に育ち、親たちの出身国との関わりは薄まった。一方、外国人への暴行事件は跡を絶たず、90 年の統一以降はとりわけ移民に関して経験不足といえる新連邦州における排外主義の暴発が耳目をひいた。移民の社会的統合、あるいは移民との共存がドイツ社会における問題となる。

「社会的市場経済」のもとで所得再分配への考慮が払われたから、国民一人ひとりの生活が豊かになったことは間違いがない。電気洗濯機、電気冷蔵庫などの電化製品やテレビ、自動車などの消費財が家庭に入っていった。また、

休暇取得日数が増え、外国旅行も一般化した。

　この高成長の背景にあったのは、輸出の急速な伸びであった。アメリカの圧倒的に巨大な経済力を背景に成立した自由貿易体制のもと、ヨーロッパ石炭鉄鋼共同体（1950）、ヨーロッパ経済共同体（1957）など西欧近隣諸国とのより密接となった経済関係も利用して、機械類、化学製品を中心とする輸出が急増し、西ドイツの世界輸出総額に占める割合は1950年の3.5％から70年には12.5％まで拡大した。

　2度の中断（57/58年と66/67年の景気後退）はあったものの、石油ショックのおきた1973年までこの「経済の奇跡」は持続した。それは何故実現したのであろうか。

　注意しておくべきなのは、この時期、持続的な高成長を遂げたのは西ドイツだけではなかったことであろう。1945-73年を「栄光の30年」と呼ぶフランスはじめ西欧諸国の1950〜70年のGDP年平均成長率は、4.8％であった。既に戦争直後に一人あたりGDPが1万ドルを越えていたアメリカ合衆国ですら、この期間には高い成長率を記録した。東アジアでは、日本の「高度経済成長」がこれらを上回って著しく、一人あたりGDPは5倍弱に増えた。なお日本の場合、国内需要とりわけ設備投資が成長の牽引車であった点、ドイツの輸出主導型の成長とはやや異なる。これらの西側諸国はいわゆる「経済成長の黄金時代」にあった。

　「経済の奇跡」の原因も、かなりの部分を「経済成長の黄金時代」のメカニズムの説明でカバーできる。

　真っ先に挙げられるのは、資本と労働という生産活動への基本的な投入要素が著しく増加したことである。この時期、アメリカに範をとった大量生産の新技術を導入するために、活発な投資が行われた。逆説的なことに、西ドイツではあの過酷なデモンタージュですら、旧式の生産設備の整理という意味を持った。また良質な労働力が豊富にあった。戦後は軍隊からの「復員」によって労働力のプールがあり、かつ生存水準ギリギリの時点から出発したこともあって、戦前のヴァイマール共和国時代に比べてより労使協調的な労働者の賃金水準は、かなり抑え気味で済んだ。企業はこの「賃金適正化」を

利用して、さらに投資を進めることができた。成長にとってはプラスとなる低賃金と高投資の循環が働き、経済というパイを一層大きくするために材料が投じ続けられたというわけである。

> 経済学部の「マクロ経済学」や「経済成長論」の授業の最初の方で、このあたりは数式すなわち生産関数の形で説明されるだろう。一般的な生産関数
>
> $$Y = F(K, L)$$
>
> において、投入要素は資本（K）と労働（L）であり、これらが増加すれば生産（Y）が（1国の経済の総産出に占める資本・労働のそれぞれの割合によって）一定の割合で増加する。しかしより大事なのは、KやLの投入量増加分を越える生産の増大がしばしばみられることである。そこで、生産関数は
>
> $$Y = A \cdot F(K, L)$$
>
> と書き換えられる。技術状態（一時的な技術ショック）を示す係数「A」にあたる部分に、K＝資本ストックやL＝労働人口の増加分では説明できない分の成長の源泉が示される。これを「全要素生産性（Total Factor Productivity：TFP）」と呼び、その変化率は広い意味での技術進歩（あるいは技術革新から人的資本の向上、組織・制度の改善にいたるあらゆる要素における生産性——だから"T"FPである——の上昇）を示すものと考えられている。戦後1960年代までの西ドイツはじめ先進工業国の経済成長では、技術進歩＝全要素生産性の成長の貢献が大きく、70年代の不況期以降はこれが下がっているともされる。一方、技術革新の貢献を過大視するべきではないとの実証見解も有力で、こうした「成長会計」といわれる研究分野の議論はなお尽きない。

生産性の顕著な上昇は、経済成長を牽引した。とくに劇的だった労働生産性上昇の原因は、教育・訓練による人的資本への投資、新しい管理技術、産業構造の変化（労働力の高生産性部門への移動）などである。1950年当時就労者数600万人弱だった農業セクターからの急速な移動があり、もと870万人だった西ドイツの工業労働者は60年代半ばには1,300万人まで増加した。

その後、急速にサービス産業の就労人口が増えるが、西ドイツ工業においては従来の主力である鉄鋼、繊維以上に化学、精密機械、電機機械や自動車などの新分野が急伸した。これらは技術開発が大きな役割を果たす製品である。

また、この時期たしかに「貿易は成長のエンジン」といわれる通りであった。戦後の西側社会におけるGATT（貿易と関税に関する一般協定）による多角的自由貿易の体制下、上述のように西欧諸国はEEC（ヨーロッパ経済共同体）やEFTA（ヨーロッパ自由貿易機関）などの国際的枠組みを通じて経済的連関を強め、域内貿易を活性化させた。これにより需要が喚起されたが、同時に開放的経済はそれぞれの国内において生産性の高い分野への投資を促進するため、経済全体の生産性が上昇した。

このほかにも、石油という安価なエネルギーへの転換や裁量的財政政策によるマクロ経済安定化の成功といった、「経済成長の黄金時代」の各国に共通する要因があった。西ドイツはこうした条件下で、輸出主導型の成長パターンを確立した。

フランスなど他国に比べて著しい特徴としては、通貨価値の安定に特に配慮を払いつつ、インフレを慎重に避けて、成長を持続したことであろう。復興と繁栄の象徴であるドイツ・マルクの番人として連邦政府との対立も辞さず厳格な金融政策を行うブンデスバンク（連邦中央銀行）は、その独立性で中央銀行・発券銀行の世界的な模範とされた。

「ライン資本主義」

「経済の奇跡」は西ドイツの社会的市場経済の成功であり、とくにそのネオコーポラティズム（neocorporatism）的な側面が強調された。ネオコーポラティズム（新協調主義）とは戦前のファシズム・全体主義体制下の強権的な協調主義（コーポラティズム）と区別したもので、民主主義のもとでの政策決定に頂上団体＝労組・経済団体などが参加し、労使協調によって過度の賃上げを回避する一方で、社会保障制度の整備や労使同権化が実施される仕組みを指す。西ドイツでは、被雇用者による企業の共同決定権（監査役会や経

営評議会に被雇用者の代表が参加）が徐々に制度的に強化され、1972 年と 76 年に SPD 政権下で法制上の完成をみた。また、雇用者―被雇用者の負担金で運営される社会保障制度（家族手当、年金、医療費、失業手当などの給付）には国家が積極的に介入した。

　　こうした国家の積極的介入による福祉国家政策は、CDU/CSU と SPD の党を越えた協働によって 1950 年代以来一貫して進められてきたものだとされる。CDU/CSU 内には福祉拡充を進めるべきだと考えるグループ「社会委員会派」が自党内の「経済派」を抑えて、政権の移動にかかわらず、SPD・労組と超党派的な協力関係を結んでいた。こうしたキリスト教民主主義と社会民主主義という政治思想を超えた福祉国家に関する共通認識は、80 年代にも大きく動くことはなかったため、当時のコール政権においても、英米やそれに範をとった中曽根康弘政権下の日本のようないわゆる「新自由主義」的な政策はあまり追求されなかった。なお、このドイツ型福祉社会が、基本的に男性を一家の第一の稼ぎ手に想定して設計されてきたことには注意を払うべきだろう。

　また個々の企業もこうした社会・経済的関係に適応し、「ドイツ型経営」と呼ばれるべき特徴的な経営スタイルをつくりあげた。それらは 19 世紀末もしくはそれ以前からドイツの企業経営に伝統的であった要素――経営者を父＝保護者とし労働者を子＝被保護者とする擬似的な「一家」としての企業、会社への忠実や職務への献身、製品の高品質へのこだわり、安定的な取引関係の維持――を継承している。すなわち、個人主義的ではなく協調主義的であり、より長期的な展望に立つのだといわれた。社内や業界のコンセンサスを重視し、目前の収益よりも将来の発展を優先し、価格競争よりも固定的なシェアの確保や品質上の競争を好む姿勢が著しい。結果として企業経営においては株主・出資者の利益（株式会社であれば、配当増）よりもしばしば企業構成員の利益（高賃金や企業の内部留保増）が尊重され、かつそれが長期的には企業の発展につながる合理的なものだと評価された。

(3) 色あせた奇跡——70 年代以降のドイツ経済

混乱から安定成長へ

　1973 年に勃発した第 4 次中東戦争において、イスラエルを支持するアメリカへの対抗策としてアラブ諸国が石油価格引き上げと減産を断行し、「（第 1 次）石油危機」がおきた。既に減速傾向にあった西ドイツはじめ西欧諸国の成長はエネルギー・コストの高騰によりストップし、物価高のなかでの深刻な景気停滞（"stagnation ＝停滞"と"インフレーション"とを合成し、"スタグフレーション"という新語がつくられた）がおとずれた。あきらかに経済環境は「経済成長の黄金時代」から変化した。

　こうして 70 年代の西ドイツ・SPD 政権は、成長率の低迷、百万人を突破してなお増え続ける失業、亢進するインフレ、失業増大にともない社会福祉支出の急増で累積する巨額の財政赤字、といった多方面の問題に直撃された。74 年にブラントと交代したシュミット首相はインフレ傾向の押さえ込みには一定の成果をあげ、政府と民間が協調する「ドイツ・モデル」をうたってこの難局を乗り切ろうとした。同時にヨーロッパの「機関車国」の責務として、78 年には景気刺激のための財政拡大政策に踏み切った。しかし 70 年代末の「第 2 次石油危機」で情勢はさらに悪化し、80 年代初頭の西ドイツ経済は低成長からついにマイナス成長に転落した。不況下でなお 4％を切っていた失業率は 5％越えから一気に 7％台まで跳ね上がり、180 万人の失業が記録された。さらに巨額の貿易赤字とマルク価値の下落が、西ドイツ社会にもシュミット政権にも深い打撃を与えた。

　SPD シュミット政権は 82 年に倒れ、CDU コール政権下では需要面から供給面へと政策の重点の転換が図られた。市場原理の重視と小さな政府が改めて唱えられる。キージンガー大連立政権以来はじめて、「社会的市場経済」の「市場」に明白に重点が置かれた。

　数度の大幅な減税と政府支出の切り詰めが効いたのか、80 年代には世界的な景気回復にも後押しされた順調な輸出に牽引されてゆっくりと経済の回復

がみられ、息の長い景気拡大期に入った。まずインフレがおさまるとともに、80年代なかば以降には年率2-3％程度の安定成長がみこまれるようになった。この間、財政問題も緩和され、マルク相場も再び安定した。88年には年平均3.7％まで成長率も上昇し、西ドイツ経済は明るい見通しを持ちながら、思いもよらぬ統一の89／90年を迎えたのであった。

しかし、80年代の景気回復と成長は、ついに8％台で固定された高失業率の問題を解決することはできなかった。83年に失業者数は200万人を突破したが、まさにこの年にはじまった「史上最長の景気拡大局面」にも、この大台を割ることがなかった。

「ドイツ・モデル」？

高原状態に入ってしまった失業率を抱えながらも、80年代後半の西ドイツ経済への評価が高かったのは何故だろうか。好況感に乏しいとはいえ、景気回復は高レベルの福祉の維持を可能にし、高失業の問題を緩和させていたのかもしれない。また、かつての超絶的な地位から転落したアメリカ経済との比較が意識されたことも大きいだろう。戦後アメリカは他国の追随を許さない巨大な生産力をもち、基軸通貨であるドルによって戦後西側世界の自由貿易体制を支えてきた。だが70年代には、経済活動の低迷とそこから派生する問題に苦しんだ。景気回復後も、世界経済に占めるアメリカの相対的な地位低下はむしろ露わとなった。このころ、「ドイツ・モデル」が、たとえばアメリカの経営専門誌『ハーヴァード・ビジネス・レビュー』などでも肯定的に論じられた。さらに、アングロ・アメリカン型の個人的・競争的資本主義とは異なる、団体調整的・経営管理的資本主義である「ライン資本主義」の存在とその長期的な国際競争上の優位が、一部の学者によって唱えられた。安定的な取引関係にある顧客の需要にあわせて、高い技術力と優秀な労働者によって生み出される高品位の製品を供給することによって、利益の確保と企業の長期の存続が可能になるだろうというのである。

しかし、既にドイツ企業はいくつかの部門で隘路に入っていた。たとえば80年代、日米で開発が進められた数値制御（NC）型工作機械の製造では完全

に遅れをとり、機械製造業での国際的なリーダーシップを日本に奪われた。従来的な技術・技能に依存した多品種少量生産への固執が、多くの企業にあきらかであった。社会や企業において養成された高技能労働者を急激に変化する新技術に対応させるためには、その動機付けや処遇をあらためて考える必要があったが、「ドイツ・モデル」に即した経営スタイルはそれにこたえていない。同様の問題は、最先端のIC技術などの分野でも起こっていた。好調な輸出の背後で、個々の企業や部門では国際的な競争力の低下がはじまっており、それが雇用拡大を押さえ込み、高失業の固定という形でいち早く顕在化していたといえる。

ネオコーポラティズム的な「ライン資本主義」の根幹の部分にある労使協調・合意の本質的な意味が問われるべきときが、統一直前の西ドイツ経済にはすでに来ていたのであった。

システムへの悲観と楽観

50年代にはじまる高成長と60年代におけるその持続は、たしかに「経済の奇跡」と呼ばれるに相応しい画期的な出来事であった。しかし振り返ってみれば、それは19世紀末以来のドイツ経済の成長径路への、20世紀前半の一定期間の中断を挟んだ復帰であるにすぎなかった面もある。

図7は1870年以来のドイツにおける工業生産の成長を示すものだが、19世紀末の成長過程と、1970年代以降の安定成長とのトレンドとしての連続性が直感的に明らかだろう。20世紀前半には第1次世界大戦とその後のハイパー・インフレーション、さらに世界大不況が成長率を押し下げた。また第2次大戦敗戦の結果、ドイツ経済は急激な落ち込みを免れなかった。だが、戦後はそこから「自然成長率」ともいうべき本来の成長ルートへの回復(収束)がはじまり、その期間の成長率は高くなったというわけである。

純粋に生産体制や資本ストックだけに着目すれば、経済発展の長期の連続性はあきらかであり、現代ドイツ経済史を戦後の「ゼロ時」から始めるのは適切ではないことになってしまう。

90年代以降のドイツ経済にとって、こうした「経済の奇跡」への新しい見

第 1 部　同時代ドイツ史――20 世紀末から現在へ

(1936＝100)

図 7　ドイツにおける工業生産の長期動向

(Werner Abelshauser,"Die Rekonstruktion der Kontinuitat. Glanz und Elend der deutschen Wirtschaftsgeschichte seit 1945（邦訳　ヴェルナー・アーベルスハウザー「戦後ドイツ経済制度における連続性の再建」雨宮昭彦・J. シュトレープ編著『管理された市場経済の生成：介入的自由主義の比較経済史』日本経済評論社、2009 年、248 頁))

方は、難しい問いをつきつけるものだ。「経済の奇跡」の再来はもはやありえないことが明らかである。それだけではない。「経済の奇跡」を実現した経済システムが、今日あるいは将来のドイツ経済の成長と発展にとって有効なものではないかもしれない！

　この点についても楽観論と悲観論が並存する。

19 世紀以来の経済成長トレンドの連続性から、19 世紀末の「第 2 次産業革命」（第 2 次経済革命）期にドイツ経済を英国に勝る工業国におしあげた独自の経済システムが成立し、それが長期にわたって持続したと考えることができる。この見方はある程度一般的に受け入れられている。

　　第 2 次産業革命とは、当時の高度な技術革新が生産に直接的な影響を及ぼし、電気機械、化学産業などさまざまな「新産業」が勃興した事態を指す。このとき、アメリカとともにドイツには新産業を担う企業が次々と誕生した。総合電機メーカーに成長したジーメンスと AEG、鎮痛剤だったヘロインで事業をまず確立した後はアスピリンの開発で莫大な利益をあげた製薬企業バイエル、自動車製造のライヴァル同士だったダイムラーとベンツ、顕微鏡、レンズなど光学製品のカール＝ツァイス

などである。「最初のグローバリゼーション」にあった世界経済のなかで、これらの企業が輸出を担うことで、ドイツの経済成長は目立って加速した。

だが、このシステムの今日的意義・生命力への評価には論者によって差異がある。

19世紀末、「第2次産業革命」下のドイツ経済は、技術革新や知識蓄積主体の成長を実現する「知識経済」に本質的に適した革新的なシステムをいちはやくつくりあげていたとする見方がある。これは「ライン資本主義」という独自のシステムの意義を改めて評価するものである。「団体調整的市場経済」の確立に「19世紀末のニュー・エコノミー」をみる W. アーベルスハウザーがその代表であろう。なお、アーベルスハウザーは第2次大戦後の「経済の奇跡」を、本来の革新的なドイツ経済システムからは逸脱した「時代錯誤」であったと考えている。19世紀末に成立したポスト工業化に適合したシステムが、復興期の50年代には大量生産方式に「過剰適応」してしまい、本来の発展の可能性を弱めたとみるわけだ。

一方で、こうした資本主義システムの多様性を疑問視し、1990年代に「ニュー・エコノミー」を成功させたアメリカなどの市場競争重視のシステムへの収束を必要とする見方も――金融危機以降の最近、声高な議論は影を潜めているようだが――依然、無視できない。論者としては、英米型自由競争の資本主義から逸脱した「非リベラル資本主義」（日本もここに含まれる）の将来性を疑問視する W. シュトレークがあげられる。また古内博之は、資本主義システムの多様性を認めつつも、1974年以来（西）ドイツ経済は産業構造の硬直化という構造的問題を解決していないと考える。現代＝ポスト工業化時代のきわめて急速な技術革新に対応するためには、20世紀初頭に確立した「メイド・イン・ジャーマニー」の名声に依存した製品開発戦略を抜本的に見直す必要があると指摘するのである。たしかに「高品位・多品種・少量生産」への特化の名の下に、今日のドイツの製造業は特定顧客のニーズにこたえるニッチ戦略を選び、標準化された製品市場でのグローバルな競争を回避する傾向があった。そうした戦略がいずれ行き詰まる危険はなお、可能性

として否定しがたい。

ドイツ経済の現況から

　これらの議論の成否は、結局、ドイツ経済の現状の評価による。アメリカに起因する金融危機が起きるまでの 2000 年代（ゼロ年代）のドイツ経済には、失業者数の 310 万人台までの低下や産業立地としての外国からの高評価など、肯定的な材料もみられた。かつて日本に敗北した工作機械部門の生産額では最近およそ 4 半世紀ぶりに首位を奪還するなど、分野によっては底力を発揮し、復調からめざましい好調に移行したものもある。また、金融危機からの脱出も比較的スムーズに進み、景気の上昇局面が持続した。失業者数は 2009 年にかけて再上昇したものの再び低下し、2011 年中には 300 万人の大台を、1992 年以来はじめて切った。失業率はおよそ 7％に低下した。旧東ドイツ地域（新連邦州）においても失業者数が対前年比でマイナス 10％という減少がみられることは明るい要素である。しかし、それらが「ハルツ IV」以来の一連の改革によるものなのか、ドイツ経済が本来持っていた制度上の優位をついに発揮したことによるものなのか、あるいはその双方なのか、また別の理由によるものなのか——は、まだわからないだろう。

　ただ、システムに関する議論において、現在も立場を超えてほぼ一貫しているのが、労働政策や社会保障に関するシステムの改変があるべきだという考えである。ドイツ経済システムの生産面での本来の強さの発揮を、社会的なコスト負担が邪魔していると見ているわけである。福祉国家が必ず成長や技術革新を阻害するわけではないのは、たとえば世界的 IT 企業ノキアをもちながら高福祉国家を維持するフィンランドをみてもわかる。だが、経済規模の差は度外視するにしても、相対的貧困といってもいい比較的低い水準から出発したフィンランド経済とドイツ経済とでは事情が違うだろう。つまりドイツでは、経済的豊かさと「持てる者の甘え」が必要な改革を妨げている。——この議論は、上記のように「団体調整的市場経済」の強みを主張するアーベルスハウザー教授が開陳しているものなのである。

おわりに——ヨーロッパ経済のなかで

「経済成長の黄金時代」を説明する一般的な議論として、それを復興期に顕著な資本ストックや労働投入量の成長に牽引された、いわゆる「外延的成長 (extensive growth)」であったとする把握がある。70年代にいったん成長が頓挫した以上、経済成長は今まで以上に技術革新が大きな働きをもつ、いわゆる「内包的成長 (intensive growth)」に転化されねばならないという主張に、これはつながる。こうした見通しが正しいとすれば、問題は、ドイツ経済がこの内包的成長を今後実現できるかどうかである。

メルケル政権は「知識経済」にかかわる教育や研究開発、産学連携、ハイテク・ベンチャーの創業支援などに力点を置いている。2008年の金融危機を何とか切り抜けた後、メルケルは連邦財政の再建を最重視してきたが、教育関連予算については——与党内の反対にもかかわらず——支出カットを回避しようとしたほどである。ドイツの伝統的な人的資源の育成法＝教育システムには定評があるが、最近では大学制度をEU規準に揃える改革の結果、大学進学率も40％を超えて上昇気味である。連邦経済技術省などが中心となる中小企業のイノベーション支援など技術開発の振興にも、成果があがっている。経済技術省は、イノベーションを担う新企業＝創業者を社会的に支援することで成長と雇用確保を目指す、「創業者の国・ドイツ」という目標を2010年に提唱した。

しかしこうした政策が前提とする、かつての成功を支えてきた要素には今日すでに限界がみえていることもたしかである。それはたとえば、「輸出主導の経済成長」であり、またたとえば、「統合されたヨーロッパ市場」である。マルクを手放しながらも、ブンデスバンクに範をとったヨーロッパ中央銀行という形でドイツが死守した「通貨・為替の安定性」も、2010年に表面化したギリシア財政危機とこれにともなうユーロ安によって、どうやら怪しくなった。

たしかに2010年も、そのユーロ安も追い風となった輸出の好調によって、

ドイツ経済は景気回復と拡大・成長を続けた。労働コストを下げ、雇用市場の柔軟化をはかる一連の政策は企業の競争力を高め、輸出の上昇をもたらしたといえる。高級自動車を筆頭に、成長するアジア市場におけるドイツ製品の需要は伸び続けており、さらに将来はエコロジー産業など高い技術力を生かした新しい分野でも輸出市場の拡大が見込まれる。しかし反面、輸出依存の景気動向は、国際経済の環境変化の影響を被りやすい。またこの間、2000年代を通じて国内の消費支出は停滞していた。

　さらに、ヨーロッパ統一市場はドイツ経済に大きな可能性をもたらす一方、大きな不安定要因となることもわかってしまった。そもそもドイツの主要輸出先は依然として欧州であるため、ドイツの輸出による貿易黒字は他のEU諸国の貿易赤字につながり、EU経済内部のアンバランスの影響が懸念される。また、ユーロ圏における単一的な金融政策は、経済状況や初期条件のちがう国々に単一金利を導入することで、事態を悪化させる恐れがある。たとえばドイツが不況に陥ったからといって、簡単に政策金利を下げれば、インフレ成長気味の南欧諸国の経済を過熱してしまうだろう。したがって金利引き下げが見送られれば、ドイツの不況は長引く上に、なお実質低金利のインフレ国では景気過熱の恐れが消えない。南欧のような物価上昇率の高い国では国際競争力低下から逃れるために為替切り下げという手段をとることができたが、ユーロ圏になった以上、こうした逃げ道はない。ギリシアの財政破綻は、こうしたEU経済統合の構造的問題の一つの現れであった。

　また、このギリシア危機にはじまる一部の国々の財政破綻と国債暴落問題が全EUレベルで混乱をもたらしたことから、金融政策を統合（ユーロを導入）しつつも財政政策の一本化を果たせていない現状は早晩改善されねばならないと指摘された。2011年以降のユーロ先行き不安の増大は、そうした欧州レベルでの思い切った制度改革の必要を高めた。メルケル首相にはこの点に逡巡があったようだが、ユーロ防衛のための欧州共同の政策的措置は実現されつつある。2011年7月末にユーロ圏17ヶ国は、財政危機下のギリシアに1,600億ユーロの金融支援を追加することで合意した。これはなお単に時間稼ぎの妥協でしかないともいわれるが、こうした欧州共同の政策がさらに

比重を増せば、いずれドイツ1国レベルの経済政策の枠組みも変わらずにはいられない。現にユーロ危機の高まりをうけ、2011年8月中旬にはメルケルは、フランス大統領と共同で「経済政府」の樹立によってユーロ圏の財政政策も一元化するというプランを打ち出している。また、2011年春に「脱原発」に急転換したエネルギー政策も、その進展にはEUレベルでの話し合いと調整を経る必要がある。

「創業者の国・ドイツ」というスローガンを実現できるかどうかも、ヨーロッパ経済の中での舵取りにかかっているはずである。

（補論）地域の「ドイツ経済」

さてここまで私たちは、「ドイツ経済」という単位で話をすすめてきた。つまり、ドイツ連邦共和国という国家の経済すなわち国民経済を議論の対象にした。これは実は、便利で一般的ではあるが必ずしも自明で正確だとも妥当だとも限らない観点である。

ドイツ連邦共和国内には、いくつもの地域的に分立した、自立的な経済圏とでもいうべきものがあり、それらを個々にとりあつかわなければならなかったかもしれない。いや、たしかに個々の産業について論じる紙幅があれば、確実にそうであった。「経済圏」や「地域経済」という概念には論者によってニュアンスのちがいもあり少し幅広すぎるところがあるが、たとえば産業クラスターや物流の地理的範囲や資源地帯を考えるべきだろう。そして、たとえばライン・マイン産業クラスターとミュンヘン工業地域は、互いにそれほど密接に結びついてもいなさそうだし、どちらもたとえば首都ベルリンがなくてもやっていけそうである。各地域経済は、「ドイツ国民経済」からある意味で自立して存続しているとも考えられる。

現在のヨーロッパ経済統合がもたらしたひとつの大きな経済連関のなかでのプレイヤーは、これら地域である。1国として歴史を共有してきたはずの地域のあいだにも、経済的な活力には大きな差があり、それらの競争ははげしい。ドイツ南部はすでに所得・消費面での豊かさにおいて北部を追い越した。「ドイツ経済」の19世紀以来の発展の原動力は伝統的に分立していた地

域経済間の競争にこそあった、と経済史家 H. キーゼヴェッターは見ている。少なくとも現代の EU 競争政策は、1 国単位ではなく、EU が設定した地域のレベルで実施される。また EU 統合の出発点となった 1951 年の欧州石炭鉄鋼共同体は、事実上はルール鉱工業業地域の 6 カ国による共同管理であった。

また、ここで国境や国民経済の枠組みを超えたグローバリゼーションの進展を見なければならない。本章ではドイツと日本の工作機械工業の競争に少し触れたが、最近の動向は単にドイツ工作機械メーカーの巻き返し・再逆転というだけではとらえきれない。個々の企業間の国際的な連携は密であり、国外への活動拡大も目立つ。現在、輸出が好調なドイツ・メーカーのなかには、NC 工作機械の技術で一日の長がある日本メーカーとの協力を不可欠のものとしている会社も多い。一方、日本企業のドイツへの進出、直接投資も無視できない。国家間の経済競争という文脈では処理できない経済活動の比重は高まっており、そのなかでの経済主体のひとつである企業は、本社にせよ研究所にせよ工場にせよ、やはりある特定の地域に活動の本拠を置いている。

とはいえ、多くが国民経済レベルで制定される様々な制度や戦略、さらに歴史的に決定された「国民」の広い意味での「文化」的要素が、それらの地域経済の動向にもたらす影響はやはり大きい。「文化」と密接な関係をもつ信念やアイディアといった要素が経済の変化に果たす役割は、最近の経済学の研究でも一層強調されるようになってきた。

「国民経済」としての「ドイツ経済」はまったくのフィクションでもなく、また、ヨーロピアナイゼーションとグローバリゼーションのなかで簡単に解消するものでもないらしい。個々の地域経済に着目するにせよ、あるいは EU 経済、世界経済を論じるにせよ、この点を押さえておく必要はあるだろう。

（鳩澤　歩）

（主要参考文献）

ヴェルナー・アーベルスハウザー（雨宮昭彦・浅田進史訳）『経済文化の闘争──資本主義の多様性を考える』東京大学出版会、2009.

古内博行『現代ドイツ経済の歴史』東京大学出版会、2007.
トニー・ジャット（森本醇訳）『ヨーロッパ戦後史』みすず書房、2008.
近藤正基『現代ドイツ福祉国家の政治経済学』ミネルヴァ書房、2009.
近藤潤三・田中洋子・布川日佐史・戸田典子「シンポジウム＜格差社会＞ドイツ？」『ドイツ研究』第44号（2010）.
幸田亮一『ドイツ工作機械工業の20世紀——メイド・イン・ジャーマニーを支えて』多賀出版、2011.
W.R.スマイサー（走尾正敏訳）『入門　現代ドイツ経済』日本経済新聞社、1992.
奥西孝至・鴋澤歩・堀田隆司・山本千映『西洋経済史』有斐閣、2010.
戸原四郎・加藤榮一・工藤章編『ドイツ経済——統一後の10年』有斐閣、2003.

第 2 部

現代ドイツ社会を訪ねる

3章 「過去の克服」は克服されるのか
―― ナショナリズムと共産主義の再評定 ――

はじめに

　西ドイツは「過去の克服」において真摯で模範的である、とのイメージがある。1949年の建国以来の対外的な補償交渉・外交姿勢、対内的な戦犯追及・歴史教育など、いくつもの努力の積み重ねがあってのことだが、敗戦後40年を記念するリヒャルト・フォン・ヴァイツゼッカー大統領の演説が、とくにイメージ流布の点で大きな役割を果たしたことは間違いない。

　「たいていのドイツ人は自身の国の大義のために戦い、耐え忍んでいるものと信じていました。ところが、一切が無駄であり無意味であったのみならず、犯罪的な指導者たちの非人道的な目的のためであった、ということが明らかになったのです」

　大統領の口からこの言葉がでたことの意味は大きい。ホロコーストのような「非人道的な目的」の点で事情が異なるとはいえ、敗戦国としては同じ立場の日本において、「一切が無駄であり無意味」といった直言が国の代表者（天皇あるいは内閣総理大臣）の口から出たことはないはずだ。
　しかしこの自己批判が、「ドイツ人であること」への強烈な自意識に貫かれたものでもあったという点は留意しておかなくてはならない。

　「私たちドイツ人はひとつの民族であり、ひとつの国民です。私たちは、自分たちがひとつをなして帰属しているものと感じておりますが、それは、私たちが同一の歴史を生き抜いてきたからです。1945年5月8日をも、私

たちは、私たちをひとつにする、私たちの民族の共通の運命として身をもって体験しました。私たちがひとつをなして帰属していると感じるのは、平和への私たちの意志という点においてであります」

「ドイツ人はひとつの民族であり、ひとつの国民」であるとの表明は、現代の読者にはどう見えるだろうか。むろん 1985 年の演説当時、ドイツはまだ東西分裂時代で、ベルリンの壁崩壊の兆候さえなかったという事情を考えれば、民族の統一性が強調・希求されるのは理解できる。演説全体としてみれば、ドイツによって被害を受けた他の「民族」「国民」への配慮のほうが前景にあって、ドイツ人としての一体感も「平和への意志」という無難なところに落とし込まれている。とはいえ、国民国家という制度の歴史性とその限界への省察が少しは深まった今日では、やはり違和感を抱かずにおれないだろう。

ホロコーストと敗戦以後、西ドイツでは、「ユダヤ人」のような他宗教・他民族・他「人種」の否定・排撃を介するような仕方での「ドイツ（人）」のアイデンティティ形成・補強は、少なくとも公然とは取りえない道だった。しかしティロ・ザラツィン『自滅するドイツ』（2010）の反響、アンゲラ・メルケル首相による多文化主義破綻宣告（2010）など、人口 8,000 万中 400 万を占めるイスラム系移民（とその子孫）の「統合」をめぐる最近の論争をみていると、ことはそう簡単ではないようだ。人種的・宗教的・政治的理由で迫害され、庇護を求める人々に門戸を開いておこう、とのヴァイツゼッカー演説の願いも、移民流入を制限する方向での庇護法改正（1993）によって後退を強いられた。「ドイツ人」としての自己意識や結集が、宗教や民族の「他者」を（どのように）要求してよいか、ということが、いまあらためて焦眉の問題になってきている。

本稿では、「過去の克服」に関して模範的とされるヴァイツゼッカー演説においてもなお「盲点」として残っている論点、つまり「ドイツ主義」について、いくつかの歴史的経緯を見直し、その問題点を分析してみたい。

カール・ヤスパース（1883-1969）は、ヴァイツゼッカーと同じく 2 度の世

界大戦を生き延び、ドイツにおける「過去の克服」に最も真摯に取り組んだ哲学者の一人である。彼の『罪責論』(1946) は、いまや戦後ドイツ思想の正典のひとつといってよいだろう。ベルンハルト・シュリンクのベストセラー小説『朗読者』(1995) の映画版『愛を読むひと』(2008) でも、ナチ問題についてのゼミを主催する法学部教授が、講読文献として「ヤスパースの罪責論」をまっさきに挙げるシーンがある。ヤスパースの「本来性」をめぐる実存主義の語りは哲学者・美学者テオドール・アドルノ (1903-1969) からも厳しく批判されているように、その用語も論理も込み入っているが、時事問題に関する考察・分析のたぐいに関しては概して明快であり、リベラリズム・民主主義を尊重する立場から、先見の明を示したものも多い。マックス・ヴェーバーとの出会い以来、ヤスパースは政治や社会の問題への感度を高め、ことに戦後は、ナチズムに関与した哲学者マルティン・ハイデッガーの「沈黙」とは対照的に、戦後処理問題のみならず、核武装や東ドイツ問題など、ことあるごとに時事的な問題について積極的な発言を行っている。

しかしそのヤスパースにしても、「ドイツ人」としての自己意識に関しては、政治学者・思想家ハンナ・アーレント (1906-1975) とは対極的に、それを守護・陶冶する姿勢を最後まで崩さなかった。ヤスパースが第2次世界大戦後もなお「ドイツ人」としての自己意識にこだわりつづけた事実を、どう受けとめるべきなのだろうか。2度の大戦と敗戦とを経験する過程で、ナショナリズムの「熱狂」をヤスパースはどのようにみていたのか。本稿前半ではヤスパースにおける「過去の克服」とナショナリズムの関係／矛盾について、考えていきたい。

もう一点、「過去の克服」問題において焦点となると思われるのは、共産主義への評価である。ヴァイツゼッカー演説では「共産主義者による抵抗運動の犠牲者」への追悼も呼びかけられているが、東西分裂時代、冷戦下の西ドイツにおいて、「共産主義者」を顕彰することは、タブーではなかっただろうが、少なくとも普通のことではなかった。

近年では、東ドイツにおける言論統制や密告の横行などの実態が明らかに

なるにつれ（たとえば映画『善き人のためのソナタ』（2006）など）、「共産主義者の抵抗運動」についての評価は、ますます微妙な論点となりつつある。ナチへの抵抗運動としては、2度にわたって映画化されたゾフィー・ショルらのミュンヘン白バラ運動などいくつかあるが、なかでも有名なのは、映画『ワルキューレ』（2008）に描かれて話題になった、1944年7月20日のヒトラー暗殺未遂事件であろう。中心人物であるクラウス・フォン・シュタウフェンベルク大佐の遺族は1994年、同事件に連座した人たちの抵抗運動が、共産主義者の抵抗運動と同列に（同じ場所で）展示（顕彰）されることに反発を示して話題を呼んだが、このことは現代ドイツにおける過去の共産主義運動の評価の難しさを示す一例である。

また1986年以降、西ドイツで繰り広げられた「歴史家論争」においても、マルクス主義の害悪との比較を通してナチ・ドイツの害悪を相対化する傾向、「ドイツ人」の自己意識をなにがしか慰撫する傾向があった点は見逃せない。ロシアの野蛮に対してヨーロッパを防衛するドイツ、という見方は、戦前・戦中の煽動文書に溢れかえっていたわけだが、第2次世界大戦後、この種の見方はとりづらいものとなった。戦前のマルクス主義の「脅威」「害悪」について「客観的」な探求・評価を志したとしても、東西冷戦の状況下では、たんにどちらかのイデオロギーに奉仕する議論として濫用あるいは拒絶されることが多分にあっただろう。しかし1980年代後半、マルクス主義の理論的かつ実践的な限界がはっきりした時点で、マルクス主義の否定的側面に照準を合わせてナチ・ドイツとその前史を顧みる、というスタンスが再登場する。

こうした傾向は、冷戦終結後、ますます強まりやすくなっている。ドイツ国外でも、対ドイツ戦勝60年記念の2005年、スターリン時代の歴史評価をめぐり、ロシアとバルト3国との懸隔が露呈したことがあった。「カチンの森事件」（1940年に起きた、ソ連軍によるポーランド将校の大量殺害事件）の扱いも、そうした文脈にあってややこしい政治的意味を帯びざるをえない状況にある。ポーランドのアンジェイ・ワイダ監督による映画化（『カティンの森』（2007））もバルト3国の歴史認識もそれ自身としては、ナチ・ドイツの犯罪の相対化を意図したものではないだろうが、相対化の効果をもちえよう。

そこで本稿後半では、マルクス主義の歴史的評価という歴史学的な課題が、その都度どのような政治的文脈にあって、複雑な効果をもたざるをえなくなっているかについて考えてみたい。

（1）ヤスパース『罪責論』（1946）――「ドイツ人」の責任の深淵

　敗戦直後に記された『罪責論』は、先述したとおり、ドイツにおける「過去の克服」の問題を考える際に欠かせない古典のひとつとなっている。同書でヤスパースは、ドイツが負うべき「罪責」を、刑事犯罪／政治的／道徳的／形而上学的な罪責の四つに区分し、それぞれの意味と連関を考察するという一見して冷静な論じ方をしている。そのカテゴリー化のそれなりの説得力・明快さのゆえに、今日でも犯罪や敗戦に関する（国の）集団責任を考える際には頻繁に参照されているわけである。免責的なトリックだ、との批判もあるが、そういう使われ方がされかねないことについてはヤスパース自身、同書で指摘し、釘をさしている。

　しかし本文に立ち入ってみれば、『罪責論』の論理展開が、必ずしも冷静で明快でないことは容易に見てとれる。むしろ迂遠で、苦吟に満ちた思考の歩みもあって、或る一点では、はっきり破綻している。ドイツの責任の究明は、ドイツ人としてのヤスパース自身の自己批判でもあることによって、外在的ではない真摯なものとなりえているが、それゆえに、「ドイツ人としての自己」というものがそもそも（いかに）存続すべきかとの自問において、合理的な考察は挫折する。同書のクライマックスともいえる次の箇所である。

> 「ドイツ的なあり方の現実の姿、すなわち母語における生が持続的であるために、ドイツ人のすること、したことに対して私は責任の一部を感じるのだが、それは、もはや合理的には把握できない、合理的にはむしろ反駁すべき仕方で、感じるのである」

　他の民族ではない、他でもないドイツ人のやること／なしたことに対して、

つい引き寄せられ、責任を感じてしまう、そういう心の動きがあることを、ヤスパースはここで認めている。「民族」といっても、正確には言語内存在、つまり「母語のうちでの生」が、そうした呼応（反応）の範囲を決める。「母語における生」「感じる」などといった身体論的用語を選びながら、ヤスパースは「ドイツ」に一体化してしまう自己の（不合理な）動きを認め、おののきつつも、それをただ不合理だからと斥けることなく、受容している。

　これは、政治責任をきちんと負うために、ドイツ人というアイデンティティを負う、といったこととは別の話、それ以前の話である。「母語において生きる」ことでの、感情の自然な動きとしてのドイツへの同一化があって、その後においてはじめて同じドイツ人としての政治責任のようなものを負うことがありうる。こうした非合理な同一化の水準を、ヤスパースは、ナチ・ドイツの後に捨てるのではなく、むしろそれとして引きうけようとしている。

　民族を言語（母語）に還元できるかは微妙なところだが、いずれにしても重要なのは、集団的な巻き込まれが起きてしまうことが、合理的には説明できず、しかもこの不合理きわまりない事実性をそれとして承認すべきだとヤスパースが考えている、ということだ。

> 「同じドイツ人でも上のようなものの感じ方をする人に対しては、私は親近感を覚える。なにも悲壮がっているのではない。他方、そうしたつながりを魂の奥底で否認しているように感じられるドイツ人に対しては私の気持ちも離れている」

「母語における生」を生きてしまう自己を認識することは、民族としての「つながり」を「魂の奥底で否認」する者への違和感・嫌悪感と対をなす。こうした感慨は、ナチ初期に亡命に追い込まれ、外国からナチ・ドイツ批判を展開したトーマス・マンへの違和感として、はやくから抱かれていたものと同根かもしれない。酷といえば酷である。マンは好んで亡命したのではなく、亡命せざるをえなかったからである。むりやり「歴史的・政治的運命」から弾き出されたのに、それでも、マンの亡命先からのドイツ批判を、当時ナチ・

3章 「過去の克服」は克服されるのか

ドイツで逼塞していたヤスパースは「外から」の批判として不快に感じていたという。ヤスパースだけではない、作家フランク・ティースをはじめとする、ナチに批判的でありながらドイツに留まったいわゆる国内亡命者たちのマンへの嫌悪感に

図1　1933年、ナチ同調の学生によって「非ドイツ的な」著作の焚書が行われたベルリン大学前のオペラ広場（現ベーベル広場）（共著者撮影）

は、傍からは、なかなか理解しがたいものがある。そしてマン自身もまた、当然理解が得られるはずと思っていたヤスパースまでも不愉快に感じていたことを知り、ショックをうけていた。「愛国」ゆえの批判なのか、「外から」の断罪か、その差異は、「民族」「言語」「文化」へのコミットメントが深ければ深いほど、見極めがたくなるのだろうか。

　こうしたヤスパースの「ドイツ人」への一体化の奥深さを、どのように受けとめるべきなのだろうか。

　ヤスパースは、ナチ前夜のドイツにおいて、人々の「ドイツ人」としての熱狂が「アーリア人種」としての自己意識へと変貌し、「ユダヤ人種」その他人種の排撃にまで激化する経過を、彼自身ユダヤ人の妻とともにドイツに留まり、圧迫されつつ、見届けてきた。米軍の進攻がもう少し遅ければ、妻ともども収容所に送られるところだった。にもかかわらず、ヤスパースは戦後もなお「ドイツ人」の自己意識をたんに保っただけでなく、保つべきものとして肯定しようとしたわけである。敗戦後、ホロコーストの実態が白日のもとになった時期、つまりドイツ人のアイデンティティの自己主張が最も困難だったはずの時期に、である。そこには、なんらの断絶もなかったのだろうか。そもそもナチ以前、ヤスパースは、ナショナリズムや人種主義について、どのような態度をとっていたのか、以下で振り返ってみよう。

101

(2) 第1次大戦後のナショナリズムとヤスパース

ヤスパースは精神医学の研究で学位をとるも、『世界観の心理学』(1919)以後、哲学方向にシフトし、浩瀚（こうかん）な3部作『哲学』(1932)などを著す一方、『現代の精神状況』(1931)では、同時代の政治・社会問題にも論及した。訓古学的な哲学文献研究に満足しなかったのは、マックス・ヴェーバーからの影響が大きかったかもしれない。『現代の精神状況』の内容はそれでも多分に思弁的で、論点も多岐にわたるが、興味深いのは次の警告である。

> 「マルクス主義、精神分析、人種理論は、それぞれ独特の破壊的性格を有している。［…］この3方向すべてが、人間にとって価値を有するように見えるものを無にしかねない」

人種理論に反映しているのは、他人よりも勝っていたいとの大衆の欲望であり、マルクス主義や精神分析と同様、「みずからの信仰を独特の狂信ぶりで確信している」にすぎない、とここで彼は看破している。「人種理論」によって反ユダヤ主義が高揚することへの危機感がこの時点の彼には既にあったのだろうか。

後の証言によれば、ここで懸念すべき思潮のひとつとして「人種理論」をあげたとき、ナチという具体的脅威がヤスパースの念頭にあったわけではないらしい。ナチはまだようやく国会に議席を獲得しはじめたばかりだった。しかしヨーロッパの古い歴史を帯びた反ユダヤ主義が、宗教から「民族」へ、さらには「人種」への差別に先鋭化すること、より具体的には、ヴァイマール共和国成立当初から伏在していたユダヤ人への敵意――革命と敗戦をユダヤの陰謀・裏切りとする匕首（あいくち）伝説からくる憎悪――が増幅されることへの漠然とした危惧は抱いていたのではないだろうか。

「人種理論」への批判とならんで、時代診断として興味深いのは、「没政治性」という仕方での政治への関わり方についての次の指摘である。

「人は、おそらく至るところで、現在の秩序の具体相における暴力の発動と隣り合わせになっている。なにか不正なもの、あるいは無意味なものを感じている。しかし、自身に責任のない余所事のように甘受している。その点では首尾一貫していて、告発などしない。もろもろの出来事に無関心なままで、自分の心が揺れ動いたりしないようにしている」

こうした苛立ちの背景には、1929年に帝都ベルリンを訪れ、政界や世間の実態にふれたときの経験が反映していると思われる。当時すでに、不正あるいは無意味な暗殺・蜂起・衝突など、さまざまな暴力の発動が観察可能であった。しかしそれらは左右両極の過激派がやっていることで、自分には関係がないと多くの人が傍観者を決め込んでいる、というわけだ。ヤスパースの思想の根幹ともいえるこうした「無関心」をめぐる批判意識は、「他の人たちの災厄への盲目さ、心で想像しないこと、災厄を見ても心から揺さぶられないこと」を問題化した戦後の『罪責論』にいたるまで一貫していると言える。強制収容所や秘密警察の暴力といった見えにくい「災厄」だけでなく、かつて普通の隣人であったユダヤ人への面罵・差別・暴行など、想像力を介さずとも見ることのできた災厄もあったはずで、ナチの政権掌握前の1929年の時点ではなおさらであろう。こうした暴力の具体相に接してなお「心から揺さぶられない」でいること、「余所事」でいることは、道徳上の罪にあたる、とヤスパースは考えたのである。

ヴァイマール期における「暴力の発動」を促す思想背景として、階級闘争を説く「マルクス主義」だけでなく、国民や民族（人種）の優劣・差別を説くナショナリズムや「人種理論」が瀰漫していたことは、ヤスパース自身よく理解していたことだろう。三つの思潮の「破壊的性格」は、たんに論理的可能性ではなく、当時の「現在の精神状況」を実際に規定し始めていたのである。

そして、現実に高まりつつある「人種理論」やナショナリズムの危険なエネルギーを適切な方向に導き、無害化すること、むしろ有益化すること——

それが、『現代の精神状況』の翌年に出版した『マックス・ヴェーバー——政治的思考と研究と哲学的思索におけるドイツ的人物』（1932）における、ヤスパースのねらいだった。ユダヤに代表される他「民族」・他「人種」の否定・排撃によって（自己）定義・凝結するドイツ人アイデンティティとは別の、もっと積極的な意味でコミットしうる「ドイツ人」の自己実現の方向へと、ナショナリズムの熱気を転換しようとしたのである。

　その序文でヤスパースは、ヴェーバーのことを、「情熱の根源からの、本来的な理性性と人間性」を備えた「ドイツ的人物」と形容している。どうということもない美辞麗句と読めなくはないが、「ヴェーバー」という一例をもって、「ドイツ的であること」と「理性性と人間性」との間に、あたかも本質的な関連があるかのように主張（偽装）されている、と読めなくもない（そしてじっさいハンナ・アーレントはそのように読んだ）。

　しかし本論では一転して、（「理性性」と不可分な意味の）「自由」について、それをドイツ性そのものと同一視してはならない、と強調される。つまり序論と本論では、「ドイツ的」であることの特殊性と普遍性の説明が矛盾する恰好となっているのである。序論に従えば、ドイツこそ理性の中心である、つまり理性的とはドイツ的であること、との含意が生じる。日本人のなかにたまたま理性的な個体がいたとしても、それはドイツ的思考であり、ドイツ的人物である。しかし本論の立論では、「理性」「自由」などという性格は、特定の民族・国民と必然的に結びつくことではなく、むしろそれらとは独立の、より普遍的なところで成立している。日本にも理性的なのがいるし、ドイツにも非理性的なのはいる。理性的であることと、ドイツや日本に属すこととの間に、必然的な関係はない。

　こうした序論と本論のトーンの違いは、じつはヤスパースが自覚的・戦略的に選んだ方法だったことが、教え子のハンナ・アーレントあての書簡で明らかにされている。

「このいささか奇妙な定式化を選んだそもそもの原因は、教育したがる私の性向にあります。ナショナリスティックな若者の混乱した本末転倒のお

しゃべりには、よき意志も本物の高揚も大いに見てとれるので、ドイツ人としての自己意識への意志を承認してやったうえで、ドイツ人であることに含まれる自己自身への要求に、彼らの注意を向けさせたい。ですから、こういう教育的な刺激を必要とし、自分でもおそらく渇望している読者に近づくには、ナショナリスティックな出版社が適していると思ったのです」
(1933.1.3. ヤスパース書簡（アーレント宛))

「教育的な刺激」が必要である、との言明に、ヤスパースの啓蒙主義者としての側面が強く出ている。ナショナリストと誤解されかねない序論は、高揚する若者たちにまずは読んでもらうためであり、ナショナリスト的論理や語法にすりよる方便であって、本論では、読者であるドイツ大衆＝若者たちの中の「良い」萌芽を、正しい方向＝よきナショナリズムに導くのが、ヤスパースのねらいだというのである。

ハイデッガーや指揮者ヴィルヘルム・フルトヴェングラーなど、少なからぬドイツの文化人たちが、ナチ前夜あるいは初期の「国民的高揚」のうちに救いとるべきものもあると見たがったことはよく知られているが、ユダヤ人を伴侶としていたヤスパースですら、「ドイツ人としての自己意識」の高揚に積極的なものを見ようとしていたという点では同類だったわけである。

逆にいえば、それほどドイツ人としての自己意識は、傷つけられ、痛ましい状態にあった、ということなのかもしれない。総力戦に敗れて過酷な賠償を科せられてから10年、ショックがようやく癒えようかという矢先に、世界恐慌の波に洗われ、経済的苦境その他の不幸の元凶がすべて、恥辱の敗戦と結びつけられる。ナショナリズムの猖獗とナチの政権掌握は、ヴァイマール共和国政府の「失策」というだけでは片づけられない面があるように思われる。

(3)「ドイツ」とはなにか？――ヤスパースとアーレント

しかしながら、子を諭す父のようなヤスパースの手法、つまり「ドイツ人

としての自己意識への意志を承認」したうえで語りかけるというパターナリスティックなやり方は、はたして適切だったのか。そもそも若者のナショナリズムのうちに、「よき意志も本物の高揚も」みてとったのは正しかったのだろうか。以下、アーレントとヤスパースの往復書簡を軸に、ドイツにおける「ドイツ主義」の独特の堅固さをあぶりだしてみよう。

　ハンナ・アーレントは、ヤスパースの下で学位論文（1929）を書いた後も、師とのつながりを絶やさなかった。『ヴェーバー論』への礼状でアーレントは、「ユダヤ人」としての自身の立場上、「ドイツ的人物」への「態度表明」は難しいとして、次のように述べている。

> 「ドイツの再起のためには生身の悪魔とでも手を組むだろうというマックス・ヴェーバーの堂々たる文を読むときには、私はそれに対して距離をおく義務があって、賛成も反対もできません」（1933.1.1. アーレント書簡（ヤスパース宛））

　「悪魔」と手を組んでもなすべき事はある、とは、『職業としての政治』を記したヴェーバーの常套句である。しかしここで記されているのは、「悪魔」と結託してでも再起すべき何かとしての「ドイツ」にはコミットすることができない、というアーレントの原則的な姿勢であり、彼女はそれをかつての指導教授に向かってはっきり表明したわけである。

　文脈上、この場合の「悪魔」とはフランスを指す。第1次世界大戦中、フランスの文明に対するドイツの文化の特異性と優位を高唱したわけだから、いくら負けたとはいえ、いまさらフランスと結ぶことは「悪魔」と手を組むも同然であったのだろう。とはいえ、フランスの覇権のもとでのヨーロッパ統合という路線そのものの実現可能性の評価などについてなら、アーレントは態度をとれないわけではないだろう。ただ、文字どおり「悪魔」と手を結んでも、つまり、道義その他いっさいを犠牲にしてでも再起すべき「ドイツ」というものには、距離を置かざるをえない、とアーレントは感じたわけである。

とはいっても、ナチ前夜の高揚するナショナリズムに警戒を解かなかったアーレントにも、或る意味の「ドイツ」を擁護したい気持ち、それに属しているという意識はあった。「私にとってのドイツとは、母語、哲学、文学です。このすべてに私は肩入れできますし、しなければなりません」。しかしヤスパースは、「母語、哲学、文学」の共有だけでなく、「歴史的・政治的運命」を共にすることが、「ドイツ的であること」の条件であると考え、アーレントに、「それ（＝アーレントのいう「母語、哲学、文学」）にただ歴史的・政治的運命を付け加えるだけでいいのです、そうすればもはや何の違いもありません」と書き送った（1933.1.3.ヤスパース書簡（アーレント宛））。アーレントの「ドイツ」＋「歴史的・政治的運命」＝ヤスパースの「ドイツ」、というわけである。

これにはさすがにアーレントは反発せずにおれなかった。

「歴史的・政治的運命をあっさりつけくわえるわけにはいきません。その運命にユダヤ人が参与を許されたのはどんなに遅く、しかも不完全でしかなかったか、結局は当時よそ者扱いされていた者の歴史にどんなに偶然なことから入ってしまうことになったか、私はあまりにもよく知っているからです」（1933.1.6.アーレント書簡（ヤスパース宛））

「母語、哲学、文化」を共有することもそれほど容易なことではないし、自明なことでもない。しかし「歴史的・政治的運命」の共有となると、いっそうの困難と曖昧さがつきまとう。何をどうすれば、共有していることになるのか、同じ運命のもとにいることになるのか。他者を「隣人」として包摂することと、結局は（いつまでも）「よそ者」として排除すること、その境目は不透明である。

奇しくもこの文通から3ヵ月後には、それまで同じ国民として「ドイツ」に同化していたはずの「非アーリア系の出自の者」、すなわちユダヤ人の公職追放を可能にする法律が成立することとなる。

「歴史的・政治的運命」は、ヴァイツゼッカー演説でも、「同一の歴史を生

き抜いてきた」「民族の共通の運命」という言い方で強調されているのだが、相変わらず厄介な概念であることに変わりはないだろう。今や全人口の5パーセントを占めるイスラム系移民とその子孫にとって、フリードリヒ大王の偉業であれホロコーストであれ、それらの歴史はどういう意味をもちえるのか、「過去の克服」という課題がどのような意味で共有可能なのか。難問である。

「歴史的・政治的運命」をつけ加えさえすればよい、と、この時点で、よりによってユダヤ人のアーレントにあてて書いてしまえる感性――ここに露呈しているヤスパースの盲点は、ナチ政権成立後は、妻でユダヤ人のゲルトルートとの間で、たびたび口論の種となっていたらしい。

「私の夫は1933年のあと、よく申しました。『トルーデ、わたしがドイツなのだ』と。そんなに気楽にいわないでほしいと私は思ったものです」
（1946.4.17. ゲルトルート・ヤスパース書簡（アーレント宛））

むろん、ユダヤ人の妻とともに徐々に圧迫されていくなかで、自己を奮い立たせる口吻でもあっただろう。しかし、その論理を額面どおりにうけとれば、どうなるか。ヤスパースが「ドイツ」であるとすれば、ナチ・ドイツのその他大勢は、何なのか。ヤスパースと彼（女）らとは、別の「歴史的・政治的運命」を生きていることになるのか。それともヤスパースは、ナチ前夜のアーレントと似たような立場に、つまり「母語、哲学、文化」としての「ドイツ」にのみ属すことになったのだろうか。

「歴史的・政治的運命」をめぐるヤスパースとの文通から3ヵ月後のナチ政権成立を見届けてまもなく、アーレントはパリに移り、さらに1940年、米国に亡命している。この間ヤスパースとの文通はほとんど途絶えていたが、敗戦後、二人のあいだで再び頻繁に手紙が行き交うことになる。その背景には、ヤスパースが情報や物資の面での困窮から、アーレントの支援を頼みにしていたという面もあった。この戦後の文通においても再び、「ドイツ」とは何か、「ドイツ人」であるとはどういうことかが話題になっている。

3章 「過去の克服」は克服されるのか

「ドイツが破滅したいま［…］私ははじめて虚心に自分がドイツ人であると感じています（私の『マックス・ヴェーバー』の本に「ドイツ的人物云々」の副題をつけたときには、内面の抵抗を克服する必要があり、当時の状況のなかで克服した

図2　ドイツ書籍協会平和賞授賞式（1958）。左からゲルトルート・ヤスパース、受賞者ヤスパース、テオドール・ホイス大統領、祝辞を述べたアーレント。ゲルトルートは大統領の隣に座れず、ご機嫌斜めだったといわれる（Copyright "Boris Spahn/ Friedenspreis des Deutschen Buchhandels"）

のですが）。どういう意味においてわれわれはドイツ人なのか——それはなんら絶対的なものではありえませんが——これをきっちり語れるようになりたい」（1946.6.27. ヤスパース書簡（アーレント宛））

　ナチ前夜、副題と序論での「ドイツ的人物」についての語りは、内心では不承の、窮余の策だった。が、2度目の敗戦後のいまこそ、自分はドイツ人であると感じている、このことがなにを意味するか、自分でもはっきりさせたい、というわけである。こうした思いは、すでにみたように、『罪責論』にもあらわれていた。
　対してアーレントは、「私の夫も一年前、ほとんど同じ言葉で同様のことを言っていた」、「心底揺さぶられた」と返信したが、それ以上に立ち入ることはなかった（1946.8.17. アーレント書簡（ヤスパース宛））。この間、『罪責論』その他に即しながら、ドイツの責任問題について2人は応答を繰り返したが、「ドイツ人としての自己意識」を引きうけたいとの思いについて、ヤスパースは、ナチ前夜の文通の経緯もあって、もっと直截にアーレントの理解を求めたかったのかもしれない。アーレントのハイネ論を引き合いに出し

109

て、次のように問うている。

「あなたもやはり――あなたの性格描写によればハイネのように――ユダヤ人であるとともに、かつドイツ人でもあるのではないでしょうか？　私にはどうしてもそうとしか思えないのですが、あなたはそうでありたいとお望みかどうか。それとも私の妻のように、拒絶なさいますか？」（1946.10.19. ヤスパース書簡（アーレント宛））

ユダヤ人の妻からは得られなかった「ドイツ」への連帯を、同じ女性でユダヤ人のアーレントからとりつけたかったのだろうか。ナチ前夜、つまり形式的・法律的にはユダヤ人がまだ普通のドイツ市民でありえたあの時点においてさえ、アーレントは「歴史的・政治的な運命」を簡単には共有できないと述べていた。それを、ナチ・ドイツの出来事のあとで、「ドイツ」への連帯表明を期待しえると、ヤスパースはどうして思えたのか、不思議といえば不思議である。アーレントは次のようにヤスパースに宛てて記した。

「私の国民的帰属（ナショナリティ）を述べねばならぬ状況に立たされているかぎり、私は政治的には、つねにユダヤ人の名においてのみ語るでしょう。私には、あなたの奥様にとってよりも容易です。私はこれらのことすべてから遠くはなれたところにいるし、それにいちどとして自分は「ドイツ人」だと自発的に感じたことも、そう主張したいと感じたこともないからです。残るのは言語ですが、それがいかに重要かは、好んでというより、むしろ望まないのに、他言語を話したり書いたりするとき、はじめてわかります」（1946.12.17. アーレント書簡（ヤスパース宛））

1964年のインタヴューでは、「ユダヤ人として攻撃されたなら、ユダヤ人として自己防衛しなければなりません」と述べているが、同じ趣旨だろう。ドイツ人としてでないし、世界市民や人権の名のもとにでもない、とも、この後年のインタヴューでは付言している。ドイツ人への「同化」や世界市民・

人権への「抽象」は、或る意味むなしい「逃避」であって、政治的に適切な態度ではない、というわけであろう。

「ドイツ」をめぐる問いはその後も、両者の間でくすぶり続けたようだ。アーレントとしては、同化主義の陥穽にしばしば落ちる夫に対してと同様、なかばあきれながら師につきあっていたのかもしれない。

「各人が自分の政治的権利と責任を果たしたいと思うところ、そこの文化的伝統をもっとも居心地よいと感じるところを、自由に選択できるように事態が変化してゆくこと」(1947.6.30. アーレント書簡(ヤスパース宛))が理想だというアーレントに対し、ヤスパースは、「国民」の問題、政治的責任の選択の自由についての意見には同意できるが、「文化的伝統」の選択という考えには違和感を抱くとし、こう述べる。

「選択できず、「引きうける」しかないもの、そういうものもある。最良の最も正義にかなった世界秩序が実現したとしても、それがなくなることはないでしょう。私にはこのことが欠陥ではなく、積極的なことと思えます。たとえときには痛みに満ちたことであろうとも」(1947.7.20. ヤスパース書簡(アーレント宛))

「国民的心情の高揚」についてヤスパースは、ナチ前夜にすりよったが、もう二の轍を踏まないと肝に銘じている。しかし、「ドイツ人の自覚」は捨てられない。バーゼルに移住(1948)してからは、伝え聞くドイツ国内の情勢に関して、もはや仲間ではないとの気持ちも起きるが、いっそうドイツ的なものへの愛が自覚されることもあった。いわば、かつて批判したトーマス・マンと同じように、政治的単位としての「ドイツ」を外から眺める立場に立ったわけだが、そのとき彼は、その「政治的運命」を、誰とどのように共有しようとしていたのだろうか。

(4) マルクス主義の評定——ローザ・ルクセンブルク殺害をめぐって

　ヤスパースとアーレントの戦後の争点としてもう一つ興味深いのは、マルクスあるいはマルクス主義の評価である。アメリカにおける赤狩り、つまりマッカーシズムのうちに、アーレントはマルクス主義への無思慮な排撃を見て、むしろマルクスの或る面、つまり「正義への情熱に取り憑かれた革命家マルクス」を救いあげようとした。対してヤスパースは、マルクスの情熱は「不純」で「正義に反し、否定的なものを糧にしていて」「似非預言者の憎悪の権化」にすぎない、との否定的な見解を述べている。そもそも前述したように、『現代の精神状況』(1931) においてヤスパースは、破壊的な性格をもつ三つの主義・思潮として、「精神分析」「人種理論」に並んで「マルクス主義」を挙げていた。

　下部構造・無意識・生物学的素質などに遡及して決定論的な仕方で理論が組み立てられた場合、人間にふさわしい価値の一切が否定されることになる、もっと根本的にいえば、自由な存在者としての人間そのものを破壊しかねない。こうした立論は、科学哲学者カール・ポパーが後年、「マルクス主義」をはじめとする「歴史主義」と「精神分析」との二つを、似非科学として告発したことを、先取りしているといえるかもしれない。

　「マルクス主義」の問題は、「人種理論」の場合と同様、たんに理論的な話ではなく、その実践の帰結でもある。マルクスの「厄災」としてヤスパースの念頭にあったのは、ヴァイマール期のマルクス主義のさまざまな運動・形態であろうし、さらに、ヴェーバーの場合に似て、ロシアへの懸念もあったかもしれない。ともかく、戦後のアーレントの主張に接しても、年来の見解を修正する必要はないと考えたようだ。アーレントも、マルクスを読みこむにつれ、ヤスパースの見解にむしろ近づいたようであるが、その詳細は措く。ここではまず、「過去の克服」問題とマルクス主義評価とが、戦後ドイツにおいてどのような連関の中にあったのかについて、第１次大戦敗戦後に虐殺さ

れた女性革命家ローザ・ルクセンブルク（1871-1919）評価をめぐる1962年の言説に即して確認しておきたい。

1962年、ルクセンブルク殺害の当事者ヴァルデマール・パプストが、事件から40年余を経て初めて証言した。ルクセンブルク殺害の現場責任者であったパプストは、1919年1月の反政府蜂起に対する鎮圧行動に義勇軍の一員として加わっていた。彼は1962年になって、つまり訴追の危険が少なくなった時点で、このことをみずから証言したのである。

図3 ローザ・ルクセンブルク
（http://de.wikipedia.org/w/index.php?title = Datei:Rosa_Luxemburg.jpg&file-timestamp = 20071109022050）

彼の証言の意図は、「［1919年の殺害事件］当時は、赤色テロよりも白色テロのほうがひどかったのだ」との一般にみられる見解を批判し、自身の行為の正当性・必要性を強調することにあった。「たったふたりの、しかもモスクワの手先として民衆を扇動している者の命のほうが、ベルリンの街角で戦っていた数百のドイツ人の命よりも、価値があっただろうか？」——騒動を一刻もはやく鎮め、流血拡大を避けるために、確信をもって殺害を命じた、あの判断と行為はいまでも間違っていなかったと信じている、とパプストは述べた。

問題なのはその翌月、政府の新聞・情報庁の官報が、パプストの証言をとりあげたことである。記事の主題はルクセンブルク殺害ではなく、「ピークの役割」だった。パプストは鎮圧の経緯を語る中で、ルクセンブルクらとともに逮捕した共産党員ヴィルヘルム・ピークについて、その後の尋問で仲間を売ったために釈放された、と証言したのである。ピークは東ドイツ建国（1949）から1960年に没するまで、同国の大統領だった。1962年当時はベルリンの壁建設がはじまって間もないころで、東ドイツとの緊張が高まっており、パプストの証言は、東ドイツの威信を傷つける格好の攻撃材料となったのである。

この官報の記事のねらいは、ピークの醜聞（のうわさ）をとりあげ、東ドイツの面目をつぶすことにあったわけだが、パプストの証言を紹介する文脈で、ルクセンブルク殺害について次のように総括した。

「パプストは、軍法に則（のっと）った射殺に対する責任を争うつもりはない。しかし、はなはだ苦しい状況下にあって、ただそのようにしてのみ内戦を終結させ、ドイツを共産主義から救えるのだと確信して行った、と断言している」

　パプスト自身は、「軍法に則（のっと）った射殺」とは述べていない。むしろ、法からの逸脱を明晰に自覚した上で、それでもなお、つまり法を超えてでも殺害する必要があると判断し、命令した、と述べている。したがって「軍法に則った射殺」とは官報の記事の判断・評価であった。
　アーレントは、J.P. ネトル『ローザ・ルクセンブルク』（1966）についての書評で、ルクセンブルク殺害についての西ドイツ政府の見解として、上にあげた官報の一節に言及している。

「第1次世界大戦後にモスクワがドイツ全土を赤色帝国へ編入することに失敗したのは義勇軍のおかげであったとし、リープクネヒトとルクセンブルクの殺害は、まったく合法的な、『軍法に則った処刑』であったとしている」

　前半の見解についてアーレントは批評していない。一定の妥当性は否定しがたい、と考えていたのかもしれない。アーレントが厳しく批判しているのは、後半の見解、つまり「合法的な、『軍法に則った処刑』であった」との見解である。当時の共和国政府、つまり社会民主党上層部は、義勇軍の行為を黙認し、事実上支持していたふしさえあるのだが、それでも少なくとも公式には、処刑を「軍法に則った」合法的なものとはしていなかった、というのである。

官報の記事に載っている「軍法に則った」というたった一つの表現を、西ドイツ政府の公式見解とみなしてよいかという問題はのこる。実際、官報の記事の後、リープクネヒトの遺族が東ドイツ政府の意向によって担ぎ出され、訴訟が起こされたが、被告は西ドイツ政府あるいは首相・大統領ではなく、官報を発行した新聞・情報庁の責任者フェーリクス・フォン・エッカートだった。

　当時はもちろん今日でも、政府・国家の公式見解とはいえないかもしれない。たとえば2007年、民族主義の政党NPD（ドイツ国家民主党）の政治家イェルク・ヘーネルが、ルクセンブルク殺害は「テロに対する決然たる行為」で「政治的に必要」だったとし、反ナチ活動で処刑された共産党員にちなんだ「アントーン・ゼフコウ通り」を「パプスト通り」に改名せよと要求した。すぐに告発され、1審では罰金の判決を受けている（2008）。「政治的に別の考えをもつ者を排除すること」が正当であるかのような印象を与えるもので、言論の自由の限度を超えている、と判断されたのである（2009年、上訴審でも控訴棄却）。

　どうだろうか。この判決の立場からすれば、1962年の官報の「軍法に則った」という一語の含意は、言論の自由の限界を超えているとまではいかなくとも、「政治的に別様に考える者」の排除を正当化する方向にあった、といえるだろう。

　大勢としていえば、いまのところ、「ゼフコウ通り」に代えて「パプスト通り」を要求する声がマジョリティとなることは考えにくい。旧東ベルリン地区のアレクサンダー広場近くで交叉する「カール・リープクネヒト通り」と「ローザ・ルクセンブルク通り」は、ドイツ統一後も、その名前を保持しつづけている。とはいえ、ルクセンブルクを適切に捉えなおすための条件は、東西冷戦終結後、まちがいなく、整いつつあるといえそうだ。

　歴史家のハンス＝ウルリヒ・ヴェーラーは、パプストが1970年まで、一度も告訴されることなく西ドイツですごしたことを「大いなる謎」とし、西ドイツ司法当局の不作為を暗に批判している。パプスト自身はすでに述べたように、雑誌その他のインタヴューで殺害への関与を認めていたにもかかわら

ず、任意の事情聴取では関与を認めず、別の裁判の証人としての出廷要請にも、病気を理由に応じなかったのである。

　ルクセンブルク殺害の真相究明に関するボン政府の及び腰・サボタージュを批判するヴェーラーはしかし、ルクセンブルク伝説の「相対化」も不可欠と考えているようである。そもそも、ルクセンブルクが仮に、その後、正式な取扱いを受けていたとしても、処刑をまぬかれたとは考えにくい、というのがヴェーラーの見立てである。

　さらに、「他者の自由」を尊重した自由の闘士ルクセンブルクというイメージが流布しているが、これも誇張された（間違った）イメージであり、修正が必要とヴェーラーは見ている。「自由とはつねに、別様に考える者たちの自由である」という彼女のことばは殊に有名で、先にみたNPD（ドイツ国家民主党）の政治家への判決理由にも、（それと明示せず）援用されていた。

　が、このことばは、そもそもロシアの共産主義者（レーニン）との論争のなかで出たもので、共産主義という理念を同じくする、いわば仲間内での具体的方針・路線・戦略をめぐる思想・議論・表現の自由を要求している。それ以外、つまり、共産主義の理念を共有しない連中、SPDや資本家その他の者たちのための自由を要求しているわけではない。同じ文脈でルクセンブルクは、「社会主義革命の突撃車に立ちはだかる者は、ばらばら死体でくたばることになる」とも記している。後述のクルト・トゥホルスキーの文言と同様、その比喩の含みを解すべきではある。そもそも暴力行使を（どのていど）許容していたのか、細かな議論の余地はあろう。が、ヴェーラーによれば、その発言・行動から総合的にみて、ルクセンブルクが保守派その他の仇敵の自由を、共産主義者の自由と同等に尊重しようとしたなどということはありえない、というのである。

　ルクセンブルクの理論と実践をどう評価するかについては、これからも議論が続きそうだが、彼女とリープクネヒトの殺害が、戒厳令下の即決裁判（軍事裁判）のための最低限の手続きさえ欠いた、その意味で非合法なものだったことについては今日、ほとんど異論はないようだ。二人のカリスマ指導者の殺害について、悪質さのニュアンスの強いermordenでなく、より中立的な

töten という表現を用いたがる保守的な歴史家エルンスト・ノルテでさえ、次のように記している。

「狙撃兵ルンゲと教唆した者の行為は、道徳的・法的には正当化できない。無防備な捕虜の殺害を意味するからである。しかし、この真理を語りながら、次のことを付言しない者は、嘘をついていることになろう。カール・リープクネヒトとローザ・ルクセンブルクは、自身の意思にまったく反していた、あるいは半ば反していたとはいえ、反政府蜂起の先頭に立っていたこと。ロシアではこの1年で、逮捕され・無防備な敵となった数百・数千の人――そのうち350人はヤロスラヴリ蜂起の捕虜である――が、裁判手続きなしに、チェーカーによって射殺されたこと。このことは、狙撃兵ルンゲを教唆した士官たちには周知の事実だった、ということである」

ノルテは、合法的な処刑だったとの1962年官報の含意はとらないし、両者の殺害は「法的」にはもちろん、「道徳的」にすら正当化できない、という立場をとる。が、つづく長弁舌でノルテがいわんとしているのは、殺害は不法・非道徳だったが、或る意味では必要だった、ということである。命令者のパプストと似た論理だが、さらに一歩先まで行っている。パプストの動機はさしあたり、眼前の騒動での流血拡大を避けることだったといえよう。が、ノルテの場合は、仮に蜂起が成功して、モスクワと通じた共産主義国家が成立した場合、数百ではすまないドイツ人の命が、ロシアの秘密警察によってなされたように、野蛮なしかたで失われたかもしれない、という論理である。こうした立論は、1986年に始まる、いわゆる「歴史家論争」の火種となったのと同質の論法である。

(5) テロリズムの「現実」と言説――ノルテの「歴史修正主義」

そのエルンスト・ノルテは、「歴史家論争」最中のインタヴューで、「スターリンによるトロツキスト迫害とヒトラーによるユダヤ人迫害を、はっきり平

行させて」いるとして、アーレントの全体主義理論の先駆性を積極的に評価している。

　アーレントは10数年ほど前から、政治学・社会学・倫理学その他、さまざまな関連で注目されるようになってきているが、一昔前は（たんに私の印象ではないと思うが）それほどではなかった。不興の理由のひとつは、『全体主義の起原』（1951）だっただろう。同書でアーレントは、ナチズムとスターリニズムに通底する思想・実践を、「全体主義」として概念化し、その問題性を批判しているからである。

　彼女のこのスタンスは、東西冷戦の状況下、反共的とみなされ、忌避・無視された面がある。また他方では、ホロコーストというユダヤ人がこうむった前代未聞の悲劇性を、あるいは加害者としてのナチ・ドイツの残虐性を、スターリニズムとの平行化・比較によって、「相対化」してしまっている、という批判もあった。これら2方向から、「同列に語るな」という反発が、アーレントの理論に向けられていたわけだが、そのうちのひとつは東西冷戦の終結とともに弱まりつつある。もうひとつは、イスラエルをとりまく現実政治の力学とリンクしていて、はっきりと解消方向にあるとはいえない。「ホロコースト産業」（ホロコーストに関する出版物や報道が商業的に氾濫する事態）への批判もあらわれる一方、「表象の限界」をめぐる思弁的な議論の多くは——よしあしはともかく——「ホロコースト」に照準をあてることで、「ホロコースト」の空前絶後というトポスを守ることになっているようにみえる。

図4　「生への列車・死への列車」ベルリン・フリードリヒ通り駅前に設置されたユダヤ人迫害の記念碑。ユダヤ人児童の国外救出運動（38-39年）と、後年の強制収容所への移送をモチーフとする（共著者撮影）

逆にいえば今日、アーレントが積極的・肯定的にとりあげられる場合、二つの相互に相乗しうる意図あるいは効果が伴いうる、ということである。つまり、共産主義批判とホロコーストの相対化である。
　ノルテは、アーレントがスターリニズムとホロコーストを「平行」させたとの指摘に続いて、次のように述べている。

　「平行性、類似性は、全体主義という概念のもとに両者を包摂することを正当化しはするでしょうが、私が明らかにしたのは、それだけではありません。時間的な差異も明らかにしました。つまり、史的な由来、時間的な発生のようなことを、全体主義理論に組み入れたのです」

　ノルテは、「時間的な差異」といういかにも抽象的な言い方によって、悪いのは敗戦国ドイツだけではない、戦勝国ソ連もひどかった、という相対化を許すような主張の、さらにその先に進もうとしているのである。
　スターリンのテロ、さらにさかのぼれば、ボリシェヴィキに反対したS.P.メリグーノフ（1879-1956）が報告しているような、レーニン時代のテロが、時間的にヒトラーやナチズムのテロよりも先行することは、むろん、いまさら・ことさら明らかにすることではない。ノルテがいいたいのは、ヒトラーやナチズムのテロが、ロシアの赤色テロなしにはなかった、ということである。この「因果性」については、いくつかレベルがありうる。
　たとえば、テロの手法をヒトラーやナチが知り・まねた、というつながりがありうる。文明化された20世紀であっても、一定の集団をターゲットにして、物理的に殲滅できること、そのようなことがありうることを、思い知ったということがある。さらには、赤色テロについての、（真偽未詳の）さまざまな情報にさらされ、赤色テロへの恐怖・不安をいだいたドイツ人たちの、意識的あるいは無意識的な（防衛）反応として、ナチズムが成立し、支持された、ということがありうる、というのである。
　これらいくつかの意味、あるいは、いくつもの意味において、ロシアのスターリニズムこそがナチズムの原因である、といった主張を可能にするよう

な仮説とその追証に、ノルテは最初はおずおずと、その後はますます公然と、コミットしている。1994 年には、「アウシュヴィッツの嘘」に関する仮説までも彼の作業仮説リストに加わったらしい。

　ノルテの主張のいちいちあるいはその基本関心については、さまざまに批判されているので、別にゆずる。ここでは「歴史家論争」の渦中にノルテが指摘・強調した、「赤色テロへの恐怖・不安」という論点についてのみ立ち入っておきたい。

　「赤色テロは、その犠牲者の数からすれば、白色テロのそれよりはるかに悪い、とはいえない。しかし、赤色テロは、基本的に別種の次元に属していた。ある階級への所属そのものが死に値すると宣告され、レーニンは『死すべきブルジョアジーの犬や豚ども』からロシアの大地の浄化を要求し、ジノビエフは冷血に 1000 万の人間の絶滅をもくろみ、広く伝えられているところでは、セバストポリやオデッサの水兵たちは、きれいな指の爪の持ち主をだれかれなく撃ち殺したと言われている。そうだとすれば、白軍が行った戦争捕虜の大量殺戮によるよりも、はるかに深い恐怖が、赤軍のテロによって呼び起こされるのは当然だった」

　ドイツに限ってみても、白色テロのほうが多く、かつ重要人物を標的にしていたこと、さらに判決が概して甘かったことは、ヴァイマール共和国成立から 2 年後および 4 年後、すでにエーミール・グンベルが調査し、公表していた。この点は、ノルテも争うつもりはないだろう。しかし、赤色テロと白色テロとは、質的に異なり、対する心理的反応・イメージが違っていた、というのである。

　たしかに、ロシアの赤色テロについて、虚虚実実、さまざまな情報やうわさが、第 1 次世界大戦後のドイツにはあふれていた。なかには意図的に流された悪質なデマもあっただろう。事実（正しい情報）への反応かどうかも、その広がりの程度も不明だが、ともかく、赤色テロあるいはロシアへの（漠然とした）不安・恐怖のようなものが、ある程度ドイツ人の間に成立してい

た、とはいえそうだ。そんな中、平和主義者として知られるクルト・トゥホルスキー（1890-1935）が1927年『世界舞台』誌に発表した「デンマークの野」という文章に、次のような1節があった。

「おまえたちの子供の遊び部屋に、ガスが忍び入りますように。緩慢に倒れますように、幼い子らよ。教区議員や編集長の妻、彫刻家の母、銀行家の姉妹——彼女たちは、みんなまとめて、苦しみに満ちた死にみまわれればよい」

ここだけ取り出すとぞっとする文章だが、むろん文脈がある。デンマークは、第1次世界大戦中、中立を維持したため、戦禍をまぬかれた。そののどかな「デンマークの野」からドイツをながめれば、殺人を殺人としてうけとめない態度、宣伝など、戦争への機運が否定しがたく存在する。にもかかわらず、だれも警戒していない。

第1次世界大戦中、戦意高揚の言説・行為にかかわった者たち、毒ガスを用い、あるいは売って儲けた者たちへの怨嗟。それと気づかぬうちに忍び寄る危機によって、死ぬということがありうること。あるいは、戦争を警戒・忌避するには、そもそも死の恐怖・悲嘆を身近で知らねばならぬのか、というのが、テクストの趣旨とよめる。しかし、刺激的な文言は、その文脈から切り離され、ドイツ左翼インテリによる「赤色テロ」の呼びかけの証拠として極右の文献のなかで、たびたび引用されることになったらしい。

「歴史家論争」においてノルテは、自身に向けられた批判への反論のなかで、まさに上記のトゥホルスキーの文言に関連して、次のように述べた。

「たとえば、次のようなことが既成の文献にはみられるが、それは強みではなく、弱みである。つまり、ヴァルター・ラーテナウ（引用者注・ヴァイマール共和国初期の有力な政治家で、暗殺当時外相）殺害についての、民族主義の報道の側の恥ずべきコメントはよく引用されるのに、根本的にはいっそうはなはだしくひどい、1927年のクルト・トゥホルスキーの文章は、

引用されない。そこでは、ドイツの教養層の婦女子がガスで死んでほしいとの願望が、なまなましく表明されている。私のみるところ、極右の文献のなかにのみ、この文章は引用されていた。その種の文献に、おおまかにであれ、目を通すことは、現代史家の職業義務であろう。ただし、その文章は、それらの文献でおしなべてなされているように、それだけ切り離して引用されるべきではない」

ラーテナウの殺害は、トーマス・マンのいわゆる「転向」表明や、共和国保護法制定の機縁となるほど衝撃的な事件であった。むろん、極右の新聞・雑誌では、死者に鞭打つような侮蔑、犯人や殺害行為を正当化・美化する恥ずべき言説があふれていたのだろう。しかし、ノルテからみると、トゥホルスキーの文章のほうが、「根本的にはいっそうはなはだしくひどい」のである。文脈からみて、はたして妥当な評価だろうか。文脈から「切り離して」、つまり都合よくトリミングして用いるべきではないとの戒めを、ノルテ自身が守れているかどうかも、怪しい。

（6）歴史をかたるということ――召喚される悪霊の影

本章の前半では、ドイツ人としての自尊心が、他民族・他「人種」としてのユダヤをターゲットとして、守護・高揚されていく、ナショナリズムの問題を、後半では、マルクス主義に対する「不安」あるいは「恐怖」なるものの歴史的評価の「政治性」の問題をとりあげた。

敗戦や東西冷戦などの政治力学に応じて、それぞれ前景に出たり、背景に退いたり、といった変転はあったわけだが、「ユダヤ人」と「マルクス主義」とのいずれも、資本主義国家としての（西）ドイツにとっては、自己意識の否定的媒介として作用してきた面があったわけである。むろん、このことは、第2次世界大戦後にはじめて成立した事情ではなく、まさにヴァイマール共和国時代、ドイツを徘徊する最悪の亡霊として恐れられていたのが、両者のハイブリッド、つまり「ユダヤのボルシェヴィズム」なるものだった。

3章 「過去の克服」は克服されるのか

　ボルシェヴィズムの理論家や政治家のなかに「ユダヤ人」がいたことはたしかな事実だが、ボルシェヴィズムを総体としてユダヤのもの、たとえばユダヤの「策謀」とみるためには、オカルト的な飛躍がいるだろう。にもかかわらず、ヴァイマール期には、「ユダヤ」と「ボルシェヴィズム」との本質的連関が信じられ、恐れられていた面があったのである。

　たとえばハイデルベルク大学の私講師エーミール・グンベルが1924年、第1次世界大戦を「不名誉な戦場」だったと述べて懲罰されかけた事件がある。いわゆる「グンベル事件」である。戦死者をどのように語るのか、という問題は、国民国家にとって、ナショナリズムと反戦をめぐるきわめて難しい焦点であることは、現在でも変わらない。

　むろん、「不名誉な戦場」というたったひとつの発言が、厳しい処分要求の理由だったわけではない。軍組織に対する告発をしたり、右翼に甘い司法を批判していたことなども背景にある。彼はUSPD（独立社会民主党）でルクセンブルクらの一派と合流したが（1917）、1月蜂起の際には、議会内改革を支持する右派として袂を分かち、その後、社会民主党に入党（1920）、さらに後年、トゥホルスキーらの平和主義活動にも加わり、「ガス殺」のファンタジーの載った雑誌『世界舞台』にも寄稿している。個人的面識がどの程度あったかは不明だが、ルクセンブルクやトゥホルスキーと接近遭遇していたことはまちがいない。こうした平和主義・社会主義の活動のせいで、保守的な大学同僚たちにずっと目をつけられていたところに、「不名誉な戦場」発言が格好の隙をあたえた、ということだったようだ。同大教授だったヤスパースは、懲罰する必要はない、むしろ大学人としての意見表明の権利を守るべきだ、と述べたが、教授会では全く支持されなかった。

　1933年のナチ政権成立後、グンベルは最初の市民権剥奪者33人の名簿にリストアップされ、フランスへの亡命を余儀なくされた。グンベルの専門は数学・統計学だったが、活動家としてもかなり「有名」だったわけである。1940年には、アーレントの場合と同様、米国に亡命した。

　グンベルがドイツを追われた理由には、ユダヤ人である、ということも含まれていただろう。ルクセンブルク、トゥホルスキーも、ユダヤ人だった。

リープクネヒト、クルト・アイスナー、ラーテナウら、ヴァイマール期に暗殺された政治家たちのなかにも、ユダヤ人が目立つ。ヴァイマール共和国創建に深くかかわったフーゴー・プロイス、ルードルフ・ヒルファーディングもユダヤ人だった。

　ボルシェヴィズムやその赤色テロへの恐怖が、ユダヤ人への憎悪と結びつくこと。これは、たんに統計的な問題ではない。イメージ形成の偶然性、そして、いったん形成された「先行判断」の修正の難しさ、という問題である。もっと原則的にいえば、さまざまな仮説を、それぞれの蓋然性のその都度の更新へと開いたまま、あくまでも仮説として保ちつづけること（研究あるいは学問）と、仮説から一定の判断・行為へと移行することとの違い、その見極めの当否という問題である。たとえばユダヤによる世界征服のシナリオを定めたとされる『シオン賢者の議定書』は、今日でこそ学問的には偽書とみなされているが、当時は本物とうけとられることも多かったのであろう。

　そうした「証拠」から、あれこれのユダヤ人の言動が目につくようになる。と同時に、逆に、あれこれのユダヤ人が目につくからこそ、『シオン賢者の議定書』のような「証拠」の信憑性がますます高まることになる。こうした悪循環にいったんはまり込んでしまえば、そこから逃れること、逃れさせることは、容易なことではなかったはずである。現在のわれわれが、時間と場所の隔たりに安穏として、簡単に裁けることではない。

　たとえば、泥沼の日中戦争への突入、日米開戦などの、日本の失敗・「不幸」な過去の背後に中共ひいてはコミンテルンの陰謀があったかもしれないとの仮説が、どのように扱われ、あるいは受けとられうるか、つい最近、われわれはまざまざと目にしたばかりである。

　もっと最近の過去のことでいえば、生物化学兵器への不安から開始された討伐的な戦争に加担し、情報操作されていたことが判明した後も、平然として恥じることなく、その点での当時の判断を正当化してしまえるとすれば、あるいはそうした（自他の）正当化の言説を（だまって、忘れて、気にも留めず事実上）許容してしまっているとすれば、いったいどういう資格・理由でもって、「ユダヤのボルシェヴィズム」に対するヨーロッパの、とりわけナ

3章 「過去の克服」は克服されるのか

チ・ドイツの魔女狩りの狂乱を批判できるのか？

　ノルテのような「歴史研究」の意図とその効果の害悪は明白であるようにみえる。研究者ノルテの人間的な無神経ぶり、その「研究仮説」の扱いのパフォーマティヴな意味の不適当さは、イスラエルの歴史家ザウル・フリートレンダーを招いたディナーの席上での、いわば「歴史家論争」の前哨戦において、すでに露呈していたことだった。ノルテが、「作業仮説」だけでなく、トゥホルスキーの文言の発見についてもとくとくと話しはじめたとき、フリートレンダーは席を立ち、ノルテの妻に「タクシーを呼んでいただきたい」と述べたという。

　さらに、「歴史家論争」を通して専門外にも広く知られるようになった彼の作業仮説が、「ユダヤのボルシェヴィズム」という「悪霊」召喚術であることを、エルンスト・トゥーゲントハットがいち早く警告し、ノルテを「ともに語る」学者仲間・同僚・相手ではなく、せいぜい「それについて語る」対象とみなしたことは、いかにも言語哲学者らしい慧眼だったし、幼少のころ家族ともどもチェコからスイス、さらにベネズエラへと逃れたユダヤ人としては当然の反応でもあっただろう。

　「ユダヤ」と「ボルシェヴィズム」という二つの「脅威」を結びつけ、わかりやすい敵＝「悪霊」として具体的にイメージ化させること。すでに見え透いた手口ではあるはずなのだが、かつてホロコーストへの導線のひとつとなった危うい語り／騙りでもあって、その扱いは、たとえ研究名目であっても、慎重であるべきだ、とは一般にいえるだろう。しかし実際にノルテのような「歴史研究」の個々の具体的内容と効果とを正確に批判していくことは、そう容易なことではない。仮説としては、或る意味でいつまでも似たような論法が浮上してくるだろう。その都度の蓋然性の細かな評価という地道な作業が、必要とあらば、続かねばならないのである。

(奥波一秀)

ドイツいまむかし
予防接種としての歴史教育

　1990年代末、旧西ベルリン地区の落ち着いた住宅街にある、とある古書店に立ち寄った時のこと。日本人留学生を珍しいと思ったか、中年の店主が声をかけてきた。哲学者ヨーハン・ゲオルク・ハーマンと指揮者ハンス・クナッパーツブッシュの資料を探していると言うと、「いまのドイツの大学生でさえほとんど知らないのに」とお世辞をいい、店の奥に飾ってあるフルトヴェングラーのサイン入りポートレートを見せてくれ、さらに『音楽におけるユダヤ人事典』をひっぱり出してきた。ユダヤ系の音楽家の名前と略歴をリストアップした事典である。

　ナチ期の本やパンフレット・資料を表の棚においておくことは、道義的に憚られるだけでなく、法律上も問題になりうる。ハーマンにクナッパーツブッシュ、古き良きドイツに理解のありそうな、かつての同盟国からの研究者なら、ということで出してきたのだろうか。もしユルゲン・ハーバーマスやオットー・クレンペラーを探していると言ったら、あんなに気前がよかったかどうか。

　法律上は、『わが闘争』をはじめとするナチ・イデオロギーの出版物は一般に販売禁止で、研究目的での専門家のアクセスだけが許可されている（ことになっている）。出版物だけではない。ナチのシンボル「卍」の使用、党歌《ホルスト・ヴェッセル歌》、常套句「ジーク・ハイル」なども禁止されている。しかし、ベルリン博物館島の蚤市では、アルフレート・ローゼンベルク『20世紀の神話』、スチュアート・チェンバレン『19世紀の基礎』など、ヤバそうな著作が無造作に店頭に並べられていた。

　戦前・戦中の「負の遺産」に対する法規制は、現代ドイツにとってどのような意味を持っているのだろうか。

　2006年、ヴュルテンベルク州の通販業者がカギ十字のマーク入りTシャツやバッジを販売したとの容疑で逮捕・公訴された。この件は大きな話題を呼んだ。なぜなら、日本や韓国などでたびたび見られるような

ファッション感覚ではなく、ましてやネオナチ運動の政治シンボルとして使用したわけでもなく、まさにナチへの反対・批判を意図し、カギ十字を斜線や拳で否定する図柄だったからである。

デフォルメされた図柄とその批判的意図にもかかわらず、禁止行為のカギ十字使用に当たるとして、地裁は杓子定規にも、押収品の没収と罰金刑を言い渡した。しかし控訴審では「憲法に反する組織への反対姿勢、そうした組織のイデオロギーと戦う姿勢を、明白・判明な仕方で表現」している限り法令違反に当たらないとの判断が示され、最終的には穏当なところに落ち着いた。

しかし、控訴した地裁の判断には正当な理由もありうる。カギ十字のもとに苦しめられ、肉親を失った人は、たとえ「×」の格子越しであっても、カギ十字には触れたくないかもしれない。イスラエルでは、ヒトラーに顕彰されたリヒャルト・ヴァーグナー（彼自身も確信的な反ユダヤ主義者だった）へのタブー感はいまだに根強い。表現の自由や芸術の尊厳を損なうとの意見もあろうが、ヴァーグナーの旋律が被害者たちのフラッシュバックを誘う可能性も危惧されてしかるべきである。過去をリアルに想起させようとするあまり、意に反した誤解をまねいてしまったフィリップ・イェニンガー連邦議会議長の演説の失敗（1988）、イスラエル国会でのドイツ大統領ホルスト・ケーラーの演説が「ドイツ語」でよいかどうかが取りざたされたこと（2005）、これらも似たような問題に触れている。

ナチの記憶を封印したいなら、いっそ黒塗りにしてしまえばよい。西ドイツの刑法は事実上そのような措置をとってきた。日本も敗戦直後、教科書に墨が塗られ、皇国史観や軍国主義の封印・解毒が試みられた。

しかし、その弊害は明らかだろう。黒塗りにしたのでは、そもそも何を批判・否認していたのかさっぱりわからなくなるどころか、ナチなどなかったことにしてドイツの暗い過去を抹消したい歴史修正主義者にとっては好都合この上ない。ナチを批判し拒否するためには、ナチという歴史的事実をしっかりつかまえ、手元にもっていなければならないの

である。ナチを批判するデザインが、ナチのシンボルを自身のうちに生かさねばならない、ということ。「否定」は、否定すべき当のものを保たねばならない、つまり或る意味で「肯定」しなければならない、という哲学的にも興味深い問題がここにはある。

　では、現代のわれわれはナチ期をどのように記憶すべきなのだろうか。

　たとえ「×」が付されていたとしても、「×」の背後のカギ十字から、ゴルゴンのような妖力が突き刺してくるかもしれないし、「×」印が形骸化して免罪符のように利用され、結果的にネオナチを利するかもしれない……。こうした破滅的な呪力や瘴気の猛威を封印することは、とくに敗戦直後には不可避の措置ではあったろう。

　この問題はウィルスの比喩で捉えるとわかりやすい。1985年の西ドイツ大統領ヴァイツゼッカー演説でもじつは決定的なところで、その比喩が用いられている――「過去に目を閉ざす者は、現在に盲目となる。非人間性を覚えようとしない者は、新たな感染の危険性に対して、再び抵抗力をもたなくなる」。

　直接的にナチに感染した者は、回復し、免疫力を保持しなければならない。ではナチを経験しなかった後世の者たちには何が必要なのかといえば、予防接種である。予防接種は、制御された条件の下で意図的にウィルスに曝し、触れさせ、染める。多少の発熱等はあっても抵抗力・免疫力をつくる。危険なウィルス一般を完全かつ最終的に除去できないとすれば、無菌室のもやしのように、箱入り娘のように育てるだけではだめで、雑菌やウィルスに、一定の管理下で晒し馴らし、耐性をつくらねばならない。

　危険なことである。予防接種で死ぬケースもある。慎重な検討が必要だし、接種後の経過観察も欠かせない。

　歴史の「予防接種」を決定・管理する医学者に相当するのが、歴史家をはじめとする研究者ということになろう。しかし専門家だからといって、ウィルスを完璧に把握できるわけでもないし、自身感染しない保証があるわけでもない。ナチがそもそも何であったか、対策がどうあるべ

きかについては、専門家の間でも意見が完全に一致しているわけではない。そのうえ、ネオナチなど、ウィルスの突然変異・新種ウィルスの登場は待ったなしである。意見が一致しないからといって、ナチの過去についての教育を一切合切、留保・停止する、というわけにもいかない。

この点では、日本の状況も褒められたものではない。大東亜の大義・自存自衛やコミンテルンの陰謀についてのいくつかの「仮説」が、研究室から半ば意図的に漏らされ、すでに感染例が出始めているようにも見える（いわゆる東京裁判史観こそが、凶悪で致命的なウィルス、という逆の見方も、もちろんありうるだろう）。

原則的には、あらゆる情報・仮説に対して開かれていることが望ましい、と私自身は思う。しかし、乳幼児に避妊法を教えることはおかしいし、各種予防接種にも適切な年齢があって、早すぎる接種は無駄どころか生命に関わる。どのような情報・仮説も野放しでよいとは、やはりいえない。少なくとも義務教育課程までの青少年に対して、どのようなことを教えるのが望ましいか、逆にいえば、どのようなことは教えないでおくのが望ましいか、という問題は残り続ける。歴史教科書問題とは、たんにページ数や授業時間数の制約の問題ではなく、たんに真偽や仮説の蓋然性の争いの問題でもない。国民自身が主権者である国家にとって不可避の、危うい課題なのである。

（主要参考文献）

カール・ヤスパース（飯島宗享訳）『現代の精神的状況』理想社、1971.
カール・ヤスパース（樺俊雄訳）『マックス・ウェーバー』理想社、1965.
カール・ヤスパース（橋本文夫訳）『戦争の罪を問う』平凡社、1998.
L. ケーラー／H. ザーナー（編）（大島かおり訳）『アーレント＝ヤスパース往復書簡』みすず書房、2004.
R.v. ヴァイツゼッカー（山本務訳著）『過去の克服・二つの戦後』日本放送出版協会、1994.

4章 「もうひとつのドイツ」の記憶
――東ドイツに生きた人々とともに――

はじめに

　1989年7月末、当時の東ドイツ社会主義政権に生じた深く大きな地殻変動を、私はハンガリーの首都ブダペスト郊外にある1軒の民家の居間で体験していた。

　その場に一緒にいたのは、当の東ドイツからバカンスに訪れていた市民たちの一行である。その民家は元々空き家であり、必要があれば隣国ルーマニアの独裁を逃れた難民たちの一時宿泊所として提供される場所のひとつでもあった。家具もほとんどないささくれた床板の上に、家族連ればかり20人余りがあらかじめ持参したシーツや毛布を敷いただけで雑魚寝し、水も食料もすべて持ち寄りの2週間程度の旅行が「バカンス」だというのは、彼らにとって普通のことだった。

　ごく平凡な日本人留学生の私がなぜそんな所に居合わせたのか、という事情は後述するとして、ある晩、現地語（マジャール語）でやたらに「ドイツ」「ドイツ人」と繰り返すラジオ放送が耳に入った。私たち一行のうち、言葉を解する数人がラジオの周りに集まり、頭を振りながらしばらく聞き入ったあと、「DDR（東ドイツ）市民がどんどん西側大使館に押しかけているらしい」と他の人々に伝えた。

　東欧革命前後のメディアの報道ぶりを後から振り返ると、騒然としている大使館周辺の様子や、自国民の大量亡命に困惑する東ドイツ政権幹部の表情ばかりが捉えられていたように思うが、私の周囲にいた人々の反応は淡々としたものだった。もちろんそれは、目前の事実に動じないという意味での「淡々」とは異なり、さまざまな衝撃や戸惑い、動揺を秘めたものであったは

ずだが「それなら自分も」と色めきたってその場で亡命請願に加わろうとするような者は一人もいなかった。当時の引率役だった40代の牧師夫婦は、体制批判派として日頃から有形無形の不利益に耐えてきた立場でもあったが、私たちとは別の場所に宿泊させていた学生だけのグループにすぐに連絡を取り、興味本位で現場に向かったりしないよう強く言い聞かせた。

「これまで経験したことのない事態が起きている」という漠然とした感覚はあったものの、大人たちの脳裏にはかつて東欧諸国で繰り返された武力弾圧の記憶がよぎってもいたのだと思う。「万一、若者たちが興奮して西側へ渡ってしまったり、突然軍事介入が起きて私たちの誰かが危険な目に遭ったりしたら、DDRで留守番をしている親族や友人たちに顔向け出来ない」「自分たちが逃げたことで、国に残った人々がもっと酷い目に遭うかも知れない」「西へ行きたい人々の気持ちもわかる。でもこんなに突然、身一つで知らない土地へ行ったってどうしようもない。故郷や人間関係まで捨てたくない」訥々とした会話がしばらく続いた。

幸い、私たちの一行はその騒乱に巻き込まれることもなく旅程を消化し、最後は西側へ戻る私だけがブダペストからウィーンへ向かう国際列車へ乗り込み、彼らは数台の自家用車に相乗りして東ドイツへの帰途についた。この時点で既に相当な数の東ドイツ市民が故国を捨てていたにも関わらず、そのまま事態がエスカレートし、わずか数ヵ月後にベルリンの壁の開放にまで至る、などとは彼らも私も予想だにしていなかったどころか、ブダペストの駅で別れを惜しんだときは、互いにまた東西国境に隔てられた生活に戻り、後の人生で再会できることはもう二度とないかも知れない、という思いで涙が止まらなかった。自分たちの鼻先をすり抜けて続々と西側へ渡り、東側にはない自由な生活や溢れる物資を手にするであろう同国人たちがいても、彼らはやはり「東ドイツ」がいま帰るべき場所だ、帰りたい、と口々に語った。

身近な人々が私の耳に残したそうした言葉は、1990年以降、ベルリンの壁が突き崩された11月9日を回顧して「自由を抑圧され続けてきた国民がついに東ドイツを見捨て、なだれを打つように西側へと脱出した」という総括が繰り返されるたびに、薄暗い影のような違和感とともに蘇ってくる。東ド

イツ国民が長年、自国で奪われていた言論や移動の自由、物質的豊かさを切望していたのは確かだが、その願いが叶って社会主義ドイツが地図上から消えたことで、この国の 40 年分の歴史まで世界史年表から削除されてしまったわけではない。まして、今から初めてドイツ史やドイツ語を学ぼうとする人々が、東ドイツについて無知であってよい理由にも決してならない。統一から既に 20 年を経た現在のドイツにも、かつて存在した二つのドイツの記憶を背負う人々が織り成す様々な言説・現象が存在するし、たとえ大学の単位取得や専門研究のためではなく、ごく趣味的にドイツの現代アートや映画、ポップカルチャー等に親しむにしても、旧東ドイツについての基本的な知識なしにはその面白さを理解できないものが非常に多いのである。では、1989 年の思いがけぬ激動の片隅で、私の友人たちが静かに「故郷」と見定めて帰って行った「東ドイツ」とはいったいどんな国だったのか。本章で簡単に振り返ってみよう。

（1）敗戦と占領統治──「崩壊社会」からの出発

　ナチ・ドイツが西側連合国に無条件降伏し、第 2 次世界大戦に敗北したのは、日本よりも数ヶ月早い 1945 年 5 月 8 日のことである。その直後、降伏前に自殺したヒトラーから予め後継者に指名されていたカール・デーニッツが連合国側に捕らえられ、ナチ政権は完全に終わりを告げた。

　そして 6 月 5 日、終戦間際の徹底した空襲で瓦礫の山と化した首都ベルリンで、米・英・仏・ソ連の各軍司令官が会合し、この 4 カ国によるドイツの分割占領・共同統治の開始を宣言するとともに、その最高機関として連合国管理理事会が設置された。こうしてドイツは戦勝国の占領下に置かれ、賠償と復興への厳しい歩みを開始することになった。

　その「歩み」の具体的な道筋、すなわちドイツ占領統治の基本方針は、ポツダム会談（1945 年 7 月 17 日～8 月 2 日、ベルリン郊外の都市ポツダムで開かれた）で決定された。参加したのは戦勝 4 ヶ国のうちフランスを除く米・英・ソ連の 3 国であり、ここで採択されたポツダム協定は「ドイツ軍国主義

4章 「もうひとつのドイツ」の記憶

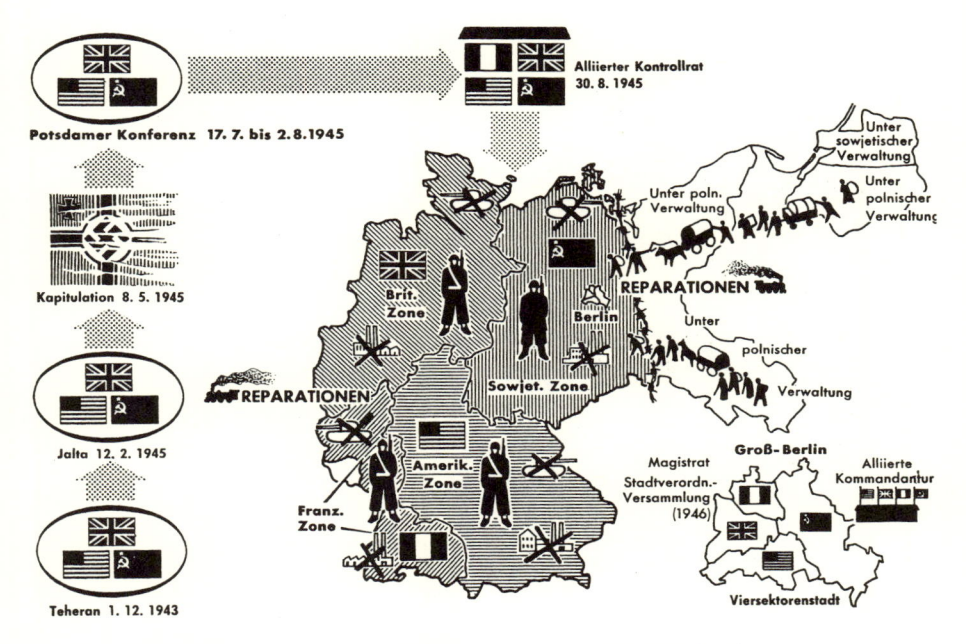

図1 戦勝国によるドイツの分割占領　ベルリンの位置に注意。右下はベルリン市内分割の拡大図
（Walter Göbel, *Deutschland nach 1945*（Abiturwissen）, Klett, 1994, S.21）

とナチズムの根絶」をドイツ占領の最優先事項とし、ドイツの民主化・非軍事化・非集中化、そして政治・地方行政・教育その他、社会のあらゆる領域における「非ナチ化」（旧ナチ党員をはじめ、ナチズムに親和的な人物を公職から追放し、団体活動を禁止すること）の推進を掲げた。

　なお、この時点ではまだドイツを東西に分断する構想が示されていたわけではなく、4つの占領地区は経済面での一体性をあくまで維持しながら賠償取り立てに臨むこと、ナチ・ドイツが侵攻した領土については1937年末のドイツ領のうち、東プロイセンの北半分をソ連管理下に、オーダー・ナイセ川以東をポーランド管理下におくことを取り決めた。しかし、総体としてポツダムでの協議はスムーズに展開したとはいえず、それらの協定内容は随所で各国の利害が対立した末に数々の妥協を重ねた問題含みのものでもあった。

133

また、会談に招聘（しょうへい）されなかったフランスは、自国の占領方針が必ずしもポツダム協定に制約される義務はないと解釈しており、4カ国のなかでも独自性の強い政策を推進していった。

このように、ドイツの分割占領統治は当初から足並みの乱れを内包していたうえ、いざ滑り出してみると数々の実務的な困難が待ち受けていた。現在のベルリン観光の玄関口の一つであるツォー駅付近に建つカイザー・ヴィルヘルム記念教会は、当時の苛烈な空襲による破壊の痕跡をあえてそのままにとどめているが、ベルリンに限らず、ドイツ国内の都市の多くは膨大な量の瓦礫で覆われ、日用品や食料も欠乏し、敗戦直後の市民生活の混乱と困窮ぶりは後年「崩壊社会」と称されるほどに深刻な状況であった（→第1部「2章」参照）。さらに、ポツダム協定で決定されたドイツ東部の国境線の西方移動により、その外側に居住していた1,200万人を越すドイツ人が難民として流入し始めたため、彼らの処遇に関する諸制度の策定も占領統治の大きな課題として浮上した。

また、占領方針の柱とされた非ナチ化も、机上で構想されたほど単純には進まず、西側3国の占領地区においては、いったん公職を追放されても教員などの専門職は結果的に極度の人員不足に陥り、すぐに復職を果たすケースも少なくなかった。これに対し、後に東ドイツとなるソ連占領地区内では、非ナチ化という名目で行政や教育機関の要職が次々に旧ナチ党員やその支持者が多かった有産階級から共産主義者にすげ替（か）えられていった。そこでは実質的に「共産主義化の完了」＝「非ナチ化の完了」とみなされた結果、ナチズムを反省する議論を政治や教育のレベルで継続し、深化させる前提が失われてしまった。このことは、西側占領地区で連合国主導の「非ナチ化」の手

図2 ポツダム会談が開かれたツェツィーリエ宮大広間の外観
（共著者撮影）

法とその実効性をめぐり、長年にわたって賛否両論が燻(くすぶ)り続けた状況とは大きく異なる流れであった。

(2) 占領軍政下の東西対立――冷戦の開始とドイツ分裂の予兆

東部ドイツを占領下に置いたソ連の狙いは、ドイツ分断よりもむしろドイツ全土の共産主義化・中立化と、自国の戦後復興のためにドイツから徹底的に賠償を取り立てることであったが、ドイツ最大の工業地帯であるルール地方は西側占領地区内に位置していたた

図3　現在のカイザー・ヴィルヘルム記念教会を中心街クー・ダム（クアフュルステンダム）からのぞむ
（共著者撮影）

め、ソ連はこの地域の共同管理を強く要求した。だが、西側3占領国の中核であったアメリカは、ソ連共産主義の影響力が西方へ拡散することを懸念する一方、厳しすぎる賠償取り立てはドイツ自体の戦後復興を妨げるとして反対し、この両国を主軸とする利害対立は早々に先鋭化した。こうした内情のもと、全会一致を原則とする連合国管理理事会は、設置されてから1年足らずでその主導力をほとんど失う結果となった。

ただ、それとともに4占領地区の経済的一体性を保とうとする流れがあっさり断たれてしまったわけではない。アメリカにしろソ連にしろ、分割占領ののち、いずれは経済的にも政治的にも全占領地区を統合して「ドイツ」を復興させるというシナリオを描いていた点では共通しており、様々な駆け引きが続けられた。しかし、その過程でソ連に主導権を与えないため、差し当たり西側の3占領地区を統合して分割統治の勢力均衡を保とうとするアメリカの努力はフランスの抵抗にも遭って中途半端な結果に終わり、46年12月に「米英合同占領地区」を成立させるに留まった。そして、この米英合同占

領地区の出現がソ連・フランス双方との溝を余計に深め、やがてドイツの東西分裂という事態を招き入れてしまうのである。

　1947 年 3 月、アメリカはソ連共産主義の本格的封じ込めを企図して「トルーマン・ドクトリン」を発し、武力衝突ではなく経済政策によって米・ソが対抗する「冷たい戦争（冷戦）」の幕が上がった。

　このような国際状況を背景とした占領軍政の空中分解を回避するため、1947 年 5 月にはドイツ全土の州首相レベルで意思統一を目指す「ミュンヘン会談」の開催が企図されたが、失敗に終わった。直後の 6 月にはトルーマン・ドクトリンを補強する形で再びアメリカから「マーシャル・プラン」が発表され、これにソ連が参加しなかったことで分割占領体制の東西分裂は決定的となった。そして 1948 年 3 月、ソ連を除いた西側 3 国とベネルクス 3 国だけで構成されたロンドン 6 カ国会議では、将来の「西ドイツ」という部分国家の樹立勧告がなされ、ソ連はこれに抗議してついに連合国管理理事会を離脱した。この時点で同理事会は完全にその統治機能を停止してしまった。

　ドイツを自分たちの手中に収めようとする東西両陣営の最後の攻防となったのが、1948 年 6 月 20 日の「通貨改革」である。西側 3 国の占領地区は従来の通貨であったライヒスマルクを一方的に廃止し、新たにドイツ・マルクを導入した。戦争の後遺症としての極度のインフレはこの措置によって解消し、西側占領地区の経済は一気に正常化した。

　これを見たソ連は直ちに独自のマルク通貨を導入し、23 日には西側 3 国のベルリンからの撤退を要求して西ベルリンと西部ドイツを結ぶ陸路・水路・鉄道を封鎖し、あらゆる物資の供給を阻止しようとした。だが 3 国はこの要求を拒否し、翌 24 日から 49 年 5 月にソ連が譲歩するまでの約 1 年間にわたり、空路のみで物資を輸送する「空の架け橋」作戦を敢行した。

(3)「二つのドイツ」建国──「東ドイツ」の誕生

　通貨改革を発端としたソ連によるベルリン封鎖、その対抗措置としての「空の架け橋」作戦という 1948 年の劇的な展開は、西欧諸国やアメリカ国内の反

共ムードを一気に煽り立て、西ドイツという部分国家の成立を何が何でも阻止しようとするソ連の思惑が完全に裏目に出る結果となった。ベルリン封鎖直後の48年7月1日、米英仏3カ国は先に述べたロンドン会議の勧告を受けて作成された「フランクフルト文書」を以って西側占領地区に憲法制定議会を召集する権限を与え、その議長には戦後新たにキリスト教民主同盟（CDU）を結成したコンラート・アデナウアーが就任して西ドイツ憲法（正式名称は「ドイツ基本法」）の制定作業を急いだ。そしてベルリン封鎖が解かれた49年5月12日からわずか2週間後の23日、ドイツ基本法は発効し、ドイツ連邦共和国（BRD、西ドイツ）が成立した。初代大統領にはこの憲法制定議会のメンバーでもあった自由民主党（FDP）のテオドア・ホイス、首相にはアデナウアーが選出された。

いっぽう、ソ連占領地区内部においても、当初その意図はなかったにせよ、事実上は東ドイツ建国への布石となる変革が次々に行われていった。たとえば、ポツダム協定によって再建が認められた諸政党（共産党、社会民主党、自由民主党、キリスト教民主同盟）のうち、発足から1年足らずで共産党と社会民主党がソ連側の圧力を受けて強制的に合同させられ、ドイツ社会主義統一党（SED）が成立した。また社会主義経済への転換も1945年の秋から徐々に開始されており、工業の国有化と、土地改革による大土地所有者からの農地没収・自作農への再分配がその柱となった。

しかし、これらの変革にソ連占領軍の意向がいかに強く反映されていたとはいえ、占領国とその指示を実行するドイツ人との間にはつねに復興の主導権争いが存在した。そこで47年6月、ソ連占領地区では特に経済政策面での利害調整のために「ドイツ経済委員会」が発足し、占領国に対してドイツ人自身が被占領国の意向を代表する中央機関となった。とはいえそのメンバーはSEDの党員で占められており、実質的には占領地区内の一党支配の強化に貢献する組織でしかなかったが、1948年2月にはこのドイツ経済委員会に立法権が与えられ、後の東ドイツ政府の母体となった。翌3月には後の国会の原型となる「人民評議会」が設立され、ここでまとめられた憲法草案が49年10月7日に発効してドイツ民主共和国（DDR、東ドイツ）が成立し

た。初代大統領には SED 党員のヴィルヘルム・ピーク、首相には元社会民主党員のオットー・グローテヴォールが就任した。

(4)「一党独裁」への道

東ドイツ成立により、それまでソ連占領地区と呼ばれていたドイツの東半分は、ソ連本国を司令塔とする東ヨーロッパの社会主義諸国家（今日でいう「旧東欧圏」）のひとつとなり、西ドイツとはまったく異なる一党独裁型の政治体制を形成していった。また、1950 年 2 月にはシュタージ（国家公安部）を設置し、秘密警察を組織して反体制派の監視や弾圧を正当化する仕組みも創出された。

1950 年 7 月、SED はソ連の肝煎りで共産党出身の初代副首相であったヴァルター・ウルブリヒトを書記長に選出し、政権の主要ポストを独占した。直後の 9 月に東ドイツは経済相互援助会議（COMECON、コメコン）に加入し、東ヨーロッパ諸国との経済関係も強化された。

ウルブリヒト体制下では国内産業の国有化と農業の集団化が加速し、51 年 11 月には第 1 次 5 ヵ年計画が始動した。この計画では石炭・鉄鋼を柱とする重工業部門の振興が最重要課題とされ、工業生産高は 5 年間で倍増した。このことは戦争・占領・さらに冷戦によって極度に弱体化した東部ドイツの経済再建を示す成果ではあったが、その陰で軽工業部門の生産はおろそかにされ、市民の日用品は常に欠乏していた。

また行政面では、それまであった 5 つの「州（Land）」に代わって 14 の「県（Bezirk）」が設置され、州単位の自治を尊重する伝統的な連邦制の基盤は姿を消した。さらに教育制度も戦前までのドイツの伝統とは大きく異なり、労働者と農民の子弟を優遇する全国一律のシステムが導入された。

これと並行して、外交面では共産主義圏内で東ドイツを西ドイツとは別個の国家として承認させる手続きも進められ、1949 年 10 月にはブルガリア、ポーランド、チェコスロヴァキア、ハンガリー、ルーマニア、中華人民共和国、11 月にはアルバニア、朝鮮民主主義人民共和国との国交が結ばれた。ま

た翌 50 年 7 月には、ポーランドとの間にゲルリッツ条約を締結し、オーダー川とナイセ川（通称「オーダー・ナイセ線」）がドイツ・ポーランド間の国境として国際的に承認された。

(5) 50 年代の政権危機から「ベルリンの壁」建設へ

　前述したように、重工業偏重の経済復興計画は日常生活物資の慢性的な不足を招き、ただでさえ戦争で疲弊した国民のあいだには不満が募っていった。また、急速な社会主義的変革による思想・言論統制をはじめとした文化的環境の変化を嫌い、西ドイツへ逃亡する人々も後を絶たなかった。そうした中で 1953 年 3 月、スターリンの死去とともにソ連共産党指導部は路線転換を見せ、ソ連指導部の意向に忠実なウルブリヒトも自身の強権的な采配を和らげざるをえなくなった。この風向きの変化を突いて、同年 6 月 16 日、ベルリンの労働者たちは大規模なストライキを決行し、翌 17 日にはこれに連動して東ドイツ全土で民衆が蜂起し、ウルブリヒト体制を大きく揺るがせた。しかし結局この抵抗はソ連軍の出動によって武力で鎮圧され、政権転覆には至らなかったどころか、蜂起以前からウルブリヒトに「非協力的」と目されていた党員の多くがこの騒乱の引責を口実に粛清され、SED のソ連指導部への依存・追従傾向はかえって露骨になった。この出来事は東ドイツ史においては「6 月 17 日事件」と呼ばれ、これをきっかけに第 1 次 5 ヵ年計画は見直され、消費財・食料品生産はそれまでよりも重視されていった。またソ連による賠償取り立ても 54 年 1 月には停止され、翌 55 年、東ドイツは北大西洋条約機構（NATO）に対抗するワルシャワ条約機構（WTO）の創設メンバーに加わるとともに、9 月にはソ連から主権の回復を認められた。そして、56 年 1 月には東ドイツ人民軍および国防省も設置された。

　だが、市民の抵抗の火種は消えたわけではなかった。1956 年 2 月、ソ連でフルシチョフがかつてのスターリン体制を公然と批判すると（「スターリン批判」）、SED 内部にもこれに同調する人々が現れた。このためウルブリヒトの支配体制は再び危機にさらされたが、同様に政権批判の論調が高まってい

たハンガリーでこの年の 10 月に民衆蜂起が起き（ハンガリー動乱）、これをソ連が武力制圧して再び強硬路線へと転じたことで政権からの転落を免れた。そして、こうした危機が度々繰り返されることを警戒した SED は、56 年 3 月、第 2 次 5 ヵ年計画を発表し、国民の生活水準の上昇と消費財の増産に重点を移した。

　この目標は順調に達成され、社会不安はひとまず収まったかに見えたが、西側への逃亡はいっこうに減らなかった。その主な動機が西ドイツの生活水準との落差にあるとみた SED 指導部は、59 年 10 月にさらに 7 ヵ年計画を発表し、それまで進められてきた農業の集団化と労働ノルマを一層強化した。しかし、このことはかえって労働力の流出を加速させ、東ドイツの経済成長は急激に鈍化し始めた。この頃、東ドイツから西ドイツへの亡命者数は建国以後の累計で 270 万人近くに上り、その大半は当時まだ行き来が自由だった西ベルリンを経由して国を脱出していた。そして、この事態を食い止めるためになされた実力行使が「ベルリンの壁」の建設だったのである。

　1960 年 9 月、初代大統領ピークが死去すると、大統領制は廃止されて国家評議会が設置され、ウルブリヒトはその議長に就任して名実ともに国家権力を一手に収めた。そして 1961 年 8 月、東ドイツ指導部はワルシャワ条約機構の承認のもと、ベルリン市内のブランデンブルク門を境界として同市を東西に分断する長大な壁の建設に踏み切り、東西ドイツ間の交通を一方的かつ物理的に遮断した。このとき東西ベルリンの境界付近に暮らしていた住民の中には、道路 1 本を挟んだ親類や友人宅との間に突然壁が築かれてしまい、一夜にして自由に会うことが出来なくなってしまった人々も少なくない。その悲嘆の深さは計り知れないものだった。

（6）「社会主義ドイツ」の模索

　ベルリンの壁を自力で越えようとする者は監視兵の銃撃に晒される、という脅迫的な措置の断行で、東側から西側への人口流出はほぼ止まった。この状況を背景に東ドイツの経済政策は体制に対する国民の満足度を上げること

4章 「もうひとつのドイツ」の記憶

図4 「ベルリンの壁」が建設される直前、ソ連占領地区側に建つ住宅から家財を抱えて西側占領地区へ逃亡する人々。この道路が東西の境界となった
（Bundesministerium für innnerdeutsche Beziehung, *Der Bau der Mauer durch Berlin: Die Flucht aus der Sowjetzone und die Sperrmassnahmen des kommunistischen Regimes vom 13.August 1961 in Berlin*, Faksimilitierter Nachdruck der Denkschrift von 1961, 1986, S.155）

を重視し、ソ連との交易を強化して独自の成長路線を追求しはじめた。ウルブリヒトは63年6月には経済統制の緩和を促す「新経済体制」を発表し、同じ業種の連合体である人民企業連合を設置し、個々の企業の自由度を高めて労働者の生産意欲の維持を図った。この結果、東ドイツの工業部門はめざましい発展を遂げ、強力な経済力を手にした。こうして東ドイツはコメコン内での発言力を強め、ソ連への従属関係から次第に抜け出していった。

　だが、60年代後半には早くも経済成長は頭打ちとなり、個々の労働現場も50年代よりは多くの自己決定権を与えられていたために生産力にムラが生じて、国民生活の不安は再び増大した。このため政権はあらためて中央集権と経済統制の強化へと回帰し、68年には新憲法を制定してSEDの独裁を法的に正当化した。これは「東ドイツ」が建国当初の「部分国家」という性格を、西ドイツとはまったく別個の独立した「社会主義国家」へと大きく転換させたことを意味していた。

ところで、壁の建設以降に獲得されたという東ドイツ独自の「強力な経済力」の実態とはどのようなものだったのだろうか。「子どもが生まれたら家と車を予約しろ」とは、私が東ドイツ滞在時に周囲の大人たちから苦笑しながらよく聞かされた話である。つまり、住宅と自家用車が欲しくても、購入を申し込んでから手に入るまでに10年や20年はかかる、という意味だ。西側先進国的な感覚で「経済成長」といえば私たちはおそらく、市街は明るく賑やかで、機能的な家電製品や質の良い日用品が家の中に整い、娯楽も多彩になり、人々は服装や食事に趣向を凝らす、といったような光景を思い浮かべることだろうが、東ドイツをはじめとした旧東欧諸国の「成長」や「豊かさ」はそれとは相当に落差の激しいものであったことに留意する必要がある。80年代に入っても電話やテレビは各家庭に普及してはいなかったし、ネジ・クギやペンキといった日曜大工の必需品を買い足すにも、生産量は不足しがちで、西側のように工具店に行けば常時在庫があるような状態ではなかった。目的の物資を手に入れるため、開店前の店の前に早朝の薄暗いうちから行列を作って待つことは「常識」であったし、あらかじめ顔見知りの店員に頼み込んで必要な商品を密かに取り置いてもらうようなことも、不便なのはお互い様という雰囲気のなかでほぼ黙認されていた。SEDに近い立場で働いている人々も、必ずしも一般住民と敵対もしくは隔絶した生活をしていたわけではなく、日常生活においては自分たちが特権的に手にした西側の物品を近隣の人々と分け合い、一緒に散歩や誕生祝いをするなど、一般的な近所付き合いは行われていた。そしてこのように、限られた物資の中で家具や衣服を自作したり、何度も修理改造して使い続けたり、近隣で貸し借りをするといったような行為が定着する中で、東ドイツの地域社会は住民同士の自発的な助け合いの慣習や運命共同体的な連帯感が西ドイツよりも濃密に保たれた、ということもまたいえるのである。

　他方、工業生産偏重の陰で深刻な環境汚染も進んでいた。工場が集中する地域では煤煙も廃液もそのまま屋外に垂れ流しであり、駅に降り立った途端に硫黄のような刺激臭が鼻を突く街もあった。たとえ晴れていても、空や雲は大気汚染で薄い黄色のもやに覆われたようにしか見えず、家々の外壁も灰

褐色に変色し、川岸に行けば水面は泡立ち、土手のはるか向こうに見える工場から草むらの中を延々と剥き出しで引かれた錆だらけの排水管から、緑や茶色の液体が絶え間なく川に流れ込んでいた。そうした状態で住民に健康被害や不慮の事故が出ないほうがおかしいわけだが、その実情は決して公表されなかった。また、アスファルト舗装が施された滑らかな道路も、東ベルリンなど大都市の中心部や、ソ連もしくはSEDの関連施設の周辺にしか見られず、大半の車道や歩道は柱状の石を地面にぎっしりと埋め込んで仕上げる戦前以来の技術のままで、補修もろくにされない有様であった。そんな道路を車で長時間走ると激しい振動が絶えず車体に伝わるため、アスファルト路面仕様の西側の乗用車では予期せぬ故障が発生することもあり、それより数段性能が低く、素人でもある程度修理が可能な国産車「トラバント」のほうが東ドイツ国内を走るには適している、と話す西側の人々もいた。

図5 東ドイツ国産車「トラバント」と、そのシートカバーの広告。1960年代半ば
(Simone Tippach-Schneider, *Das grosse Lexikon der DDR-Werbung*, Schwarzkopf + Schwarzkopf, 2004., S.244)

(7) ウルブリヒト解任とホーネッカー政権下のジレンマ

　終戦以来の競合的・対立的な東西ドイツ関係が大きく変化し始めたのは、1966年、西ドイツに大連立政権が誕生し、外相に社会民主党のヴィリー・ブラントが就任してからのことである。ブラントは69年の小連立政権への転換時には首相となるが、一貫して「東方外交」と呼ばれる積極的な緊張緩和外交を展開し、壁の建設によって一時冷え切ったかに見えた東西ドイツ関係の改善を図った。この方針はソ連側も支持する構えを見せていたが、60年代

の経済成長を背景に自立した社会主義国家としての東ドイツ像を模索しはじめていたウルブリヒトは、こうした東西の宥和路線に反発してソ連の意向と対立することが多くなった。この結果、71年5月にウルブリヒトはソ連の圧力を受けてSED第一書記を事実上解任され、後任には政治局員の中からエーリッヒ・ホーネッカーが指名された。

　ホーネッカー政権下の東ドイツはあらためてソ連との協調を図りつつ、東西ドイツ関係においては従来よりも接近・交流をはかった。だがその基本姿勢は西ドイツの主張する「民族の一体性」に賛同するものではなく、あくまで対等かつ別個の「隣国」として、文化・歴史的価値観の共有よりも経済交流目的の実務的な接触を重視・促進した。1972年末には「両ドイツ基本条約」が締結され、東ドイツと西ドイツが相互に対等な主権と領土を認め合ったことで、国際社会は西ドイツの意向に関わらず東ドイツを主権国家として承認できるようになった。続く73年には東西ドイツは同時に国連加盟を果たし、70年代末までには東ドイツは世界123カ国から主権国家として承認された。またこの時期の生活水準は「東の優等生」と呼ばれたように東欧諸国の中でもトップクラスに到達しており、市民生活は一応の安定を見せていた。

　しかし、ここで一つのジレンマが生じる。「東ドイツ」固有の国家アイデンティティ、即ち「西ドイツ」と明確に異なる「東ドイツ」の存在意義というものは、対外的にも国内的にも「壁」の存在なしには成り立たないものであり、それを維持するためにより徹底した思想・言論統制が行われるのは必然的な成り行きであった。そこで1974年に東ドイツは再び憲法改正を行い、民族の一体性を示唆する概念や表現を削除した。さらに翌75年、全欧安保協力会議に参加して最終合意書（ヘルシンキ宣言）に署名したことにより、東ドイツはついに西側を含むヨーロッパ諸国全域においても対等な主権国家として認められるに至った。

　だが東ドイツが1国家として西側の個々の国家と安全保障上対等になったということは、同時に、そのステータスに相応しい基本的人権の尊重という義務が生じたことを意味していた。この論理に沿って、ヘルシンキ宣言を盾に東西の出入国の自由を正当な権利として要求する市民がインテリ層を中心

に急増し、警戒を強めた SED は 76 年に新たな党綱領を定めてソ連型社会主義モデルの忠実な実現を謳い、イデオロギー教育の強化へ動いた。こうして東ドイツ国内では「人権尊重」どころか、著名な反体制派知識人や芸術家たちをターゲットにした突然の市民権剥奪や国外追放、自宅軟禁処分などが相次ぐ一方、市民生活も日常的にシュタージの監視に晒され、隣人や同僚、実の家族まで巻き込んだ盗聴や密告による深刻な人権侵害が横行した。いったんシュタージに要注意人物と目されたことで被る日常生活での不利益はどこまでも理不尽なもので、多くの市民は反抗的な言葉を飲み込んで生活防衛に徹するしかなかった。

　こうした監視社会の事例にはうんざりするほど多様な手段と程度の差とがあり、その全貌はいまだ完全に解明されたとはいえないが、私自身が見聞した限りでは、たとえばある町の工場で工具が負傷する事故が起き、関係者がそれぞれの親族に電話で安否を伝えようとすると、負傷者の人数を口にしかける度に通話が切れてしまうというようなことが起きたり、西側と近況をやりとりする封書が度々届かずじまいになったり、たとえ届いたとしても蒸気などを使って開封した跡が見えたりもした。それらは監視行為としては比較的軽微なレベルであったとはいえ、自分自身の判断で行動し、語る自由を制限され続けた市民たちが、心の底でどのような政治・社会を渇望していたかは、統一後のドイツ社会の様々な現象を考察する際にも見落とされてはならない。

　そして、国内における西側からの隔離政策とは裏腹に、対外的には国益を第一として西ドイツとの協調姿勢が前面に押し出された。70 年代後半に深刻化した経済成長の停滞を背景に、西ドイツからの財政協力を得ることで計画経済の遂行を支え、

図6　シュタージが手紙を秘かに検閲するために使用した自動開封機
（Anlage zum maschinellen Öffnen von Briefen. Copyright: BStU, Aussenstelle Frankfurt（Oder））

国力の低下を防ごうとしたのである。この内政と外交の相反する方向性は所詮両立しえないものであったはずだが、現実にはあらゆる情報操作を駆使しながらホーネッカー政権において一貫して保たれた。

　そして 87 年 9 月、ホーネッカーは東ドイツの国家元首として初めて西ドイツを訪問し、コール首相との間に経済・環境・科学技術に関する相互協力協定を結んだ。だが、実態としてはこのときすでに東ドイツ経済は行き詰まっており、市民たちは政権の欺瞞(ぎまん)を十分すぎるほど思い知らされていた。建国期以来の生産設備の老朽化と西側に比べた技術水準の低さ、交通・通信網の乏しさは、市民が憧れるような西側並みの生活を実現できるレベルではなかったし、また仮にそのギャップが埋められたとしても、ヘルシンキ宣言以降のなりふり構わぬ言論統制を体感した市民にとっては、SED 政権の正当性を認める理由はもう残っていなかった。実際、この頃には東側市民の多くが西側のテレビやラジオを傍受できることは公然の秘密であったし、建国以来、主に教会関係者を通じて地道に続けられてきていた東西の人的交流や、作家や芸術家などの知識人層がその言葉や表現に工夫を重ねて粘り強く発してきた政権批判の蓄積は、一般市民の間に、言葉や態度には出せないまでも、ある程度客観的・批判的に自分たちの社会状況を捉える視点を育ててもいたのである。

　それにも関わらず、ベルリンの壁開放に至るわずか 10ヶ月前の 1989 年 1 月、ホーネッカーは「壁がそこにある理由がまだなくならない限り、それはあと 50 年、いや 100 年でも存続し続けるであろう」と豪語していた。そして 2 月、兵役を逃れたい一心で壁を乗り越えようとした 1 人の青年に対し、なおも銃撃命令が下されたのである。国境警備隊の銃撃による東ドイツ最後の犠牲者とされるこの青年は、「アメリカに行ってみたい」という言葉を遺していた。西側に生まれ育った人間から見ればまるで取るに足らないと思われるこのような願いが、東ドイツという社会のなかではいかに大きく重い「夢」であったのか。そして、それが何度となく踏みにじられる苦さをかみしめてきた市民たちが同じ年の夏に行った選択が、いかに深い憤りと葛藤を内包するものであったのか。このことに、私たちは折に触れて思いを馳せる必要が

あるだろう。

おわりに

　冒頭に紹介した、私と東ドイツの友人たちによる1989年夏のハンガリー行きには、実はもう一つの隠れた目的があった。ハンガリーに滞留するルーマニア難民の生活支援である。ただのバカンスと称して、数台の車に衣服や食料などの物資を積み込み、2週間余りの日程の間にそれらを複数の手段で難民たちに届けるという計画であり、私は西ドイツで大学生活を始める前に2ヶ月ほど東ドイツを訪れた当時の滞在家庭からこの旅行に誘われ、同行することにした。西側からは私以外に、教会での慈善活動を通じて計画を知ったという2名のドイツ人神学生も合流していた。

　ブダペストで全員が落ち合い、宿泊場所へ向かおうとしていた時、さっそく奇妙なことが起こった。同じく東ドイツから来たという見知らぬ若い夫婦が私たちの一行に声をかけてきて、旅行社の手違いで泊まる場所がなくなってしまったという。次の宿が見つかるまでの間、同じ場所に泊めてくれないかというのである。リーダーの牧師は快く彼らを受け入れたが、その後すばやく私たち西側の参加者を呼び集め「我々東ドイツ人との関係や旅程について、あの夫婦に聞かれてもあまり話さないように。もしかすると密告者かも知れない」と耳打ちした。真相は今でも定かではないが、確かにその晩、夫婦は他のメンバーとはあまり話をしない割に、いかにも西側に興味ありげにこちらには声をかけてきたし、牧師をはじめ、一行の中心メンバー数人と私たちが集まって深夜まで語っているテラスの下に、いつの間にかたたずんでいたりした。「星がきれいなので」と言っていた。

　幸い、夫婦は翌日の市内観光の途中で「宿が見つかった」と告げて去って行き、私は他7〜8名とともにブダペスト市中で行われた東ドイツとハンガリー双方の教会関係者たちによる極秘礼拝、いわば地下集会のような集まりに同行した。会場はとある集合住宅の文字通り「地下室」で、そこにはやはり極秘に呼び集められた数十名のルーマニア難民たちがひしめいており、私

たちは、ほぼ着の身着のままで脱出してきた彼らにまず聖書を配り（その聖書もあちこちから使い古しをかき集めたものだったが）、できるだけ声や音を抑えて礼拝を済ませたあと、ハンガリー側協力者の一人が小さなメモの束をかざして生活のための闇労働を斡旋していった。難民たちは、おそらく見かけほど年を取ってはいないのだろうが、すでに70代以上の老婆にも見える女性が多かった。

　無事に集会が終わり、引き上げようとしたとき、その女性たちが次々に私と西ドイツ学生の周りに集まってきた。ほとんど言葉を発さず、身振り手振りだけだが、よく見るとそれぞれが皺くちゃの紙切れや葉書らしきものを私たちに渡そうとしている。意図がよくわからないまま、彼女たちが指さす紙面を覗き込んでみると、ウィーンや西ドイツの住所や名前が記されていることに気づいた。そして、そこを指差しながらこちらの手に紙片を握らせ、祈るように両手を組んでみせたり、何か書くような仕草をするのを見たとき、それが「連絡を取ってくれ」という意味だとわかった。記されている名前はほとんどが男性らしい。夫なのか、息子なのか、とにかく家族の誰かがずっと以前に国を出て、落ち着いた先からよこした便りなのだろう。しかし葉書などの古さから判断して、すぐに見つかるあてもなければ、見つかったところで会える保証もほとんどないように思われた。それでも彼女たちは、集会に西側の人間が参加しているのを知って、わずかなチャンスを見出したのだろう。その縋(すが)るような視線に、私は返す言葉がなかった。こうして社会主義独裁下の人々の将来に関わろうとしている自分はなお傍観者にすぎないのか。それともすでに当事者なのだろうか。

　密告の危険を厭わず「バカンス」の真の目的を無事に果たし、友人たちが帰っていった東ドイツは、彼らが耐乏や監視に苛(さいな)まれる中で粘り強く培ってきた抵抗精神や市民としての連帯感の源でもあった。それがたとえ、望まぬ偶然で課された人生のなかでやむなく獲得されたに過ぎないものであったとしても、統一後に新たに生じた雇用や教育をめぐる数々の難題を前に、彼らが拠り所としているのは依然としてこのモノや金に依らない人間的信頼と連帯感である。その姿を「自立心に乏しい2級市民」扱いし、「オスタルギー

（やはり社会主義ドイツがよかった、と懐かしむこと）」などと冷笑する西側出身者も多いが、なんと浅薄な認識だろう。今ここにある「自由」のかけがえのなさをより深く理解しているのは、元々「自由」が保障された社会に生まれ育った者のほうだ、などとどうして決め付けることができよう。何事にも「自由」が溢れ返る社会が時に「自己責任」という手厳しい理屈によって「持たざる者」の足を竦（すく）ませてしまう事例は、私たちの身近にいくらでも見出すことができるはずだ。

　そうした時、たやすく心が折れて「強いもの」や「声の大きな者」に屈してしまわないためには何が必要かということを、東ドイツを生き抜いた人々は図らずも体現しているとはいえないだろうか。現在起きていることの理由は必ず過去にあり、また、過去と現在をどう連続的に捉え、どのような考えのもとに行動するか、ということがいつしか未来の社会像を決定していく。そうした能動的な歴史感覚を失うことなく、目の前に飛び交う映像や言葉の端々に、かつて存在した「もうひとつのドイツ」の痕跡を捉え続けていってほしい。

（北島瑞穂）

ドイツいまむかし

震災の日

　本書の他の執筆者と異なり、私は現在研究職には就いておらず、民間企業でごく一般的なフルタイム労働に従事している。従って、学会への参加や何らかの取材目的で定期的にドイツを訪れたり、月あるいは年単位で長期滞在したりするような機会はもう10余年来持っていない。

　正直なところ、学術研究というフィールドを離れたことで、自分の生活や思考とドイツ語やドイツ史、ヨーロッパ事情との距離感は急速に増すだろうと覚悟していた。大学研究室に出入りしなくなれば、同じ関心を持つ人々やドイツ語圏出身の教員たちと日常的に言葉を交わすこともなくなるし、最新の研究書や雑誌等々の言説にじっくり目を通す時間も取れなくなる。まして生来が怠惰な我が身のことだ。おそらく年に数

回、現地の知人たちに手紙やクリスマスカードを書いたりする以外は、ことさらドイツとの接点を保つ努力などしないだろう、などとさめた思いにとらわれていた。

　だが、実際に大学を離れてみると、私が折々のドイツの動向に触れずに過ごしたことは、意外にもほとんどなかった。インターネットが普及したおかげで、現地の定時ニュースやラジオ放送は日本の自宅に居ながらにしていつでもチェックすることができたし、思い立った時に電子メールを送れば1日も待たずに知人たちと連絡が取れる手軽さは、20年余り前に毎日郵便受けをのぞいて手紙の返事を待っていた頃からすれば隔世の感があった。

　これがひと昔前ならどうだったであろうか。私が初めてドイツへ留学した1980年代後半、航空郵便が西ドイツとの間を1往復するまでには最短でも1週間程度、集配のタイミングによっては10日ほど見込んでおく必要があったし、東ドイツであれば平均してその倍以上の日数がかかり、運が悪ければ郵便そのものが行方不明になることもあった。そして当然ながら、日本国内で当たり前に大手新聞やテレビだけを見ていても、毎日のようにドイツからのニュースを見聞きすることはなかった（それは現在でも変わらないが）。かといって、欧州地域の新聞や週刊誌を漏れなくチェックし続けるには図書館や各種資料室に「通う」どころか「住む」に等しい勤勉さが求められており、私のように忍耐に乏しい性格の人間が現地の世論や個人レベルの生活実感を知ろうとすれば、相当な覚悟と改心が必要だった。

　そうした非効率は90年代に入るとかなり改善され、積極的にインターネット環境を整えて毎日のように現地情報にアクセスする学生たちも増えてはいたが、それはまだある程度経済的に恵まれた層にとどまっていたと思う。私自身が日常的にパソコンで仕事を進め、SNSなどに参加して普段はなかなか会えない人々との交流を楽しむようになったのも、大学を離れて現在の職を得てからのことだ。

　2000年代以降はさらに劇的な変化が進んでいる。とりわけ、ここ数年

で急速に広まった「ツイッター」は、私にとっては気が向いた時にいつでも海外情勢をキャッチできる非常に手軽なツールとなっている。国内外の主要な通信社や新聞・テレビのツイートをフォローし、分刻みで流れてくるヘッドラインを暇に任せて読み漁っていると、現地に住んでいた頃よりもよほどマメにドイツ語圏や英語圏の情勢に接している自分に気づく。もちろん、こうした習慣はいわゆる「学術的な」考察や現地滞在の密度には遠く及ばないが、学生時代のたった数年の海外体験が、その後の日常生活にこれほど多くの刺激を与えるものになるとは、自分でも予想していなかった。

　だが、ツイッターのように即時性が極度に高い情報流通には必ず功罪相半ばする側面がある。それを思わぬ形で体感させられたのが、いわゆる「東日本大震災」の最中であった。私自身は東京在住で直接の被災を免れた立場だが、地震発生の直後に携帯電話でツイッターにアクセスした際、画面に並んだ海外メディアのヘッドラインが既に日本の地震報道で埋め尽くされている様子にやや面食らった。特に、ドイツは地理的にも地震そのものにほとんど縁がないため、地震災害については昔からやや浮き足立って報じる傾向があるとはいえ、今回はそれを割り引いても桁違いの衝撃が現地に生じていることが分かった。と同時に自分の中にも、何かこれまでの経験にはないことが起きている、という緊迫感があらためて湧き起こってきた。

　とりあえず、実家の家族と親しい友人に無事を知らせるメールを送り、さて他にはどこに連絡を、と考えたとき、とっさに旧東ドイツの友人たちの顔が浮かんだ。それまでは出先で日本からドイツに携帯で連絡するほどの急用など一度もなかったが、この報道ぶりであれば彼らとて聞き逃すはずはなく、相当なショックを受けているはずだ。念のため「無事です。心配しないで」と送信しておいた。

　すると驚いたことに、真っ先に届いた返信はドイツからのものだった。「連絡ありがとう！みんなで朝からずっと心配していたよ！！」心から安堵している雰囲気が文面から読み取れた。もちろん、メールに物理的

距離は関係ないとはいえ、国内よりも国外の相手と真っ先に安否連絡が取れた現実には、嬉しい半面、どこか奇妙なものを感じた。

　だが間もなく、そんな感慨に浸るどころではない事態が起きた。原発事故である。

　地震発生時は一定の距離感を持って整然と続報を発信していた海外メディアも、原発の被災・異常発生が明らかになると一気に騒然となった。続いて施設内で爆発が起き、放射性物質拡散の恐れが報じられたとたん、ツイッターには「何月何日、何人の日本人が、どこの国に入国した」などという愚にもつかない「速報」がロイター等の通信社から公然と流れ始めた。ドイツではヨード剤が、ウィーンでは線量計が売り切れたなどというニュースも入りだした。そして案の定と言うべきか、再びドイツから真っ先にメールが飛んできた。「大丈夫なの？いつでもドイツに来て！いつまで居たって構わないから！」

　有難い気遣いなのは確かだったが、その場は当惑したというのが正直なところである。危険がないとはもちろん思わないが、そう簡単に日常を放棄できるはずもない。遥か海の向こうで最悪の想像に苛(さいな)まれているらしい相手に、どう返答して納得させたものか……などと思案しているうちに、今度は東京電力や日本政府の「情報隠蔽」への疑惑が欧米メディアを中心にツイッターに乱れ飛び始めた。それを受けた在外日本人や欧米寄りな日本の「識者」にリードされ、糾弾の論調はどんどんヒートアップしていく。「海外メディアは隠蔽だと指摘している。日本は何をしているのか」「欧米の報道のほうがよほど正確だ。日本の報道は信用するな」等々、辛辣(しんらつ)で皮肉に満ちた批判が渦巻いた。

　だが少なくともこの時点において、彼らが信奉していた「海外メディア」の情報ソースの大半が実は日本の公共放送や大手新聞社のニュースであったことは、原文をよく読めば明らかである。また「隠蔽」という指摘にしても、別に海外の特派員たちが独自取材によって「隠蔽」の証拠を直接掴んだなどという話ではない。彼らはただ、東京電力や原子力安全・保安院による日本独特の「言語明瞭、意味不明瞭」な状況説明に

「何か隠しているのではないか」と苛立ちを募らせる世論の雰囲気を察知し、そこに欧米で公表された放射能拡散シミュレーションなどを考え合わせた結果「隠蔽ありき」のニュアンスを強化してしまったに過ぎない、と見たほうが無理はなかろう。今でこそ「メルトダウン」は事実として認定され、当初は公表されなかったデータ・経緯もあったことが判明してきているが、「海外報道だから」正しい、「日本の報道だから」見聞きに値しないなどという先入観で現実を裁断する短絡思考には要注意である。

　無論、私とて放射能汚染の危険度を過小評価するつもりなど毛頭ないし、ドイツ同様に日本社会もいよいよ腰を据えて脱原発への道筋を模索すべき時であると強く思う。そして原発に限らず、今やあらゆる社会問題をめぐる賛否両論がほぼリアルタイムで続々と発信されている。それらを日々漫然と探索し、自分自身では整理しきれていない考えを他人が明晰にまとめあげたブログやツイートなどに行き当たれば思わず快哉を叫び、同調したくもなるだろう。だが、その見解がどれほど信頼できるものなのか、根拠を整理し、引用されている事例やデータの出典を検証して判断する努力と責任はあくまで受け手である自分に委ねられていることを忘れてはならない。日本の「常識」にとらわれず、かといって必要以上に海外に迎合せず、押し寄せてくるさまざまな言説を冷静に取捨選択できるバランス感覚が、たとえ専門研究者でなくとも求められる時代になってきたのではないだろうか。

(主要参考文献)

東ドイツの民主化を記録する会編『ベルリン1989』大月書店、1990.

星乃治彦『社会主義と民衆』大月書店、1998.

石田勇治『20世紀ドイツ史』白水社、2005年.

クリストフ・クレスマン(石田勇治・木戸衛一訳)『戦後ドイツ史 1945-1955 二重の建国』未来社、1995.

ヘルマン・ヴェーバー(斎藤哲・星乃治彦訳)『ドイツ民主共和国史』日本経済評論社、1991.

5章　規則を破るドイツ人
―――マイノリティ・抵抗者・アウトノーメ―――

(1) はじめに――ドイツ史におけるマイノリティと抵抗者

様々なマイノリティ

「ドイツ人」という言葉を聞いて、読者はどのような「顔」を思い浮かべるだろうか。宗教改革の指導者M. ルター、独裁者A. ヒトラー、あるいはドイツ史上初めての女性首相A. メルケルだろうか。いずれにせよ、「ドイツ人」としてイメージされるのは「白人」ではないだろうか。だが、サッカー・ワールドカップのドイツ代表選手にはトルコ系移民の子孫がいたことを覚えていないだろうか。

別の例を挙げよう。これからドイツに飛び、朝になったらテレビのスイッチをつけてドイツ第2公共テレビ放送（ZDF）の番組 "Morgenmagazin" を見れば、メインキャスターが流ちょうなドイツ語を話す「肌の色の浅黒い」男性であることに気がつくはずだ。彼は、ガンビア人の父親とドイツ人の母親との間に生まれた Ch. ヨバタイ（1965年生）。ベルリン育ちでアメリカ留学の経験を持ち、ドイツでジャーナリストとして活動してきたれっきとした「ドイツ人」であり、朝の番組のキャスターを1992年以来つとめ続けている「ドイツの朝の顔」である。

ヨバタイのことを念頭に置くと、10年ほど前までドイツの政治家たちが「ドイツは移民国家ではない」と言い続けてきたのが奇妙に思えてくる。そもそも、現在のドイツを構成する領域が過去数世紀にわたって常に多様な人々の流入と定住を経験してきたということは、ドイツにいるシンティ・ロマ（「ジプシー」）やソルブ人、フリース人などの言語的・民族的マイノリティを見ればすぐに想像できる。そして第2次世界大戦以降になると、西ドイツ

は政策として多数の外国人労働者を受け入れ続けた。低賃金で働く彼らによって戦後西ドイツの経済成長が支えられてきたのである。特にトルコ人労働者とその家族は、1973年に西ドイツが外国人労働者受け入れを停止して以降も、ドイツに流入・長期滞在するようになる。

その後、ベルリンの壁が崩壊してからドイツ政府は外国人流入に対して法的な歯止めをかけ始めるが、他方、1990年に外国人法を改正し、2000年に改正国籍法、そして2005年に「移民法」を施行することでドイツ国籍の取得要件を緩和したことにより、ドイツは名実ともに「移民国家」となった。2005年から2008年までにドイツ国籍を取得した人々は123万人にのぼる。他方、ドイツ国籍を取得した者も含む様々な「移民の背景」を持つ1,500万人（人口の18％）のうち670万人（人口の8％）という外国人の数は日本の3倍であるばかりか、近年のフランスやイギリスにおける外国人人口も大きく上回っている。そのような1,500万人以上の人々の中には、約330万人（人口の4％）のイスラム教徒コミュニティーも含まれる。ドイツ大統領 Th. ヴルフが2010年10月のドイツ統一20周年の式典で「キリスト教徒とユダヤ教徒と同様に、イスラム教徒もドイツ人である」と強調したという事実は、以上のような背景を持っている。

だが、移民やイスラム教徒を排除すべきという意見もドイツ社会の中には根強く存在する。また、2010年にメルケル首相は、ドイツを多文化社会にする試みは失敗したと述べている。しかしこれに対してベルリン市長の K. ヴォーヴェライトは、多文化社会は実現しており、移民の統合は成功していると反論している。移民の統合と多文化社会の実現をめぐる議論の決着はついていない。

とはいえ、ナチがユダヤ人、シンティ・ロマ、同性愛者、様々な障害者や精神病院に入院していた患者などを虐殺した、という過去を、いかに記憶し、その教訓を現在と未来につなげていくかという課題は、ドイツ社会に重くのしかかり続けている。

例えばナチに虐殺された50万人のシンティ・ロマに対する補償にドイツ政府が応じるようになったのは、1980年代以降のことであり、また、現在の

ドイツに生きるシンティ・ロマに対する差別が解決されているとは言えない。

では同性愛者に対する差別はどうであろうか。彼らに対する戦後の補償も 1980 年代以降に始まっている。しかし、先述したベルリン市長ヴォーヴェライトは、2001 年に同性愛者であることをカミングアウトしたことで有名になり、現在も高い支持を誇っている。そのような事実だけを見れば、現在のドイツで同性愛者に対する差別や偏見は以前に比べれば弱まったようにも思える。だが、「男性同士」の「自然に反するわいせつ行為」等を禁じた刑法が撤廃されたのは、制定されてから 123 年後の 1994 年になってからだったという事実を考えれば、同性愛者に対する差別がドイツから一掃されたとは断言できない。

他方、以上のような事例とやや異なるのが、精神障害者が置かれている現状かもしれない。ドイツでは 1990 年代に、ノーマライゼーションの理念に基づき、行政主導で、患者が病院から街中の共同住宅に移り住むようになり、今日では、障害者が障害を持ちながらごく普通の市民として生活することができるようになっている。

ここまで見てきた、移民、言語的・民族的マイノリティ、同性愛者や様々な障害を持つ人々の多くは、ドイツ社会に「統合」され、「ドイツ人」あるいは「市民」になることを目指すのが普通である。ところが、ドイツの過去を見ていけば、「マジョリティ」である「ドイツ人」の中から、そして様々な「マイノリティ」の中からも、ドイツ社会に対する抵抗を試みる人々が輩出され続けてきていることがわかるのである。

抵抗者——「規則を破るドイツ人」はいるのか？

「ドイツ人は法律や社会秩序を重んじる国民だ」というステレオタイプがある。「だから彼らはナチを生み出したのだ」という話が追加されることもある。しかし、16 世紀に起きたドイツ農民戦争は、教会や領主という権力に刃向かった人々が「ドイツ人の祖先」にいたことを今日に伝える事件ではないだろうか？また、19 世紀初頭、『戦争論』の著者カール・フォン・クラウゼヴィッツは、フランス人が「軍国主義的」で「服従」を好む国民であるのに

対して、ドイツ人は専制に対して極めて批判的な人々だ、と書いている。そして、あのナチ政権に対してさえ抵抗運動を行った人々が少なからずいたことは良く知られている。とりわけ、「エーデルヴァイス海賊団」や「白バラ」などナチに対する反抗・抵抗を行っていた若者の存在について、ヒトラーや政権を担う人々が大きな脅威を感じた、と言われている。

　さらに、1968年のドイツでは、他の欧米諸国と同様に、学生を中心にした「反乱」が起き、権威主義的な大学や政治のあり方、親の世代と「ナチの過去」との結びつきが厳しく追及された（→第1部「1章」参照）。ただし「68年世代」の多くは、その後政治家になるなど成功を収めて「保守化」、あるいは、ドイツ社会に「統合された」と言える。むしろ近年の「法律や秩序を守らないドイツ人」あるいは「規則を破るドイツ人」の事例としては、2007年にドイツでG8サミットが開催された際に過激な抗議行動を起こした人々について想起した方がよいだろう。だが、いずれにせよ、過去から現在に至るまで、社会秩序を重んじない「規則を破るドイツ人」はいくらでもいたのだが、それでも「秩序を守るドイツ人」というステレオタイプは根強く存在し続けている。

　そこで以下では、「68年世代」よりも後の世代に属し、「68年世代」の人々以上にステレオタイプに当てはまらない「規則を破るドイツ人」のさらなる事例を取り上げる。彼らは、1980年代の西ベルリンやハンブルクといった主要都市で、人の住んでいない住居を占拠し、デモ行進で警官隊と衝突したときには石や火炎瓶を投げつけ、高級商店を破壊し、しかも、堅固な組織を作らず、自らの判断と「自律（Autonomie）」という原則に基づいて勝手に行動することを重視するというところから、自分のことを「アウトノーメ（Autonome）」と呼んでいた。

　しばしばこういった「無法者」の代表格として、ナチの後継者を自認するネオナチの若者がとりあげられる。また、近年映画にもなった「バーダー・マインホーフ・グループ」すなわちドイツ赤軍派もまた、ドイツにおける「無法者」として想起される。しかしアウトノーメは、赤軍派のピラミッド型の軍事組織や彼らの実行した誘拐や殺人に反対していた。そもそもアウトノー

メは、「ドイツ人」や「国家」・「政党」・「政治」といった既成の概念や制度に極めて批判的だった。しかも、ドイツにおける法と秩序を転覆することを目指しながら、それに取って代わるような新しい法と秩序を提案しようとしない人々であり、その点では、ネオナチや赤軍派よりもさらに「法と秩序を重んじない」という性格が強いとも言える。そういった際立った特徴を持つ彼らの態度や考え方は、彼らの中に少なからず含まれ、ドイツ社会で差別されていた、移民の子孫や同性愛者によっても形作られていたであろう。本章では、「ドイツにもそういう人たちがいた」という「過去」だけでなく、1980 年代に彼らが生み出した政治文化が現在のドイツにどのようなかたちで受け継がれているのか、という「現在」の問題についても検討したい。

（2）アウトノーメの起源

1968 年運動以降の多様な運動

　アウトノーメの起源は、大ざっぱに考えれば、1968 年に生まれた学生運動および議会外反対派という運動にあるとも言えるが、アウトノーメの思想・運動にみられる際立った特徴を念頭におけば、1968 年の諸運動の中に含まれていた反権威主義的な思想・運動の潮流に、その起源があると考えた方がよいだろう。そのような反権威主義派の人々は、マルクス主義およびソ連・東欧の社会主義、そして、議会を中心とする間接民主制に対して批判的であり、権威に従う、従順である、権利ではなく義務を重視する、といった「ドイツ人」の態度や意識を拒絶していたと言われる。彼らが参加した 1968 年の運動は 1～2 年の間に崩壊したが、その後、1970 年代を通じて、多様な運動に分岐していく。その中でも、反権威主義を引き継いだ運動として、エコロジカルな生活や文化を模索する「オールタナティブ運動」、男性中心社会の打破を目指すラディカルなフェミニズム運動が挙げられるが、さらに、個人の自発的な行動を重視しながら社会変革を目指す「自発行動派」（ドイツ語では"Sponti"）と呼ばれた人々がいた。彼らは、組織に所属せず、誰かの指示や、組織の方針に従って行動するのではなく、自らの意志にだけ基づいて行動す

る、という原則を重視し、個人の感情を表現すること、そういった感情を表明できる自由な空間を作ることを目指していた。彼らは1970年代の運動で活躍することになる。

1970年代の空き屋占拠と自発行動派

　1970年以降、ドイツの諸都市で、廃墟になって使われていなかった建物を若者のグループが不法に占拠して生活を始め、彼らを排除しようとする行政や警察と激しい衝突を繰り返すという場面が見られるようになる。彼ら若者たちの運動は、ドイツ語では「住宅占拠」、英語では、「しゃがむ（squat）」という動詞から派生した"squatting"、"squat"と呼ばれ、日本語でもこの英語を日本語風に音訳して「スクワッティング」「スクワット」（あるいは「スクウォッティング」「スクウォット」）と呼ばれることが多いのだが、ここでは、「空き屋占拠」と呼ぶ。家賃を払う収入がないため使われていない空き屋に勝手に住み始めた人々だけでなく、居住の権利や住宅行政のあり方を問うこと、さらには社会変革の拠点を確保することを目的にして行動していた人々がいたことにより、空き屋占拠には最初から政治的な意味が含まれていた。

　1970年代初頭には、空き屋占拠運動の中心地はフランクフルトだった。同時期に中心部の再開発が始まり、家賃が高騰するようになると、昔から住んでいた住民、学生や若い労働者、イタリア移民労働者などは転居を迫られるが、間もなく、かつて学生運動に加わっていた人々などとともに、1970年末頃から空き屋占拠を開始する。彼ら占拠者たちは、住民の協議会を結成し、街頭でデモ行進を行い、ビラや新聞を発行し、あるいは、一般の新聞やテレビなどマスメディアに向けた記者会見を行い、市の住宅担当者のところに押しかけたりした。

　この運動で中心的な役割を果たしたのは自発行動派であったが、彼らはその後、拡散・消滅することになる。例えば、当時フランクフルトで自発行動派として活動していたJ. フィッシャーが、やがて緑の党の主要メンバーとなり、ついには閣僚にまでなったという話は良く知られている。ただし、当時の空き屋占拠運動と自発行動派は、1968年の運動を引き継ぎつつ、70年代

にイタリアで起きていたアウトノミア運動から学んでいたことにも注意が必要である。

イタリアからの影響

1960年代終わりから70年代後半にかけて、イタリアではドイツよりも先に空き屋占拠運動が展開されていた。イタリアの運動でもドイツと同様に学生が中心的な役割を演じていた。彼らは工場で働く非熟練労働者と協力し、イタリア共産党の指示に従わない独自の労働組合を設立し、労働争議を展開した。この運動は、イタリア語で「アウトノミア・オペライア（autonomia operaia）」すなわち「労働者の自律」と呼ばれる。この運動から派生して、同時期のイタリアでは、家庭や地域を含む日常生活の変革を目指す運動が、ホームレスや失業者、そして「メトロポリタン・インディアン（Indiani Metropolitani）」と呼ばれる過激な小グループによって展開された。彼らの行動原理は、個人や小グループの「自律」と「自発性」であり、共産党などの左翼運動に対抗していた。

アウトノミア運動は、1977〜78年に頂点を迎え、その後衰退する。これを模範にして、ドイツでも、既成の労働組合に所属しない若い低賃金の工場労働者たちを変革の主体にする試みがあった。これが失敗した後、都市を基盤とした「再生産領域」、つまり衣食住に関わる日常生活の場での活動が模索された。70年代の空き屋占拠運動などには、こういったイタリアからの影響が見られた。こうして、イタリアで生まれた「アウトノミア」すなわち既成の政党・労働組合・イデオロギーからの「自律」という理念、そして「再生産領域」での変革という運動の方法が70年代のドイツで受け入れられる。イタリアで創り出された「我々は全てを求める」「都市を我々のものに」といったスローガンが80年代にドイツのアウトノーメによる運動で使われていたという事実を見れば、70年代にドイツの運動がイタリアから学んだものが80年代の運動に継承されていったということも推測できるのである。

(3) アウトノーメの成立過程

反原発運動

1970年代後半から80年前半にかけて、ドイツ各地で原子力発電関連施設の建設が始まると、これに対する激しい反対運動が起きる。それら反対運動には、建設予定地の農民を中心とした地元住民、原発に反対する都市住民や学生、自発行動派や様々な運動に関わっていた人々が参加し、警察と激しい衝突を繰り返していく。その後、反対派が建設予定地に多数の小屋を建てて占拠すると、建設予定地を管理する州政府側が大規模な警官隊を導入し、催涙ガスや放水車を投入して反対派を強制排除し、その際には暴力も行使され、これに対して、時には反対派の一部が投石や火焔瓶などによって対抗する、という事態が各地で見られた。

このような1970年代後半から始まる反原発運動には、後に「アウトノーメ」として知られるようになる若者たちの一部が加わっていたが、当時は、非暴力による抵抗を貫こうとする市民運動と異なり、警察と激しい衝突を繰り返すというところから「暴徒（Chaoten）」と呼ばれていた。彼らは70年代後半には、10代後半から20代前半で、過激な行動をいとわず、特定の組織に加わっていなかったが結束力を示していた。彼らを結びつけていたのは、地元住民からの支持、原発建設によって利益を得る企業とそれを保護する国家に対して戦っているという意識、および、後述するように、当時の若者の間で支持されていたパンク・ロックのメッセージとファッションだったという。

1978年頃には、彼らの間で、自分たちのことを「アウトノーメ」と呼ぶ人々が現れ、次のように主張していた。抵抗運動の中で「自分の行動は自分で決めることができる」ということを経験することで、自分の力に自信を持つことができるようになり、変革に向かって突き進むことが可能となる、と。ここには、既成のイデオロギーから学ぶことよりも抵抗運動の中で個人が獲得する経験や自覚の方が重要であるという見解が示されている。後に多数登場する「アウトノーメ」の基本的なスタンスがすでにここで提示されていたと

図1　1981年のブロクドルフ原発建設阻止デモへの参加を呼びかけるポスター

言える。

　1979年2月末、スリーマイル島原発事故が起き、原発の危険性が国際的に強く印象づけられると、ドイツの反原発運動が活性化される。とりわけ、ドイツ北部のゴアレーベンに建設予定だった核廃棄物最終処分場に反対していた住民が、同年3月末にトラクターを連ねてハノーファーまで抗議の行進を行ったことが、運動から一時的に退いた若者たちを活気づけた。また、非暴力による運動が有効であると考えられるようになり、翌1980年5月から6月までの1ヶ月間、ゴアレーベンの核廃棄物最終処分施設建設予定地には、多数の小屋が建設される。「ヴェントラント自由共和国」と名付けられたこの場所で、多様な人々が交流する機会を得た。しかし警察は、非暴力を貫く反対派に対して暴力を行使しながら排除し、全ての小屋を撤去した。後述するように、1980年末、ベルリンでは空き屋占拠運動が警察による排除に対して暴力を行使して抵抗したが、それは、このゴアレーベンでの非暴力による抵抗の効果がなかったという経験にも依拠していたと言われる。

　翌1981年2月に行われた、北ドイツにあるブロクドルフの原発建設予定地における抗議行動では、地元住民以外に、アウトノーメと都市で空き屋占拠を行っていた人々が加わって10万人の大規模なデモが行われ、警察との激しい衝突が起きるが、警官隊が大量に投入され、デモ隊は排除されてしまう。とはいえ、ブロクドルフの運動では、警官隊に対して、投石と火炎瓶で応酬する若者が多数いた。消極的な非暴力を貫く反原発運動には、ブロクドルフで攻撃的な要素が加わったと言われる。ここに、反原発運動におけるアウトノーメの登場を見ることができる。

他方、その後の反原発運動においては、非暴力を方針とする市民運動と、暴力の行使もいとわない「アウトノーメ」との距離が生まれる一方で、反原発運動に対する警察の弾圧がいっそう強化される中、都市を基盤にする反原発運動組織が弱体化していったという。それでも依然として活動を継続していた反原発運動グループは、フランクフルト空港西滑走路建設反対運動および反戦運動にも参加していく。

反戦運動

マスメディアが過激な行動に向かう若者たちを「アウトノーメ」と呼んだのは、1980年5月6日に、ドイツ連邦軍がブレーメンのサッカースタジアムで開催した新兵の宣誓式を妨害する行動を、多数の若者が起こしたときだった。彼らは、新兵を輸送してきたバスやスタジアムの一部に火炎瓶を投げて破壊した。行動に参加した人々のすべてが「アウトノーメ」と名乗っていたわけではないが、マスメディアの報道は、すでにそのように自称する人々が現れていたということを示唆している。同年にはブレーメン以外でも同様の宣誓式が実施され、その際にも同様に激しい抗議行動が起きている。彼らの多くは反原発運動に関わっていた人々でもあった。

同時期には、1979年にNATOがソ連の中距離核ミサイルに対抗してヨーロッパ、特にドイツにアメリカ軍の中距離核ミサイルを配備する方針を決定することによって、ヨーロッパを舞台にした限定核戦争の危機が高まっているという認識のもと、ドイツを中心にヨーロッパ中で大規模なデモが数多く組織され、反核平和運動が高揚していく。ドイツでは、1981年10月にボンで30万人のデモがあり、その後、アメリカ大統領R. レーガンがボンの連邦議会で演説したときには40万人がデモに参加した。翌1982年のデモの参加者は50万人、1983年のデモの参加者は65万人に達した。そして、1983年に当時のアメリカのG. ブッシュ副大統領が来訪した際、これに抗議するデモの参加者の一部が、副大統領が乗るリムジンに投石するという事件が起き、平和運動のリーダーから非難されている。全国レベルの反戦運動にアウトノーメが参加していたことを示す一つのエピソードであるが、すでに彼らは

この前年にベルリンでレーガン大統領に対する抗議行動を起こしている。

以上見てきた一連の行動の起源の一つとして見ておかねばならないのは、1980年にヨーロッパの諸都市で起きた「若者の反乱」と空き屋占拠運動である。

ヨーロッパにおける「若者の反乱」

「若者の反乱」と呼ばれた様々な事件は、スイスのチューリヒを発火点としていた。当時、市内に住む若者たちが占拠して自分たちのたまり場にしていた場所があったが、市当局は若者たちの占拠を認めず、1980年5月に警察が若者を排除し、その後1年以上にわたって若者と警官隊との衝突が繰り返され、82年には警察によって完全に排除されてしまう。だが、このチューリヒの運動は80年のうちにスイスの諸都市に飛び火し、その結果スイス各地で同様の紛争が起き、さらにドイツ各地、そしてオランダやデンマークにも波及していく。その結果、80年代前半には、ヨーロッパ各地で空き屋占拠をする若者と警察との間で激しい紛争が起きることになる。ただし、ドイツの場合、70年代から反原発運動で活発に活動していた人々が空き屋占拠運動にもかかわっていた点に特徴があった。先述したブレーメンでの宣誓式に対する抗議行動も反原発運動と関連させて理解できるが、それと同時に、ヨーロッパ規模の「若者の反乱」の一部としても見ることができる。以下では、当時ドイツ全体の運動の中心だった西ベルリンの空き屋占拠運動とアウトノーメについて見ていきたい。

（4）西ベルリンの空き屋占拠運動とアウトノーメ

空き屋占拠運動の開始

1980年のベルリンは壁によって東西に分断され、西ベルリンは、東ドイツの中に浮かぶ西ドイツの飛び地であり、実質的にはベルリン市政府が行政を担っていたが、公式にはアメリカ、イギリス、フランスによって統治されていた。以上のような公式の理由が根拠となり、ベルリンに住む男性は徴兵の

対象にならなかったため、ベルリンは全国の若いドイツ人男性が徴兵を逃れるために移住する都市になっていた。また、比較的リベラルな政治が行われていたことや、1968年以来学生運動の中心であったことなどにより、ベルリンはラディカルな若者が集まってくる都市でもあった。

ところが、1970年代、ベルリンをはじめとする諸都市では、都市再開発や上流階層向け住宅の建設ラッシュなどにより家賃が高騰した結果、若者が安い住居を見つけられない一方、大量の空き屋が発生していた。こうしたなかで、1970年代終わり頃から、ベルリンの壁に接したクロイツベルク区で空き屋占拠が開始される。同区は、今日ではベルリンの中心に位置するが、当時はベルリンの壁に接した周辺部に過ぎず、壁に接する区域には、補修もされず放置されている建物が多数あり、貧しいトルコ人移民、学生や若者が集住していた。そういった建物の空き屋を若者たちが占拠するようになる。

占拠者たちの政治的傾向は、ラディカルな左派的な考え方を持つ人々と、空き屋を占拠することを通じて行政が住居問題に目を向けるようにさせようとしていた比較的穏健な人々だった。その後加わってくる人々の多くは、秩序に従順な態度や価値観を拒絶し、原子力発電所と核兵器、そしてドイツ政府に対する強い反感を抱いていたというが、他方では移民や学生、シングルマザー、同性愛者といった多様な人々もいた。そして、この多様性が空き屋占拠者の特徴でもあったと言われる。

全国への波及

1980年秋ごろからクロイツベルク区では次第に政治的なデモが起きるようになるが、同年12月12日には、占拠された住居にいた住民を警察が検挙したことをきっかけにして、若者と警官隊が街頭で衝突するというところまで事態がエスカレートし、彼らを排除する警官隊と激しい衝突が起き、街頭にはバリケードが築かれる。その後、逮捕された人々の釈放を求めて、1980年末まで、参加者数千人から1万人を越えるデモが続き、その際には、銀行、デパート、スーパーマーケットのショーウィンドーが破壊され、警官隊との衝突が起きた。

この12月12日以降のベルリンの暴動に刺激され、空き屋占拠運動は西ドイツ全体に拡大する。保守政権があった州では、警察の弾圧がベルリンよりも厳しかった。これに対してフライブルクの空き屋占拠者たちが、全ドイツの空き屋占拠者たちに対して連帯のデモをするように呼びかけた。この呼びかけに応じ、1981年3月13日金曜日、西ドイツの主要都市で抗議のデモが実施される。フライブルクでは最大で2万1千名、ブレーメン、テュービンゲンでは1,000名、シュトゥットゥガルトでは2,000名、ハンブルクでは5,000名がデモに参加し、また、デモ隊と警官隊との衝突が各都市で起きた。

　ベルリンでは、この日が「黒の金曜日」と呼ばれ、目抜き通りのクアフュルステンダムでは、デモ参加者などによって店舗が破壊された。デモの参加者は1万5千〜2万人という大規模なものとなり、全裸で行進する人々がいると思えば、店舗を破壊して掠奪を行う小グループもいる、というのがこの時のデモの特徴だった。つまり、誰かが中心になって統制できるようなものではなく、それぞれが独自の判断で勝手に行動を起こしながらも、全体としては一つの抗議行動を作り上げていた、と言える。

　1981年の段階で、西ドイツでは700軒の空き屋が占拠されていたが、そのうち200軒がベルリンおよびノルトライン・ヴェストファーレン州にあり、それ以外の約500軒は、ブレーメン、ハンブルク、フランクフルト、シュトゥットゥガルト、フライブルクなどにあった。特にハンブルクでは、翌1982年にハーフェン通りにあった建物が占拠され、これ以降、この建物は、警察による介入を排除し続け、ドイツばかりかヨーロッパにおけるアウトノーメの国際的な会合の場となり、彼らの象徴的な存在となっていく。また、1980年代には、アムステルダムやコペンハーゲンなどでも空き屋占拠運動が高揚し、ベルリンなどと同様に、空き屋占拠者と警官隊との激しい衝突、占拠者たちの街頭での暴動が繰り返し起きていく。1980年代は、イタリアの「アウトノミア」がスイスの「反乱」を媒介にしながら北西ヨーロッパの諸都市で「アウトノーメ」という新たな「現象」を生み出した時代だったとも言える。

ベルリンにおける空き屋占拠運動の終焉

　1980年末に占拠されていた建物は10軒程度だったが、その後数カ月で西ベルリン全体では160軒を越え、空き屋占拠はクロイツベルク区を含めた5つの行政区に拡大する。さらに、使われていない工場や醸造所といった巨大なスペースが占拠され、カフェ、バンド練習所、演劇などのパフォーマンスを上演するステージなどが混在する文化活動の拠点となった。これら空き屋占拠された住宅に住んでいた住民の人口は、一時的な宿泊者を入れれば5,000名程度だったという試算がある。彼らはデモや街区のイヴェント、様々な協議会などで顔を合わせる間柄であり、1981年には、参加者が数千～1万人以上という規模のいくつかのデモを実行するが、例えばそのうちの一つでは、彼らが占拠する住居を投機の対象とする投機家たちが住む高級住宅街を行進するというものがあった。

　その後占拠者たちは、ベルリン以外の地域から支援を得て警察による排除を阻止するために、「なにかしろ（Tu-wat）」というタイトルを付した会議を81年8月～9月に開催する。数千名がドイツ全土、そしてオランダやデンマークからやってきた。この会議に合わせて、ベルリンの空き屋占拠者から出された声明文では、「1人称の政治」つまり誰かに指示されるのではなく自らの意志に従って行動すること、現実に妥協するような要求はしないこと、「サブカルチャー」を「国家に対する闘争」の出発点にすること、ナショナリズムに強く反対すること、権力掌握を拒絶すること、堅固な組織形態を持つことを拒絶すること、といったものがアウトノーメの基本原則として掲げられていたが、これらはすべて、この時点までの空き屋占拠者たちの行動に読み取ることができるものだったとも言える。

　「何かしろ」会議の期間中、1981年9月13日、アメリカのA.ヘイグ国務長官がベルリンを訪問する。これに対してベルリンでは市民も加わった約5万人による反戦デモが企画されるが、デモの最後に3,000名のアウトノーメが市議会の前で警察と衝突している。また9月22日には、空き屋占拠者を強制排除しようとする警察と反対派との衝突が暴動に発展し、22歳の青年が警察に追いかけられてバスにはねられて死亡すると、その晩だけで、銀行、

図2　1981年にヘイグ国務長官来訪に抗議する若者たちがベルリンで警官隊と衝突（Grauwacke, A. G., *Autonome in Bewegung*, S.57）

警察署、建築業者の事務所など50か所が破壊され、さらに、西ドイツ各地、そしてアムステルダムでも、同様の行動が起きている。その後、市政府はしばらく強制排除を停止させる。そして、翌1982年6月、レーガン大統領がベルリンを訪問した際に実施されたデモで、アウトノーメの運動はその頂点を迎える。大統領の訪問の日には、非暴力派によるおよそ8万人のデモ行進が行われるが、翌日にはアウトノーメによる4,000人のデモが行われ、警察との衝突と暴動が起きた。

しかし、その後、1982年から84年までの間に、空き屋占拠運動は衰退し、1984年終わりに、最後の1軒の排除で運動は終焉を迎えた。その後もベルリンでは、以前と比べて小規模ではあったが、断続的に空き屋占拠が起き、それまでと同様にアウトノーメによる運動が続くが、30歳代前半で「アウトノーメ」であることをやめる人々がほとんどだったという。結婚して子供が生まれてもなお運動にかかわる人々もいたが、収入を得るために仕事に出れば「フルタイム」の活動はできなかった。しかも、父親が子供を連れて通りを歩いていると仲間から嘲笑される、というのが、1986年頃のベルリンにおけるアウトノーメの状況だった。その後、こういった状況を含めて「家父長主義的」な運動のあり方全体が女性の活動家たちから厳しい批判を受け続ける。また若い世代が加わると古参の世代との対立が生まれるようになる。

(5) パンク・ロックと「ノー・フューチャー」

パンク・ロックの影響

　1980年代に空き屋占拠運動に参加した少なからぬ人々が好んでいたパンク・ロックは、それまでの政治や文化のタブーを破り、様々な制約や形式に縛られていた若者を精神的に解放する役割を果たした音楽だったという。旧来のロックが商業化され、もはや若者にとっての反抗の象徴ではなくなっていただけに、パンク・ロックはドイツの若者の間で新鮮に受け止められた。また、巨大なコンサートホールや高価な設備ではなく、シンプルで小規模な設備しか必要とせず、親しい友人たちを前にした私的なパーティの場で演奏できる音楽であったことも、ドイツの若者の間で受け入れられた要因だという。

　パンク・ロックは音楽だけでなくファッションやライフスタイルを含めたものとして受容され、パンク・ロッカーのファッションを模倣する人々が、1980年代のアウトノーメの中で多数見られたが、ファッション以上に彼らがパンク・ロックから読み取ったのは、既成の枠組みに対する反抗と怒りの感情を表明するという態度だったようである。それは、個人の行動を重視し、「国家に対する反抗」、堅固な組織や理論を拒否して「1人称の政治」を実践するというアウトノーメの基本的な姿勢とも多くの点で合致していたと言える。

アウトノーメとアナーキズム

　アウトノーメは、デモ行進のときに黒旗を掲げ、警察にマークされないために黒の目出し帽をかぶり、また、彼らの間で、警察の暴力からデモ隊を守る方法として「黒いブロック（Schwarzer Block）」という方法が編み出される。全身を黒ずくめにした人々がデモ隊の脇を固め、警察の攻撃から守るのが「ブロック」に参加した人々の役目であったが、その中には、商店のショーウィンドーを破壊したり火炎瓶を投げたりする人々もいた。

彼らが好んだ黒という色は、アナーキズムを象徴する色であり、彼らの服や旗に描かれていた「サークルA」のマークは、イギリスのパンク・バンド「クラス」を通じて知られるようになったと言われるアナーキズムの象徴だったが、アウトノーメがアナーキズムを支持していた、というよりも、既存の社会秩序や国家に反抗する意志を示す上で、アナーキズムの象徴が選択されたと考えられる。「誰も権力を持つな」というアウトノーメのスローガンには、自分たちがそれまであった様々な政治運動や組織から一線を画するというメッセージが込められているからである。それは彼らの多くが、いかなる党派とも同一視されることを嫌い、「アウトノーメ」とだけ自称することにこだわったことからも推測できる。

「ノー・フューチャー」

アウトノーメによる自発的な抗議行動は、1968年に左翼運動を担った世代から見れば理解できないものだった。それまでの運動は、組織や戦術や長期的ビジョンがあるものだったが、アウトノーメは、行動を通じて自らの衝動や感情を表明することを重視していたからである。その際に、彼らが表現した感情は秩序に対する怒りだけでなく、「ノー・フューチャー」、つまりセックス・ピストルズの『ゴッド・セイヴ・ザ・クイーン』の歌詞にあり、当時よく口にされた言葉に示されていた悲観的な感情や絶望感であり、それとともに、「失うものは何もない」という感覚が共有されていたとも指摘される。セックス・ピストルズのヴォーカルだったジョン・ライドンは、「退屈きわまりない社会の中で究極の絶対的ポジティヴ志向を目指すとしたら、完璧なネガティヴ志向でいくしかないこともある」と「アナーキー」という破壊の象徴を歌詞で使った理由を説明したことがある。当時アウトノーメとして活動していた若者たちを理解する上で一つのヒントになる発言である。

あるアウトノーメの生涯

ここで、アウトノーメが具体的にはどのような人々だったかを、アンドレア・ヴォルフという女性の生涯を例に考えてみたい。ある証言によれば、彼

5章　規則を破るドイツ人

女の父親は1975年に自死しており、母親は陶器を作っていたが、90年代に中米に移住してしまっている。双子の弟は姉と同様にミュンヘンで運動に参加していた。ヴォルフは16歳の時に仲間の裏切りによって初めて警察に逮捕される。その後ヴォルフは、原発建設反対運動、フランクフルト空港西滑走路建設反対運動、ハンブルクの空き屋占拠運動、そしてネオナチの集会を妨害する行動などに参加している。住んでいたのは占拠された住居であり、そこではテコンドーの練習をしたり、オートバイに乗ったり、パンク・バンドのコンサートに行くのが日常だった。夜学でアビトゥーア（大学入学資格）を取得しようとしたがうまくいかず、結局、彼女にとっては「革命が第一」だったという。

占拠された空き屋で開催された集会に初めて参加した際、通常「新入り」は発言せずに黙って聞いているものだが、ヴォルフはすぐに発言をし始めるような人物であり、また、多くの友人に恵まれていた。しかし、ドイツで起訴されるおそれがあったため、行方をくらまし、国外に逃亡したようであり、クルド民族解放を目指す武装組織に加わりトルコで戦い、1998年にトルコ軍によって殺害されたと推測されている。

ヴォルフは、当時の「ドイツ社会」だけを基準にすれば、社会の周縁的な存在に過ぎない。社会の「3分の2」から排除された「3分の1」の人々がドイツ経済の繁栄から恩恵を得ていない、と言われていた当時、ヴォルフのような若者は失業と貧困にあえぐ「3分の1」を占めていた側、つまりは「ノー・フューチャー」という感覚を持ち得た人々に属していたと言えるだろう。アウトノーメの運動はそのような若者たちが活躍できる場を提供していたのではないだろうか。いずれにせよ、パンク・ロックを好み、人前で物怖じせず発言し、人望があり、反原発運動などで活躍した、そのような人物像が浮かび上がってくる。

また、当時、トルコで弾圧されたクルド労働者党という組織のメンバーがドイツに多数亡命していたことを考えると、ヴォルフがおそらくはドイツで知り合ったクルド人に共鳴して、革命軍の一兵士としてトルコ軍との戦闘に参加した末に殺害されたのもまた、トルコから多数のガストアルバイターが

171

来ていた当時のドイツの社会状況から見れば理解できる。事実、彼女と同様にクルド人の武装組織に加わったアウトノーメは他にもいた。彼らは、ドイツに住むクルド人を通じてトルコにつながるネットワークにアクセスしたのではないだろうか。ヴォルフのような人物もまた、当時のドイツ社会を構成していた「ドイツ人」のひとりだったということを確認しておきたい。

以上見たヴォルフの生涯は、アウトノーメ運動が成立し高揚する1980年代前半から、運動が最後の高揚を経験する1980年代後半、そして衰退していく1990年代にわたっているが、以下では、1980年代後半から現在までの運動について見ていきたい。

(6) 1980年代後半から現在まで

反原発運動

1980年代後半の反原発運動においてアウトノーメが最も重要な役割を果たしたのは、ドイツ南部のヴァッカースドルフに建設が予定されていた核廃棄物再処理施設の建設を阻止する運動においてであった。85年12月、アウトノーメは4万人による抗議行動に参加し、その後小屋を建てて建設予定地を占拠するが、2度とも警察によって排除される。だが、翌86年1月に2名の地元住民が警察と衝突した結果死亡すると、地元の農民らが反対運動に積極的に参加するようになる。

その後、チェルノブイリ原発事故の影響もあり、ヴァッカースドルフの核廃棄物再処理施設の建設は中止

図3 樹上から機動隊を見下ろす反原発運動家たち（1990年代後半）
（Foto：Umbruch Bildarchiv Berlin）

される。他方、ゴアレーベンの核廃棄物最終処理施設は、81年に建設反対派が排除されたのち、84年には、高レベルの放射性廃棄物が初めて輸送されることになる。この時以降、アウトノーメは地元住民とともに輸送を阻止する運動に加わる。この運動は今日まで続いている。

西ベルリンの諸運動

　1984年に空き屋占拠運動は終焉を迎えても、アウトノーメは1985年には南アフリカのアパルトヘイトに対する抗議デモ、ベルリンを訪問したアメリカのG.シュルツ国務長官に対する抗議デモなどを実施していたが、87年5月1日にクロイツベルクで実施したメーデーのデモは、意図せずして81年以来の大規模な暴動に発展して注目を集めた。当初は単なる街区のイヴェントだったが、最終的には、一時的に警察がクロイツベルクから退去する事態に至り、暴動の起きた地区は、何の制約も受けない自由な場所になったため、祝祭的な雰囲気に包まれたという。

　この暴動が起きた1カ月後の1987年6月、レーガン大統領が西ベルリンを訪問する。市内では、訪問前日の6月11日、諸派合同デモが実行されて5万人が参加したが、黒い目出し帽をかぶった人々が集まる「黒いブロック」はそのうち4,000人だった。しかしクロイツベルク区にいる住民がベルリンを移動できないように、地下鉄が止められ、多数の検問所が設置され、レーガン大統領が演説を行う市の中心部はデモ禁止区域にされていた。その日の晩、クロイツベルク区では、ベルリン以外のドイツ各地からやってきたアウトノーメが暴動を起こし、同じくベルリン以外から派遣されてきていたドイツ各地の警察と衝突することになったが、ベルリンのアウトノーメはこういった行動からは距離を取っていたという。

　翌1988年9月、ベルリンで世界銀行とIMFの総会が開催される。これに対する抗議行動は、85年にボンで開催された主要国首脳会議（サミット）に対する抗議行動を起こしたときから検討が開始され、アウトノーメは他の反対運動との連携を取りながら準備を進めた。また、87年のメーデーの暴動とレーガン大統領に対する抗議行動は、IMFに対する反対行動について人々の

関心を高めるきっかけとなった。

　そして、88年9月26日の会議開催日以前から様々な抗議行動が展開され、会議の前日には、市民や教会関係者などを中心とする8万人が参加したデモにアウトノーメも参加した。翌日の会議初日から終了まで、イギリス、イタリア、オランダ、デンマーク、オーストリア、アメリカからやって来た活動家とともに、アウトノーメは企業、銀行、保険会社、レストラン、ホテルなどに対する抗議行動を続けた。1990年代以降、アメリカで盛んになる反グローバル化運動のデモで不可欠となる「ブラック・ブロック」という戦術は、この時アメリカの活動家がアウトノーメの「黒いブロック」から学んだものであると言われる。

旧東ベルリンでの空き屋占拠をめぐる紛争

　ベルリンの壁が崩壊し、東西ドイツが統一された直後の1990年には、西ベルリンで空き屋占拠をしていた人々の多くが、旧東ベルリンにある空き屋に移住する。ベルリンの再開発が始まれば、統合されたベルリンの中心に位置するようになるクロイツベルクなどの地区も、家賃が高騰して空き屋占拠者や移民にとってはもはや住めなくなるという予測が出始めていたからだった。ある報告によれば、彼らが居を定めた旧東ベルリンのマインツ通りには1,000名以上の人々が住み、カフェ、共同の台所、そして図書館が運営されていた。しかし、西ベルリンの法律が旧東ベルリンにも適用されることになり、マインツ通りの空き屋占拠者に対して退去勧告が出される。行政との交渉は一方的に打ち切られ、その後、警察によって催涙弾と放水車が投入され、空き屋占拠に加わっていた全員が強制排除されてしまう。他方、ベルリンと異なりハンブルクのハーフェン通りの空き屋占拠は、毎年のように警察による排除が試みられるが、アウトノーメがこれを押し返すということが繰り返され、今日まで空き屋占拠が続けられている。

オリンピック開催阻止運動

　第1部「1章」で述べたように、ベルリンの壁が崩壊してからベルリン市

は、2000年のオリンピック開催地として立候補していたが、アウトノーメはオリンピックが権力者や資本家によって牛耳られていること、ナチによって利用されたという事実にも依拠しながら、また、かつて開催地になったメキシコやロサンジェルスでは反対派が殺害され、あるいは多数のホームレスが都市から追放されたという事実を挙げ、さらに、競技スポーツが資本主義の競争原理と同じ特徴を持つなどといった理由から、ベルリンがオリンピック開催地になることを阻止する活動を開始する。1991年から反対運動を開始し、1万5千～2万人規模のデモを組織し、ベルリンの治安に関するネガティヴなイメージがメディアによって報じられるように仕向けた。そして93年9月の国際オリンピック委員会（IOC）総会での投票の結果、アウトノーメの希望通り、ベルリンは候補から落選した。

反ファシズム運動と非合法移民救援活動

ベルリンの壁が崩壊した後、ドイツ各地で外国人に対するネオナチの襲撃が頻発する。これに対してゲッティンゲンのアウトノーメが1991年に「反ファシズム」（ドイツ語で"Antifa"と呼ばれる）の組織を立ち上げると、この動きは各地に広がる。92年にはアウトノーメによる反ファシズム全国組織が結成され、各都市では反ファシズム組織が外国人をネオナチの襲撃から守る活動に従事するようになり、ネオナチの拠点となっている酒場や集会場、そして行進や集会を襲撃するといった行動も起こすようになる。

90年代には新しい世代が反ファシズム運動に加わってきたが、彼らは、

図4 「ファシズムと警察によるテロに反対！」1991年越年デモへの参加を呼びかけるゲッティンゲンの反ファシスト組織によるポスター

古参のアウトノーメによる思考や行動がマッチョな男性中心主義にもとづいている、あるいは、反ファシズム運動の参加者は、ネオナチやフーリガンと同じようなファッションや行動形態を拒絶するべきだ、と旧世代のアウトノーメを批判したという。こういった新しい世代が多く参加した反ファシズム運動は、90年代半ばにピークを迎えた後、地域ごとの運動に拡散していった。

　反ファシズム運動に参加したアウトノーメは、90年代のドイツに150万人いると見積もられていた不法滞在移民の支援活動も行い、彼らの強制送還を阻止する行動にも参加していく。また、運動に参加した人々は、毎年ポーランド国境でキャンプを行い、許可なく国境のナイセ川を越える、というデモンストレーションを実行し、あるいは、ルフトハンザ航空が不法難民の強制送還に従事していることを世間に知らしめて企業イメージを失墜させる活動も展開した。このような彼らの活動は、その後「ノー・ボーダー・ネットワーク」というヨーロッパ規模の運動に拡大し、今日に至っている。

おわりに

　アウトノーメは、ドイツを含めヨーロッパ各地で1980年代にほぼ同時に、独自の政治・文化運動を創り出した。たしかに彼らの理念や態度の原型は1968年にすでに生まれていたが、長期的ビジョンを持つことや堅固な組織に加わることを拒絶し、個人の自律と感情を重視するという態度は、80年代に生み出されたものだった。彼らを構成していた若者の多くは、ドイツ社会全体から見て一握りの人々だったという意味で、また、ドイツ社会の「標準」から逸脱したという意味でもマイノリティであったが、空き屋占拠運動や反原発運動を経験することを通じて、法律や規則に反抗し、権力や秩序を転覆しようとする、「規則を破るドイツ人」となり、ドイツ社会を構成する要素であり続けたという事実は銘記すべきではないだろうか。

　彼らアウトノーメが創り出したものは、現在もヨーロッパ各地で運営されている占拠された住居、ネオナチに対する激しい抗議行動、非合法移民を救

援する活動、そして 2007 年にドイツで開催された G8 サミットを阻止するために集結した多数の人々による行動など、今日見られる多様な運動とその参加者の精神に引き継がれていると言えるのではないだろうか。

しかも、ドイツで G8 反対行動に参加した日本の若者が、2008 年に開催された洞爺湖サミットに対する反対行動を組織し、おそらく日本初と言われた国際的な抗議行動を北海道で実現させている。また、洞爺湖サミット反対行動に参加した人々の中には、東京都内の空き屋になった店舗を借りて事業を立ち上げ、そこを拠点にしながら地域に根ざした運動を展開し、ドイツの運動から刺激を受けているような者もいる。ドイツを中心にしてこの 30 年間で起きてきたことは、ドイツ 1 国にとどまることなく、グローバルに波及しているのではないだろうか。

（田中ひかる）

ドイツいまむかし

ドイツを出て行くドイツ人たち

現在のドイツは名実ともに移民を受け入れる「移民国家」である。だが、ドイツから常に多くの人々が国外に向かって移住していることにも注意が必要である。過去 200 年間だけを見ても、ドイツから他の地域へと向かう移民はありふれた現象であり、その数は今よりもずっと多かった。彼らの行く先としては南北アメリカ大陸が圧倒的に多かったが、ここでは、アメリカ合衆国（以下「アメリカ」と呼ぶ）に焦点を当ててみよう。

1820 年から 1970 年までの 150 年間で、アメリカに渡ったドイツ系移民の数は約 700 万人と見積もられている。そして、2000 年の国勢調査によれば、自分が何らかのかたちでドイツ系移民の子孫に属していると申告した者が 4,200 万人（人口の 15％）いて最も多い。第 2 位のアイルランド系（3,000 万人、10.8％）、第 3 位のアフリカ系（2,400 万人、8.8％）と比べれば、その多さがさらに際立つ。

アメリカの歴史が描かれる中で「ドイツ系アメリカ人」（移民 1 世とそ

の子孫）について言及がある場合、以上のような事実が引き合いに出されると同時に、ドイツ系アメリカ人が過去200年間でアメリカの政治・経済・文化などに対して大きな「貢献」をしてきたという点が強調されることが多い。その際には、例えば、今やアメリカの食文化を象徴するハンバーガーでさえドイツ系移民がもたらした料理に起源を持つと指摘されたり、ドイツ系アメリカ人として著名な政治家（D. アイゼンハワー大統領など）、企業家（ロックフェラー一族など）、作家（『怒りの葡萄』の作者ジョン・スタインベックなど）や漫画家（『ピーナッツ』の作者チャールズ・シュルツなど）、さらにはスポーツ選手（ベーブ・ルースなど）の名前が列挙される。

　しかしながら、アメリカに渡ったドイツ人の中には、アメリカ史のメインストリームとは縁がないマイノリティもいた。例えば、独立前のアメリカに移り住んだ初期のドイツ系移民は、キリスト教会の中では異端として排除や弾圧の対象となった諸宗派に属する人々だった。その代表的な宗派としてメノナイトとアーミッシュを挙げることができる。彼らは17世紀にドイツ地域を転々と移住していた「再洗礼派」と呼ばれる信徒集団であり、キリスト教徒の中のマイノリティだった。彼らは、カトリック、ルター派、カルヴァン派といった主要な宗派が実施する幼児洗礼に反対し、成人になってからの洗礼が正統であると主張し、これを実践するという点で共通性を持ち、教会という制度ではなく個人の内面的な信仰こそが正しいという考え方を共有していた。そして彼らの多くが、イギリスのクエーカー教徒の呼びかけに応じて、17世紀にペンシルヴァニアに移住した。その後彼らあるいは彼らが話す言葉は、「ペンシルヴァニア・ダッチ（Pennsylvania Dutch）」と呼ばれるようになる。ドイツ系移民たちが自分たちを指す言葉として使っていた「ドイッチュ（Deutsch）」（もしくは Deitsch。いずれも「ドイツ人」「ドイツ語」という意味）が周辺の英語話者から「ダッチ（Dutch）」に聞こえたからだという説がある。

　ドイツから来たメノナイトやアーミッシュらは、アメリカに移民して

からも、移民前に話していたドイツ語の方言を、別のドイツ語方言や英語などと組み合わせながら使い続けた。その結果、現在でも約25万人のアーミッシュやメノナイトが独自のドイツ語を話し続けている。また、彼らの一部は自らの信仰に基づいて、簡素なライフスタイルを維持している。例えばアーミッシュの場合、電気製品や自動車など近代的な道具を一切使わない。またメノナイトもアーミッシュも、暴力に反対し、それゆえ兵役を拒否し、奴隷制に反対し、さらに政府のような行政組織での勤務も拒否してきている。したがって、第1次世界大戦にアメリカが参戦することになって徴兵が始まった時、これを忌避して多くのメノナイトは国境を超えてカナダへと逃れたが、逮捕・投獄され、獄中で死去した人も少なからずいたという。信仰に基づく彼らの行動はアメリカ社会に対する抵抗だったとも言えるだろう。

　19世紀にはいるとドイツからの移民はさらに増加し、1854年には22万人を数え、最初のピークを迎えた。こういった大量の移民を構成していたのは、主にドイツでの生活に見切りをつけた南西ドイツ地域の農民や職人たちなどであり、背景には1846年に始まる農作物、特にジャガイモの不作があった。1855年には、ニューヨークはウィーンとベルリンについで、世界で3番目に多くのドイツ語話者を抱える都市だった。また、この時期には政治的なマイノリティも移民の中に多数含まれ、その中には1848年革命に参加した後に弾圧を逃れてアメリカに亡命した人々もいた。

　その後、1879年以降は、ドイツで制定された社会主義者鎮圧法（→「序章」参照）による弾圧を逃れた社会主義者やアナーキストがアメリカに移住するようになる。当時はドイツ系移民が最後のピークを迎える時期に当たり、1882年だけでドイツからの移民は25万人に達している。また、1880年代の10年間で約150万人がドイツから国外に移民している。こういった移民の流れに乗ってアメリカに移住した社会主義者やアナーキストは、都市化と工業化が進むニューヨークやシカゴなどの大都市で多数を占めたドイツ系移民の一部を構成し、ドイツで形成されてきた労

働運動のスタイルや社会主義思想をアメリカに伝えた。1886年に起きたヘイマーケット事件に際しては、証拠もなく事件の首謀者であるとして不当な判決を受けて絞首刑に処せられたアナーキスト4名のうち3名および絞首刑直前に獄中で死去した1名がドイツからの移民であり、彼らの支持基盤だったシカゴの労働者の中核を成していたのもドイツ系移民だった。1890年代にはいるとドイツ系移民は減少するが、彼らの運動と思想は、19世紀末から20世紀初頭にかけて増大するロシア出身のユダヤ系移民に伝えられた。

ロシアから来たユダヤ系移民労働者は、アメリカに移り住むとたいていは、ドイツ系ユダヤ人によって経営される被服製造工場で仕事を見つけて働いた。そのような経営者を含めたドイツ系ユダヤ人がアメリカに移住するようになったのは、ロシア系ユダヤ人が大量に移民する時期よりも40〜50年前の1840年代以降のことであり、ドイツ系移民が最初のピークを迎える時期にドイツからの移民の一部としてアメリカに来ている。

1840年から1880年までの40年間でアメリカにおけるユダヤ系住民の人口が1万5千人から25万人へと増大するが、そのほとんどがドイツ系のユダヤ人だったと考えられている。ドイツ系ユダヤ人は、ドイツでもアメリカでも宗教的なマイノリティだったが、ユダヤ人に対するさまざまな制約があったドイツよりもアメリカの方がまだ自由があったことが、移民を決断した重要な要因であろう。

彼らドイツ系ユダヤ人は、1848年革命に参加した知識人や芸術家のような人々を除けば、ほとんどがアメリカに来るとまず街頭での行商から始め、そのうちの一部は銀行業や製造業といった事業を立ち上げた。特に被服製造業は、ドイツ系ユダヤ人が多く立ち上げる事業の一つだった。例えば、レヴィ・シュトラウスというドイツ系ユダヤ人は、サン・フランシスコで衣類・雑貨販売店から事業を始め、最後はジーンズの製造と販売で財を成すようになる。これが今日の「リーヴァイス」の起源である。

5章　規則を破るドイツ人

　彼らドイツ系ユダヤ人はドイツ出身であることを誇りにしており、自分たちの子どもをドイツに留学させ、日常会話ではドイツ語を使い続けたが、時代が下るにつれてユダヤ系住民は自分たちの子弟をアメリカの大学に入学させたいと希望するようになる。だが、20世紀にはいるとアメリカの大学は、非公式にユダヤ人学生の入学制限枠を作ることでユダヤ人を排除していくことになる。

　その後、1933年から1945年までの時期にも、ドイツ系ユダヤ人がナチからの迫害から逃れてアメリカに大量に移民している。ただし、アメリカがドイツ系ユダヤ人を簡単に受け入れていたわけではない。1920年代から、アメリカは受け入れられる移民の上限を各国ごとに割り当て、移民を制限していたからである。アメリカ以外の各国も、ナチによる迫害を逃れようとするユダヤ人難民の受け入れに消極的だったため、ヨーロッパ各地でユダヤ人難民が行き場を失い、その多くがナチによって虐殺された。

　とはいえ、この時期にアメリカに移民した約13万人とも言われるドイツ人のうちのほとんどをユダヤ人が占めていたと考えられ、彼らの中には理論物理学者A. アインシュタインをはじめとする著名な知識人や科学者、芸術家などが含まれていた。そのため、「文化的」移民、「知的」移民、あるいはヨーロッパからの「頭脳流出」と表現されることもある。

　移民してきたドイツ人たちの多くは、例えばニューヨークの場合、一部の街区に集住し、ドイツ語を話し、ドイツ語の新聞を発行し、ドイツ風の生活を続けた。そのようなニューヨークにおける難民の集住地区で子どもとして成長した人物の中に、後にR. ニクソン大統領時代に国務長官を務めたH. キッシンジャーがいる。ユダヤ人が国務長官に就任したのは、アメリカ史上初めてのことだった。第2次世界大戦後も同様の「頭脳流出」が続き、ドイツからアメリカに移住した優れた科学者たちが、アポロ計画などアメリカの国家的な事業に携わった。

　ドイツ系移民とその子孫たちの歴史を知ることで、ドイツをグローバルな文脈の中で捉えることが可能になる。その際には、移り住んだ国家

にドイツ系移民がどれほどの「貢献」をしたのかということばかりではなく、アーミッシュやメノナイト、社会主義者やアナーキストのように、故郷でも移民先でもマイノリティでメインストリームからはずれた人々のことも想起してみてはどうだろうか。社会が多様な要素から形成されていること、自分の抱く外国に対するイメージがステレオタイプ化されたものであるということに気づき、自分の「常識」が、ある価値観から見れば「非常識」なのかもしれない、と考えることは、外国の文化や歴史を学ぶ時には大切だからである。

(主要参考文献)

Geronimo, *Feuer und Flamme, Zur Geschichte der Autonomen*, 4. Auflage, Berlin/ Amsterdam: Edition ID-Archiv, 1995.

Grauwacke, A. G., *Autonome in Bewegung, Aus den ersten 23 Jahren*, Berlin/ Hamburg/ Göttingen: Assoziation A, 2003.

井関正久『ドイツを変えた68年運動 シリーズ・ドイツ現代史Ⅱ』白水社、2005.

究極Q太郎「アウトノーメたち」『舞台芸術』01、京都造形芸術大学舞台芸術研究センター、2002、33-43頁.

栗原康「オルターグローバリゼーション運動とアナーキズム――ドイツ反G8運動報告から」『情況』2007年11・12月号、160-168頁.

近藤潤三『移民国としてのドイツ――社会統合と平行社会のゆくえ』木鐸社、2008.

ジョン・ライドン(竹林正子訳)『STILL A PUNK ジョン・ライドン自伝』ロッキング・オン社、1994.

西田慎『ドイツ・エコロジー政党の誕生――「68年運動」から緑の党へ』昭和堂、2009.

浜本隆志・平井昌也編著『ドイツのマイノリティ――人種・民族、社会的差別の実態』明石書店、2010.

6章　ジョークでみるドイツの官吏

(1)「官吏ジョーク」とは

　「サービス砂漠」（Servicewüste）という言葉がドイツで使われるようになって久しい。
　ドイツでショッピングをするのは楽しくない。顧客であるわたしは「売ってくださってありがとうございます」という低姿勢で、品物を買うという行為にのぞむのである。個人商店はともかく、普通のスーパーでは閉店の30分以上も前から、顧客を完全に無視して業務終了のための準備作業が始まる。「お仕事の邪魔になるのに買い物などして、どうも申し訳ありません」と顧客のわたしが感じてしまう。本末転倒である。
　巷の商店やデパートでこのようなありさまであるから、市役所等公共サービスの現場では過度の緊張を強いられる。役所に行くのは清水の舞台から飛び降りるような覚悟が必要である。役所に到着後、整理券を取り長時間待った後、運が悪いとこちらの言いたいことを断じて理解するまいという心構えの担当職員にあたったりする。「理解されないのは、おまえのドイツ語力に問題があるのではないか」と思われる方もおられよう。しかしこのような扱いを受けるのは、外国人だからではない。ふつうのドイツ人も同様に扱われるのである。こういう局面では、カフカ的不条理の世界をドイツ人も痛感するらしい。
　その証拠にドイツには、「官吏ジョーク」という独自のジョークのジャンルさえ成立している（なおここでの「官吏」とは公務員全般のことをおおむね指すが、ドイツには「官吏」ではない公務員が多数存在し、「官吏」（Beamte）と「非官吏」（Angestellte）には同じ公務員でもはっきりした区別がある。こ

183

の点は後述する)。

　ドイツのジョークは、一般的に外国人にはあまり笑えないものが多い。これは語学力の問題では断じてない、とわたしは確信している。ドイツには巷で語り継がれてきたジョークが多くあるが、ドイツの社会とドイツ人の考え方に精通していないと、ジョークの意味するところも理解できないので、笑えないのだと言える。しかし、ドイツに長年住み、ドイツ語もマスターし、ドイツ社会を理解したとしても、少し違った意味で全く「笑えない」ジョークがドイツには多いことも事実である。読者がここに紹介する官吏ジョークを読んで「笑える」かどうか、興味深いところである。

(2) さまざまな「官吏ジョーク」

　批判的な意味での「官僚主義」には、官吏にみられる規則万能、責任回避、秘密主義、前例主義、画一主義、繁文縟礼＝行き過ぎた文書主義＝「レッドテープ」、権威主義、セクショナリズムがあげられる。これらはアメリカの社会学者R. マートンが官僚制の「逆機能(社会的機能が持つ、望ましくない効果)」としてあげたものである。マックス・ヴェーバーは近代官僚制の統治組織としての合理性を強調したが、官僚制に関する研究上の通説となったヴェーバーの議論こそが当初はユニークなものであり、それ以前にはむしろ官庁組織の非効率や形式主義の不具合こそが広く指摘されていた。そしてマートンは、ヴェーバーがあげた最も合理的な組織としての官僚制の特徴・利点である、規則重視、階層的な指揮命令系統、選抜され資格をもった官吏の分業による専門化などが徹底されると、かえって上にあげたような不合理や非効率が生じる事態を指摘した。これは官僚制に向かい合ったときの私たちの生活実感――すなわち、官吏ジョークの発信源にして受容先――に、より近いものだ。

　さて、権威主義をふりかざし、かたくなな態度で市民に接するのがドイツの官吏のように思われるが、ドイツの官吏ジョークには、この特性に関するものはなぜか少ない。その中からいくつかを訳出してみよう。

6章　ジョークでみるドイツの官吏

　　官吏とテロリストの違いは何だろうか？
　　　1）テロリストにはシンパがいる。
　　　2）テロリストとは交渉ができる。

　税関の役人が叫んだ。
「待て！おまえのリュックを開けろ！」
「ぼくはリュックなんて持っていないですよ」
「持っているかいないかなんてどうでもいい。規則は規則だ！」

官僚主義的傾向のうち、いきすぎた文書主義もジョークになっている。

　　ケルン市とロスアンジェルス市の建築局が、14階建てのビル建設プラン
　をどちらが早く建てられるか競争した。
　　ロスアンジェルス市からの電報には、「あと14日で建設プランは完成す
　る」とあった。
　　ケルン市はこれに速やかに返信した。
　「あと14枚の申請用紙を書き終わったら、建設プラン作成開始だ」

自己判断できないという官吏の特性もジョークのテーマになっている。

　　官吏のシュナイダー氏は家族とともにバカンスを農場で過ごした。
　　日ごろの運動不足解消のために、彼は農夫に肉体労働をさせてほしいと
　願い出た。
　　農夫は、じゃがいもを大きさ別に仕分ける仕事を、彼に与えた。
　　しばらくして農夫が様子を見に行くと、シュナイダー氏は汗びっしょり
　で途方に暮れている。心配になった農夫が「仕事がきつすぎるのか？」
　と尋ねると、シュナイダー氏はこう答えた。
　「ちがうよ。ちがう。じゃがいもの大きさをすぐに決めて仕分けなきゃ

ならないのが、ものすごくたいへんなんだ」

官庁で決定が下されるまでの 10 のプロセス
　1）企画に夢中になる。
　2）興ざめする。
　3）パニックに陥る。
　4）責任者が姿をくらます。
　5）誰のせいで失敗したのかを追及する。
　6）失敗に何の責任もない人を処罰する。
　7）関与しなかった人を昇進させる。
　8）重要な決定をなかったことにする。
　9）重要でない決定を公表する。
　10）間違った決定を長期にわたって続行する。

　最も数が多いのは、官吏は怠け者であるという偏見にみちた通念に基づくジョークである。なかでも「惰眠を貪る」と「額に汗して働かない」ことがジョークの対象になっている。前者のジョークの数はかなり多いが、ここにいくつか選択してみる。

　熊と官吏の違いは何か？
　熊は冬にしか冬眠しない。

「フリッツくん、大きくなったら何になりたいの？」
「役人になりたい」
「どうして役人になりたいの？」
「だって役人になれば、寝ながらお金がもらえるもの」

　官吏のマイヤー氏が死んだ。
　同僚の一人が「どうしてこんなに急に死んでしまったのか？」と尋ねる

と、マイヤー氏と同室で机を並べていた官吏が、こう答えた。
「典型的な役人の死に方だったよ。居眠りしたときに頭をがつんと机にぶつけたのさ」

「額に汗して働かない」ことをテーマにしたジョークには次のような例がある。

　市役所の特別室に、封印された貴重な壺が、鍵を下ろして厳重に保管されている。
　その壺の中にはかけがえのない聖なる遺品が入っている。
　この遺品こそ「役人の一粒の汗」なのだ。

単に怠け者で働かないことについてのジョークの数も多い。

　役所には通常入口が二つある。
　それは、遅刻した役人が早退する役人の邪魔にならないためだ。

　一週間のうちで役人にとって一番いそがしい日は、何曜日か？
　月曜日。なぜなら日めくりを一度に3枚もめくらなければならないので。

　官吏のボルマン氏が朝食のテーブルに座り、新聞を読みふけっている。
「ユリウス！」と突然彼の妻が言った。「あなた、今日は役所に行かなくていいの？」
「なんだって！」とボルマン氏は立ち上がった。
「てっきり、もう事務所にいるものと思っていたよ！」

　このようなジョークがなぜ語り継がれているのだろうか？　現実にドイツの官吏がここまで怠け者とも思いがたい。官吏ジョークが独自のジャンルと

第 2 部　現代ドイツ社会を訪ねる

して存在していること自体が、ドイツ社会における官吏の特殊なステータスを証言していると言えよう。そしてこの事実は、官吏の歴史と密接に結びついていると考えられる。

(3) ドイツ官吏の歴史

近代ドイツの「職業官吏制の父」(Vater des Berufsbeamtentums) とされるのは、神聖ローマ帝国期ドイツの一領邦であったプロイセンの王、フリードリヒ・ヴィルヘルム 1 世（在位 1713-1740）である。1722/23 年に、プロイセン初の行政改革が行われ、官吏制度の基礎が築かれた。官吏になるためには試験に合格しなければならず、試験合格後は官吏養成教育が施された。この時代にすでに、忠実で勤勉、時間を守る等の官吏エトスができあがったのである。

その息子である啓蒙専制君主フリードリヒ 2 世（在位 1740-1786）は、この職業官吏制をさらに発展させた。官吏は、決められた勤務時間内に、通達や訓令を受けて働くことになった。官庁には絶対的なヒエラルヒーが形成され、自発的で責任感を伴う行動は制限された。当時の官吏は、その大部分が、下士官や兵士であった。したがって軍隊と同様に、無条件に職務を遂行することが要求された。どのような命令であっても、通達や訓令の規定に反しておらず、形式上「正しい」ものであれば、自動的に遂行する硬直した官僚主義の基盤がここにあると言える。高級官吏と上級官吏の数は、1720 年から 1786 年まではとんど同数のままだったが、下級官吏の数は 1740 年から急激に増加した。

図 1　フリードリヒ・ヴィルヘルム 1 世の肖像画
(http://de.wikipedia.org/w/index.php?title = Datei:Antoine_pesne_friedrich_wil.jpg&filetimestamp = 20060908211956)

18 世紀から 19 世紀にかけて、「官吏と

は、選ばれた者のみが就ける職業である」と考えられるようになった。官吏になるためには、特定の前提条件を満たし、選抜試験に合格しなければならない。当時の社会階層は固定化され、立身出世はできなかったが、官吏になれば、官吏のヒエラルヒーの内部で昇進することも可能であった。官吏とは単なる職業を意味するのではなく、むしろ生涯をかけて果たすべき使命であるがゆえに、官吏をむやみに解雇することは禁じられた。官吏の業務は、誰にでも委託できるものではなく、その業務にふさわしい人物のみが遂行できるものとされた。そのため、特別な「専門職業集団」に属しているという意識を、官吏が持つようになった。上級・中級官吏になれるのは、貴族のみに限られていたが、大学で法学や行政学を修めれば、市民階級出身者であっても、官吏になることができるようになった。

　このような官吏の「権利と義務」は、フランス革命後の1794年に公布された「プロイセン一般ラント法」に法制化された。この法により、官吏はもはや「領邦君主の僕」ではなく「国家の僕」となったのである。その後、1919年に公布されたヴァイマール憲法に、終身雇用、生活保障、忠誠義務、政治的中立等の官吏法の原則が明文化された。ナチが政権を握ると、1933年に「官吏層再建法」が公布され、共産党員、社会民主党員、ユダヤ人をはじめ、ナチの方針に従わない官吏は行政機関から一掃された。

　ナチ政権下は、官吏の本質を暴露した時代であると言えよう。国家への忠誠義務により、それが人道的には極悪犯罪であったとしても、官吏は忠実に遂行しなければならない。終身雇用と生活保障という特典が、自らの良心との葛藤を阻止する役割を果たした。連合軍の依頼を受けてナチ政権下の官吏の実態を調査したフランスのカソリック知識人でドイツ文化研究者のロベール・ダルクール（Robert d'Harcourt）は、以下のように述べている。「ドイツの官吏は、うらやむべき効率さをもって勤務する。しかし不正においても正義においても、同様に効率的に働く。単にひとつの歯車として動くこと以外に何も習得していないのだ」

　現代ドイツの憲法である「基本法」の第33条第5項には、「職業官吏制の伝承された原則」を顧慮して公務員法を規定もしくは改定しなければならな

いことが明文化されている。この「伝承された原則」とは、忠誠義務、終身雇用、生活保障、政治的中立及びストライキの禁止（団結権は認められているが、協約締結権、争議権は制約されている）等である。官吏の歴史を概観した結果、この「伝承」がプロイセンの時代にまで遡り、きわめてプロイセン的なものであることがわかる。

（4）「官吏ジョーク」は何故生まれたのか

　ジョークの対象は、往々にして、ある特定の集団である。これまで見てきた通り、官吏は、試験で選抜された者だけが属すことができる、ひとつの「専門職業集団」である。この集団が何をしているのかは、外部からは非常にわかりにくい。しかし大多数の官吏の仕事はデスクワークであり、肉体労働ではないことだけは明白である。市民の大半が肉体労働に従事していた時代においては、額に汗して働く必要がない仕事に従事して報酬を得ること自体が、非常に特殊なことであったにちがいない。「額に汗して働かない」ことをテーマにした官吏ジョークは、かなり昔から語り継がれてきたのではないかと思われる。

　　政府ができないふたつのこととは、
　　農民を飢えさせることと、官吏に汗をかかせることだ。

　終身雇用であるため、たいして仕事をしなくても解雇されないために、「惰眠を貪る」官吏のジョークができたにちがいない。しかし、官吏が何をしているのか外部にわかりにくいことも、この一連のジョークが物語っているのではないか。官吏の業務には、広い意味で国家機密に係るものや、事前に外部に漏れては不都合な内容のものもある。このような官吏の守秘義務（秘密主義、セクショナリズム）も、揶揄の対象になる。

　　ふたりの官吏が話している。

6章　ジョークでみるドイツの官吏

　ひとりの官吏が話して曰く、
「ぼくの仕事はものすごく秘密で、自分でも何をしているのかわからないんだ」

　民間企業とは違い、官吏の業務成績は評価しにくいため、昇進の基準も外部にはわかりにくいもののひとつである。日本でも言われている通り、官吏の業務評価は「減点主義」で、良い成果を出したことよりも、失敗しないことが重要視される。官吏は当然自らの保身だけを考えるようになる。しかし、新しい試みや独創的な事業には失敗がつきものであろう。創造的で自発的な人は、少なくともこの意味では、官吏には一番不向きである。

　官吏が昇進しないためには、どうしたらいいか？
　自殺するしかないね。

　働く者は、失敗する。
　失敗しない者は、昇進する。

　官吏は、犯罪でも起さない限り、定年退職まで解雇されることはない。定年退職後、ドイツの官吏には、現在もなお恩給が支給される。この恩給の額は、最後の給与の約70パーセントである。恩給は課税対象ではあるが、平均して民間の年金支給額よりも高額である。官吏の生活は国が保障するのが「伝承された原則」であるため、健康保険料及び年金保険料を支払う必要はない。終身雇用で失業はありえないため、失業保険料を支払うこともない。普通の労働者のように給与から社会保障費が天引きされることはいっさいないわけだ。病気や事故が原因で早期退職した場合も、勤続年数に応じて恩給が支給され、生活に困ることはない。このような特典が揃っているがゆえに、官吏とはまさにドイツ人の「夢にみる職業（Traumberuf）」であると言えよう。経済成長が続き、福祉国家（社会国家）の運営を可能にする「大きな政府」がよしとされていた1960年代から1970年代にかけて、ドイツにおける官吏

の数は倍増された。これまで見てきたような数々の特別な待遇を享受する官吏の数が増大すればするほど、巷で額に汗して働く庶民の（妬心まじりの？）嘲弄の対象になったであろうことは、想像にかたくない。

　本稿で紹介した官吏ジョークの多くは、官吏の数が増大した後に、語り継がれるようになったのではないかと思われる。

（5）現代ドイツの官吏たち

　現代ドイツの官吏の実態は、ジョークよりもさらに「笑える」。ベルリンの日刊紙『ターゲスシュピーゲル（Der Tagesspiegel）』の報道（2010年5月）によると、早期退職した42歳の警察上級事務官が、余暇がありすぎることに耐えられず、スーパーマーケットを襲撃して逮捕され、3年半の懲役刑に罰せられた。よりにもよって緑色（信号の色でもあるが、ドイツ警察の制服に使われている色でもある）に対して恐怖症となって引退した警察官や、鉄格子を見ることができなくなって早期退職した刑務所官吏の例も言及されている。長期病欠していた学校教師は、給与を全額支給されつつ、博士論文を書き上げて提出した。29歳の刑務所官吏の場合は、官吏のステータスを獲得した1か月後に、病欠届を出し就労不能となった。

　わたしの知り合いの上級官僚は、規定の休暇日数である年間6週間を休暇として取得するばかりでなく、さらに毎年6週間病気欠勤することにしている。ドイツでは病気欠勤の場合、6週間までは給

図2　現代ドイツのある官吏のデスク
（著者撮影。写真の人物は本文内容とは無関係）

与が継続的に支払われるからである。この規定は、官吏だけではなく、すべての労働者に適用される。上述した上級官僚は、実質年間9か月しか勤務しないで、給与は全額懐に入れているのである。また、わたしが婚姻届を提出した戸籍役場の役人は、明らかに慢性アルコール中毒（アルコール依存症）であった。朝9時に赤い顔で酒臭く、書類を検査する手が震えていた。アルコール依存症が人間性や道徳観念の弱さを示すものではなく、最近では医学的治療が必要な精神疾患として扱われるようになっているのは知っている。しかし、病気欠勤が比較的容易なのであれば、わざわざ窓口にいなくてもよさそうなものだ。人生の門出にアル中の役人。わたしの結婚生活が平坦なものにならないことを、予告しているかのようであった。

　このような官吏の実態が報道されるなか、日本と同様ドイツでも「公務員改革」が要請されている。日本の公務員制度と現代ドイツの制度との相違は、前述のようにドイツの公務員が「官吏」と「非官吏」のふたつのグループから成り立っていることにある。「非官吏」は、公共機関（国）と労働契約を結んで労働を提供する被用者である。終身雇用も保証されておらず、社会保障費の支払いが義務づけられ、保険料を支払い続けることによって、年金受給資格を獲得しなければならないかわりに、ストライキ権を持つ。連邦政府および州政府においては、官吏の割合が半分以上を占めるが、過去数十年来、市町村では官吏が少数派となっている。ドイツ連邦統計局の統計によれば、2006年における公務員の総数は約460万人で、そのうちの約41パーセントが「官吏」、約59パーセントが「非官吏」であった。

　将来的には、官吏の数が減少することは確実である。その最大の原因は、ドイツ連邦郵便局、ドイツ連邦鉄道、ドイツテレコム等が次々と民営化されたことにある。労働組合側からは、公共機関で働くすべての労働者に同一の労働法が適用されるべきであり、職業官吏制を廃止するべきだという要求さえ出されている。さらに、公共サービスの中核部分である警察、司法、財務、行政分野においてのみ、官吏を採用することも提案されている。この提案によれば、学校教師や大学教授は「非官吏」となる。「伝承された職業官吏の原則」を念頭に置いたうえで、官吏が自らの老後資金財源の一部を負担するこ

とも討議されている。

　日本と同様少子高齢化が進むドイツでは、近い将来深刻な人材不足になることが懸念されている。ドイツ企業は、職業訓練を終えた能力の高い外国人技術者を獲得しようと努力している。ところがドイツ社会の様々な問題が障壁となり、ドイツに移住する外国人技術者の数は増えない。その障壁のひとつが、ドイツの官吏の融通の利かない硬直したあり方なのである。米国商工会議所ドイツ支部が米国大手企業50社を対象にした2010年の調査でも、ドイツの役所にはびこる官僚主義を「移住の障害」のひとつとする声も目立ったという。「労働ビザ取得時に受けた硬直的な対応は思い出すだけで腹立たしい」と現在ドイツ企業で働く外国人技術者は、言っている。やっぱり！ドイツの官吏の言動にいやな思いをした「有能な外国人」は、わたしひとりではなかったのだ！

　ドイツの官吏がドイツの経済を危機に陥れるかもしれない。その結果、税収が落ち込み、国家財政の危機が長期化すれば、官吏という特殊職業集団を国家が養うことも次第に困難になるだろう。そしてそのときにこそ、プロイセン王朝期以来の官吏ジョークも巷から忘れ去られることになるはずだが……。

（宗像せぴ）

ドイツいまむかし

German Angst（ドイツ的不安）？

　放射線測定器は軒並み売り切れで、もう在庫がない。ヨウ素剤も飛ぶように売れた。これは、3.11後の日本ではなく、3.11後のドイツの状況である。東日本大震災勃発以来1週間あまり、この世の終わりもかくあろうかと思われるような報道が、ドイツのマスメディアに流された。日本のNHKでは放映されなかった福島第1原子力発電所の1号機原子炉水素爆発の瞬間が、テレビの画面に繰り返し映し出された。ドイツの原子力問題専門家が次から次へとテレビ番組に登場し、「残念なことだが、炉心熔融はすでに始まっていると考えられる。チェルノブイリで起こっ

たような事態（注・1986 年、旧ソ連邦（現・ウクライナ）チェルノブイリ原発の原子炉の一つが爆発し、原子炉内の 10 トンに及ぶ放射性物質が大気中に放出され、ほぼ北半球全域に広がった）が発生するのは、時間の問題であろう。放射能の雲が、日本全体の GDP の実に 4 分の 1 を稼ぎ出している大都市東京及びその周辺を覆った場合、日本は経済的にも壊滅的な打撃を受けるであろう」と沈痛な面持ちで予言し続けた。

　ドイツ各地で反原発デモが行われ、これを受けてドイツの首相メルケルは、原子力政策を突如 180 度転換させた。2010 年の秋、原発を全廃すべき目標年を先延ばしし原発の運転期間を延長することを、野党の反対を押し切って決議したばかりであったが、フクシマにより想定外のリスクが現実のものとなったことが、政策転換の論拠となった。メルケル首相は、3 月 14 日の記者会見で以下のように述べた。「（…）日本の惨事は、あらゆる科学技術的基準に鑑みて不可能と思われたことが、実際に起こり得ることを我々に示した。（…）これは全世界、ヨーロッパ、そして我々ドイツに再考を迫る事態である。日本の惨事は、ドイツの状況を変化させるものなのだ」。

　この声明の翌日には、建設年の古い原発 7 機を暫定的に稼動停止することが決定された。その後、技術的に問題のある 1 機もこれに加わり、総計 8 機の原発が稼動停止された。さらにメルケル首相の提唱により、原発廃止のための倫理委員会が設置され、「フクシマの惨事の後、ドイツで原発を利用することは倫理的に正しいのか？」について検討される運びとなった。この委員会「賢者の会」には、政財界および学界の代表者をはじめ教会代表者も属している。

　フクシマ後のドイツ政府のこの一連の政策転換は、3 月 27 日に行われるバーデン・ヴュルテンベルク州及びラインラント・プファルツ州の州選挙を意識したものであった。しかし政府与党であるキリスト教民主同盟（CDU）の思惑とは裏腹に、ドイツにおいて政治的にも経済的にも非常に重要な地域であるバーデン・ヴュルテンベルク州の州選挙では、これまで半世紀以上もの長きにわたって州の政権を握っていた CDU が敗

北し、党の結成以来一貫して環境問題に取り組み、原発廃止を主張してきた「緑の党」が圧勝した。同州では、緑の党代表が、ドイツの史上初めて、州首相の座に着くこととなる（→第1部「1章」参照）。ラインラント・プファルツ州の選挙においても、緑の党は多くの票を獲得した。メルケル首相は、この選挙の大敗は「日本の惨事のせいである」と党の内部で繰り返し語ったという。

　原発事故に関する日本政府の情報発信は混迷を極め、世界中の人々の不信を募らせるばかりであった。他方ドイツのマスメディアでは、「日本最後の日」の到来も間近であるかのような報道が繰り返される。ドイツ在住の日本人の中には、ドイツの報道をもとに東京脱出を説いてしまったために、日本に住む家族から絶縁されそうになった人もいる。連邦食料・農業・消費者保護相イルゼ・アイグナーは、日本から輸入される食品の検査を強化すると直ちに宣言した。日本の食品がドイツの食料品売り場に占める割合は、微々たるものに過ぎないのであるが。ドイツの天気予報では、原発事故後1週間以上にもわたって、日本上空の雲の動きが放映され、放射性物質がドイツに降下する可能性の有無についての説明がなされた。ドイツの政治家の中には、日本からの渡航者の放射能検査を要求する声もあった。

　こうした中で、大手外国航空会社としてはいち早く、ルフトハンザが3月15日に成田空港への運行を中止した。東京のドイツ大使館も機能を大阪へ移転するとともに、自国民宛のホームページでは東京及び日本からの脱出を勧告した。ZDF（ドイツ第2公共テレビ放送）も報道陣を東京から大阪へ移転させた。日本に社員を派遣していたドイツ企業は、社員が一刻も早く日本を退去できるよう最善を尽くした。東京に支社のあるドイツ企業の中には、日本人社員の健康状態を心配するあまり、支社の一時休業（しかし給与は休業中も満額支給）ばかりか社員が東京から疎開することを提案したところさえある。

　多くの日本人の顰蹙（ひんしゅく）も買った、このようなドイツ人の行動の背景に

あるのは、チェルノブイリ原発事故のトラウマであり、ドイツ人に固有とされる恐怖感（German Angst）が放射能に向かったものであるとも考えられる。この「German Angst」という概念は、英語圏において用いられ、集団としてのドイツ人に典型的な思考行動パターンを表している。ドイツ語の「Angst」という言葉は、主として根拠のない漠然とした恐怖を意味する。放射能は、可視できない上に、その被害も長期を経ないと明らかにならないという点では、まさに漠然とした恐怖の対象の代表格と言えるのかもしれない。

　フクシマに関するドイツのマスメディアの報道ぶりやドイツ人の反応に対しては、ドイツ国内でも多数の批判が寄せられた。ライナー・ブリューデルレ経済相は、3月14日のドイツ産業連盟の会合席上で「ドイツ人はヒステリックになっている」と発言した。ボン大学日本学教授のラインハルト・ツェルナーは、「ヒステリー、プロ意識がない、さらにとりわけ同情や繊細な心配りを欠いたものから、シニカルなものまである。これらがドイツ人の（日本の惨事に対する）典型的な反応であった」と述べている（3月28日付『ヴェルト』紙）。さらにツェルナーは、ドイツ人にとってフクシマは「German Angstを投影する画面」（4月7日付『ヴェルト・オンライン』）であるとして批判する。

　日本の惨事に関するドイツのマスメディアの報道が、行き過ぎであったことは否めない。しかし、上述したような今回の核災害に対する「Angst」は、本当にドイツ人に固有のものなのだろうか？　わたしは先進国にはどこにでも見られ得る反応だと考える。しかも放射能への恐怖は、根拠のない漠然とした恐怖などでは決してない。チェルノブイリの原発事故による放射能汚染は、現在も継続しており、危険な状態が今後も簡単に収束されることは望めない。南ドイツにおいても、今もなお、キノコやイノシシ等から高い放射線量が計測されている。子どもが放射能の被害を受けることを恐れて西ドイツを脱出し、放射能の影響が少なかったスペインやポルトガルへ移住したドイツ人家族のうち、今も彼の

地に留まっている「チェルノブイリ難民」もいるという(『シュピーゲル』誌、2006年17号)。危険に対しては不安や恐怖を感じなければならず、不安や恐怖こそが、人類がこれまで生き延びるために必要不可欠なものであった。不安や恐怖は、新しい行動規範を生み出す。危機意識がなければ、危機管理を行う必要性が討議されることもないのである。

　ドイツでは、電気料金大幅値上げも生活水準を下げることも覚悟の上でのエネルギー政策の転換が、フクシマを契機に真剣に討議されている。これを引き起こしたのは、「German Angst」などという曖昧模糊としたドイツ人の性向などではない。ドイツ社会における反原発運動は、フクシマから始まったものではなく、東西冷戦時の核兵器の脅威からチェルノブイリの原発事故の核災害を経て一貫して行われてきた。フランスの再処理施設からドイツの貯蔵施設へ放射性廃棄物を運ぶ輸送車がドイツ国内を走行する度に、原発に反対する多数の市民が輸送を阻止しようと大規模デモを繰り返してきた (→第2部「5章」参照)。フクシマは、これまでこの種のデモには比較的無関心だった人々をも明確に反原発へと動かした。

　ドイツ国民の多くは、経済のこれ以上の発展よりも、健康で安心安全な生活を選択しようとしているのではないだろうか？　ドイツでは今まさに、真に理性的な決断が模索されており、世界中でその決断のゆくえが注目されている。『フランクフルター・アルゲマイネ』紙の発行人のひとりであるフランク・シルマッハーは、"Sie nennen es Hysterie (ひとそれをヒステリーと呼ぶ)" と題した論説において、ドイツ国内のメディアに表明された「過剰」報道への批判にこう反論している。ドイツ人がフクシマのニュースにヒステリックに反応したとして非難されているが、放射性廃棄物の最終処理問題をも含む原発の安全性について疑問を提示し、政治的決断を下すためには、炉心熔融を国内でじかに体験する必要はない。ドイツ人は、核災害への恐怖のあまり神経症に罹っているのではなく、安全管理システムや非常用電源の再検討にのみ終始してしまう「大事故の後に学ぶ」というやり方と訣別し、「先見的に思考する」こと

を今まさに希求しているのだ。「(…) ドイツ人は、だからこそフクシマを自分自身の問題としたのである。(…) 人々は暗闇にうずくまっていたいがために原子力発電所を停止したのではなく、代替技術を開発するために必要な経済的圧力が、そうすることによってのみ生み出されることを知っているから、原発を停止したのだ」(4月3日付『フランクフルター・アルゲマイネ』紙)。

　冷静沈着で果敢に忍耐強く、そして助け合いながら、困難に立ち向かっている東北地方の被災者の姿は、ドイツを含めて世界中で称賛されている。「未曾有の国難」に対して、決して絶望せず、前向きに働き続ける日本人の姿は感動的である。政府や東京電力の対応に深い憤りを感じながらも、批判や非難に時間を浪費することなく、ドイツでは到底考えられないような速度で、復旧作業が進んでいる。日本を守るために、自分の健康や命までも犠牲にする覚悟で、損壊した福島第1原発で働く多くの日本人がいる。

　しかし、前向きに努力する前に、できることなら一度立ち止まって考えて欲しい。この原発事故は明らかに人災である。ドイツの緑の党を代表する政治家のひとりであるレナーテ・キューナストは、3月12日にドイツ・ラジオのインタヴューで、こう述べている。「我々人間が自然を支配しているのではなく、自然が我々人間を支配しているのである」と。キューナストは、日本の原発事故の政治的帰結として「地震多発地域に原発を建設することに明確に反対する」ことを宣言した。

　資源のない日本が、他国に依存することなくエネルギーを供給できる唯一の選択肢が原子力発電である、と考えられてきた。この考え方の根底にあるのは、ハイテク社会日本を支える安全神話と技術過信である。そもそも使用済み核燃料処理の問題解決さえ十分にできていない日本の現状で、原子力発電が安全と言えたのか？「安全と水はただ」と従来日本人は考えてきた。ドイツでは水が無料でサービスされることはないし、ドイツ人の大半は、ワーストケースを想定して安全対策を決定し、

有事の際に損害賠償責任を回避できるように行動する傾向にある。これに対して、原子力産業の頂点に立つ日本のエリートたちは、「日本人の優秀な頭脳をもってすれば、原子力エネルギーの諸問題が解決できないはずはなく、問題解決を可能にする技術が開発されるのは時間の問題」と確信していたのではないか？　新技術開発の実現を待たず、東日本大震災が起こってしまった。しかし、福島原発事故発生直後でさえこの確信は揺るがず、事故の全貌もわからないうちから、巨大地震と津波にも耐えうる絶対安全な原発の開発について考え始めていたにちがいない。

　他方、有事の際のシナリオは、日本政府にも東京電力にも事前にはなかったとしか思えない原発事故への対応ぶりであった。シナリオがなかったのであれば、せめて事故当初からでも最悪の事態を想定して、先手の対策を打つべきだった。ドイツ人は通常ワーストケースを想定して行動すると上述したが、日本人はワーストケースが現実になろうとしていても、これを意識から排除して目前の問題解決へと邁進する。それによって想像を超えた驚嘆すべき成果を挙げることも事実である。しかし、この前向きさ、この果敢さ、この楽観主義は危険なのではないか？　今回の原発事故は、高く飛翔し過ぎて墜落したギリシア神話のイカロスのように、人間のヒュブリス（自己過信）を白日のもとに曝し出した。

　わたしが1984年にはじめてドイツへ留学した時、ドイツと日本の生活水準はほぼ同等で——閉店法の規制のために開店時間が短かったことを除いては——、違和感なく日常生活を送ることができた。ベルリンの壁崩壊（1989）の前後から、日本のハイテクに支えられた生活水準は、先進国とされるドイツとも比較にならないほど高いものとなった印象が強い。日本の暮らしは、清潔で便利で安全快適、何もかも希望の時間通りにスムーズに処理される。この効率的で豊かな暮らしが、原子力発電の安全性という不確実なものの上に成り立っていたと、誰が考えただろうか？　将来の日本の暮らしは、これまでのようにドイツよりもはるかに便利である必要があるのだろうか？

古来伝えられてきた日本の祭りは、日本人の本質を象徴しているのではないか、とわたしは考える。祭りにおいては、儀式という枠を用いて、一時的に混沌(カオス)状態が生成され、そこから新たな再生へのエネルギーが生み出される。自然災害においても、同様なプロセスが繰り返される。自然災害が頻繁に起こる日本の国土において、祭りはある意味で精神面の「災害訓練」の役割を果たしてきたのかもしれない。そして日本人の楽観主義は、このメンタルな訓練の成果なのかもしれない。しかし自然災害ではなく、人災である核災害には、再生へのエネルギーが生み出される可能性がない。もしも何十年、場合によっては何百年にもわたって放射能汚染が続くとすれば、その土地に再生はあるのだろうか？　この意味でも今回の原発事故は、日本と日本人を魂の根底から揺さぶる史上初の惨事であるといえよう。前向きで楽観的で果敢な日本のエリートたちは、すぐに意識から排除してしまうかもしれないが。

（2011年4月21日、ベルリンにて脱稿）

〈主要参考文献〉

C. クロザーズ（中野正大・金子雅彦訳）『マートンの社会学』世界思想社、1993．

Waltraud Pröve, *Wer sich bewegt, hat verloren. Die besten Beamtenwitze*, W. Möller Verlag 1992/1993．

Rudolf Summer（Hrsg.）, *Dokumente zur Geschichte des Beamtenrechts*, Bonn 1986．

マックス・ヴェーバー（世良晃志郎訳）『支配の社会学』創文社、1960-62．

あとがき

　読者がベルリンを訪れることがあったら、そして時間と体力があったら、アレクサンダー広場から西にむかって博物館島を抜け、ウンター・デン・リンデン通りをまっすぐにブランデンブルク門まで進む、というコースを歩かれることをお勧めする。3キロほどのみちのりだが、そこは、歴史の記憶を喚起するものとことばに満ち満ちている。
　まずあなたが歩く大通りには、カール・リープクネヒトの名がつけられている（→「はじめに」・第2部「3章」参照）。博物館島では、旧東ドイツの共和国宮殿（国会議事堂）が取り壊されて、広々とした空閑地となっているのを見ることができる（ただし、新しい施設の建設が予定されている）。さらに進んでウンター・デン・リンデン通りに入ると、そこには、「戦争と暴力支配の犠牲者のための」記念施設となっているノイエ・ヴァッヘや、ナチによる焚書の記念碑（→第2部「3章」参照）などがある。そして、ブランデンブルク門は、よく知られているように、東西ベルリン分断の象徴の一つである。門をくぐったところが「3月18日広場」（序章コラム）で、右手に曲がって進めば、現在連邦議会議事堂となっている帝国議会議事堂が、左に進めば広大な「殺害されたヨーロッパのユダヤ人の記念碑」がある。
　ちなみに、3月18日広場を出発点としてこのコースを逆にとると、森鷗外『舞姫』の主人公が恋人エリスに出会うときにたどった道のりにほぼ重なる。それもお勧めである。

（山根徹也）

＊

　今年は奇しくも外交関係樹立150周年にあたるため、日本とドイツそれぞ

れの国会で「友好決議」が採択された。「ドイツと日本はそれぞれ侵略と征服のための戦争を遂行し、戦場となった近隣諸国の人々に甚だしい惨禍をもたらした。第2次世界大戦は両国にとって1945年の無条件降伏を以て、政治的、倫理的カタストロフィーのうちに終焉を迎えた」。これがドイツ側の決議文（1月）の一節である。左派党の棄権はあったが、ほぼ全会一致で可決された。

　他方、それに呼応する日本側決議（4月）は難航した。「両国は、その侵略行為により、近隣諸国の人々に対して多大の損害と苦痛を与え」たとの原案一節がとくに強い反発を呼び、「各国と戦争状態に入り、多大な迷惑をかけるに至り、両国も多くの犠牲を払った」という表現に修正されたが、採決においてもなお40人ほどの退席・反対が出た。原案を支持するとの理由もあったが、修正案すらなお「偏った」「誤った」歴史観であるとの理由からの批判が多かったのである。

　ドイツを学ぶことは、ドイツに学ぶことでもある。いわゆる歴史教科書問題や歴史認識問題に関しては、とくにそういう面がある。ドイツをたんに理想化すること、あおぐべき模範生・優等生とみることは、むろん適切ではない。しかし、気になる他者、気にすべき鏡であるという事実に変わりはない。明治維新以来、遠い隣人であり続けてきた国・ドイツに学ぶことは、これからの日本にとってもまだまだ多いのではなかろうか。　　　　（奥波一秀）

＊

　生まれて初めて訪れた海外の地が「東（社会主義）ドイツ」だった、などと話すと、大抵の人はどう会話を続けていいのかわからないような顔をする。お城とメルヘンのドイツ、クラシック音楽のドイツ、ビールとソーセージのドイツといった豊饒なイメージは専ら「西ドイツ」から発信されていたものであり、通算で3年余りに及んだ私のドイツ生活の大半は、そうした典型的な風物を優雅に楽しむこととは無縁だった。

　だがそこに何か特段のこだわりや思想信条があったわけではまったくない。「どうせドイツへ行くなら、一生の間にそう何度も訪問できそうにない

あとがき

東ドイツを見ておこう」という単なる思い付き程度の選択によって、私が語り継ぐことのできる「ドイツ」はいわゆる「一般受け」するものとは程遠いエピソードばかりになった。しかしそのことを今でも後悔などしていないし、カネもコネもない学生にそんな冒険を許し、また支えてくれた当時の環境は非常に恵まれていたとつくづく思う。だからこそ、本書の刊行が外国史や異文化への関心を広げようとする読者、とりわけ若い世代の助けとなるならばとても嬉しい。昨今よく言われるように、現代の若者が悪しき「内向き志向」であるなどとは、私は少しも思わない。海外へ出るどころか国内での学費すらままならないとか、留学で日本を離れると就職にはかえって不利だとか、目線が「内」に向かわざるをえない経済格差や同調圧力から彼らを本気で救い出そうとしない社会構造に風穴をあけないことには、教わる側にも教える側にも無力感は増すばかりだろう。ハーバードやスタンフォードの人気講義を輸入喧伝し、その手の「名門大学」への留学者数の停滞ばかり槍玉にあげて「いまどきの学生には大志がない」などと嘆いている暇があったら、日本の若者たちがまず日本で十分に学び、かつ将来の不安にとらわれずに「外向き」でいられるような環境の充実にもっと心を砕いたらどうなのかと思う。今ここでたった一冊の本を世に送ることもまた、そのための小さな一歩となることを願いながら、本書を執筆させていただいた次第である。

(北島瑞穂)

*

「この国［ドイツ］では職業的な集団虐殺ですら書類決済なしには行うことができないのだし、アナーキズム・グループですら几帳面なメンバー証明書を発行している」。これは戦後ドイツを代表する著名な知識人である H.M. エンツェンスベルガーの言葉である（三島憲一『戦後ドイツ』岩波書店、1991年より引用）。ちょうどこの言葉を知った1990年代の初頭、日本のアナーキスト・グループの機関紙などから、筆者はアウトノーメについて知った。その後、トリアという小さな町に留学した。そこにはなぜかドイツのアナーキストが発行する定期刊行物や書籍を販売する書店があった。それから現在に

至るまでの間、筆者はアナーキストやアウトノーメをはじめとするさまざまな「規則を破るドイツ人」がいることを知り、「ドイツ人をステレオタイプ化するドイツの知識人なんてあてにならないな」と思うようになった。本書で書いたことは、以上のような筆者の認識を出発点にしている。

　ずいぶん前から、留学中に知ったドイツのアナーキストの機関誌『草の根革命（Graswurzelrevolution）』を講読するようになっている。同誌によれば、2011年3月に福島の原発事故が起きた直後、ミュンスターで開催された集会で、あるドイツのアナーキストが、要約すれば以下のように発言したそうだ。——グローナウにあるドイツ唯一のウラン濃縮施設は、イギリス政府、オランダ政府、そしてドイツの二つの電力会社が共同出資しているURENCOという巨大企業によって運営されている。URENCOやその関連会社は、これまで東京電力や関西電力に濃縮ウランを輸出し続け、これによって莫大な利益を得てきた。つまり、自分たちがいるドイツと原発事故が起きている日本とはとても近い関係にあるのだ、と。筆者が日本で電気料金を支払うと、それは、濃縮ウランというドイツの高級な工業製品の購入に関わり、日本の電力会社ばかりかヨーロッパの巨大多国籍企業をも支えることになる、ということのようだ。こういった情報を教えてもらうたびに、「規則を破るドイツ人」から学べることは多いと感じる。そのようにして学んだことを通じて、最終的には日本にいる「自分」についても知ることができるのだから。本書を手にしてドイツに興味を抱いたら、ぜひドイツに行き、「ドイツ人」の多様性を見つけ出してもらいたい。それが「自分」を見つけ出すきっかけにもなるかもしれない。

　　　　　　　　　　　　　　　　　　　　　　　　（田中ひかる）

＊

　10代の初めにドイツ・ローマン派（浪漫派）に魅せられた私は、日本でドイツ文学を専攻した後、奨学金を得て1984年にドイツへ留学した。当時ドイツは東西に分裂しており、社会主義を信条とする人でもなければ、ドイツといえば、西ドイツを意味していた。知識の上では東ドイツが存在することを知っていても、その存在を意識化することは稀であった。ゲーテ、シラー、

バッハ、ニーチェらの活躍の場が、当時旧東ドイツの領域に属していたにもかかわらず、彼らのような著名なドイツの文豪、哲学者、音楽家はみな、私の意識の上では「西ドイツ人」であった。奨学金による留学期間終了後も日本に帰国せず西ドイツの大学で勉強を続けた私は、結婚を機に、ベルリンの壁崩壊直後、ベルリンへ移住することになった。今はベルリンの中心となっているポツダム広場が、見渡す限り広い野原であったことを、なつかしく思い出す。

 その後、ボンからベルリンへの首都機能の移転をはじめとして、ベルリンはめざましく変化した。引越し当初はすぐにでも「西ドイツ」(旧連邦州)へ戻りたいと切望していたが、今私はベルリンに魅了されている。常に変わり続け、若いエネルギーにあふれるベルリン。「貧しいがセクシイ」(ベルリン市長のことば)なこの都市で、歳を重ねることは無上の喜びである。私のつたない文章が、日本の若い読者の目に触れることを、この上なく光栄に思っている。このような機会を私に授けてくれた本著の編者および出版会に心から感謝してやまない。

(宗像せぴ)

*

 1995年秋から98年春までのあいだ、自分としてはいささかまとまった期間、ドイツ・ベルリン市に滞在した。そこでいくつかの偶然も手伝って、この本の共著者の諸氏と知り合うことができた。せっかくの留学と海外勤務だったのに日本人なんかとつるみやがって、という声もあるだろうが、経済学部に勤め、経済史・経営史の論文を書いている私にとって、折に触れてこれらの人びとから聞くドイツのあれこれの話は刺激に富み、楽しいものであった。現在でもそうである。本書のそもそもの構想——思いつきは、ここにあった。外国について知識を得ることは、色々な意味で役に立つことであるし、今はそうでなくてもいずれその必要に気付かされることでもあるが、それ以前にまず「楽しい」ことであるはずだ。それが苦い自省や粛然とする想い、深刻な認識を誘う知識であろうと、そうなのである。本書を手にとった読者が「序章」や「第2部」を読むことが、各章の著者のはなしを私がベルリ

ンの街角やアパートの一室で感心したり唸ったりしながら聞いた経験の再現になればと思う。そして、とくに若い読者がそこから出発して、「第 1 部」に記されたような日本人の目による現代ドイツの把握を、新たに書きすすめていくことになれば、これ以上の幸いはない。

　大阪大学出版会にご紹介くださった阿部武司大阪大学教授、本書の一部についてコメントをくださった大阪大学経済学部研究セミナー（2010、2011 年度）の諸氏、本書の構想について報告の機会をいただいた香里園歴史会のメンバー、貴重な図表の提供を快諾くださった諸団体、「ドイツもの」が出版される意義について励ましてくださった寺西慶祐氏、等々多くの方々に謝意を表したい。とくに著者たちのわがままに応えて見事な表紙デザインを作ってくださった有馬啓太郎氏には、ご迷惑をお詫びするとともに、重ねて感謝申し上げる。書物を作製するどの段階でこういうことを申し上げるのが適切なのか、未だによくわからないのだが、構想時点の相談からお世話いただいている大阪大学出版会編集部・落合祥堯氏にここで御礼する次第である。

（鳩澤　歩）

2011 年 6 月　　　　　　　　　　　　　　　　　　　　　　　　著者一同

著者略歴

鳩澤　歩（ばんざわ　あゆむ）　（「まえがき」「1章」「2章」担当）
1966年生。大阪大学大学院経済学研究科博士後期課程中退・博士（経済学）。現在、大阪大学教授
著書：『ドイツ工業化における鉄道業』（有斐閣、2006。第50回日経経済図書文化賞）、『西洋経済史』（奥西孝至、堀田隆司、山本千映との共著、有斐閣、2010）など。訳書：ピーター・テミン『大恐慌の教訓』（猪木武徳、山本貴之との共訳、東洋経済新報社、1993）

山根徹也（やまね　てつや）　（「序章」担当）
1965年生。東京大学大学院総合文化研究科博士課程修了・博士（学術）。現在、横浜市立大学准教授
著書：『パンと民衆——19世紀プロイセンにおけるモラル・エコノミー』（山川出版社、2003）、『集いのかたち——歴史における人間関係』（森村敏己らとの共編著、柏書房、2004）、『歴史から今を知る——大学生のための世界史講義』（上杉忍らとの共編著、山川出版社、2010）など

奥波一秀（おくなみ　かずひで）　（「3章」担当）
1966年生。東京大学大学院人文社会系研究科博士課程修了・博士（文学）。現在、日本大学・東京理科大学・浦和大学非常勤講師
著書：『クナッパーツブッシュ』（みすず書房、2001）、『フルトヴェングラー』（筑摩書房、2011）。訳書：I. バーリン『北方の博士　J.G. ハーマン』（みすず書房、1996）

北島瑞穂（きたじま　みずほ）　（「4章」担当）
1966年生。東京外国語大学ドイツ語学科卒業後、東京大学大学院総合文化研究科博士課程単位取得退学

田中ひかる（たなか　ひかる）　（「5章」担当）
1965年生。一橋大学大学院博士後期課程退学・博士（社会学）。現在、大阪教育大学准教授
著書：『ドイツ・アナーキズムの成立』（御茶の水書房、2002）、『国民国家の境界』（加藤哲郎他との共著、日本経済評論社、2010）など。訳書：S. リッヒェベッヒャー『ザビーナ・シュピールラインの悲劇』（岩波書店、2009）

宗像せぴ（むなかた　せぴ）　（「6章」担当）
1959年生。ミュンスター大学・ディプローム（神学）取得。通訳・翻訳業
著書："Japanische Theologie und der Roman Schweigen von Shusaku Endo", in : Arnd Bünker, Ludger Weckel (Hg.) ... *ihr werdet meine Zeugen sein...*, Rückmeldungen aus einer störrischen theologischen Disziplin, Freiburg 2005. *Lexikon für Theologie und Kirche*, 3. Auflage, Freiburg の日本関連項目執筆

大阪大学新世紀レクチャー

ドイツ現代史探訪
―― 社会・政治・経済 ――

2011年10月11日　初版第1刷発行　　［検印廃止］

編　者　鴋澤　歩（ばんざわ あゆむ）

著　者　鴋澤　歩　　山根徹也　　奥波一秀
　　　　北島瑞穂　　田中ひかる　　宗像せぴ

発行所　大阪大学出版会
　　　　代表者　鷲田清一

〒565-0871　吹田市山田丘2-7
　　　　　　大阪大学ウエストフロント
TEL 06-6877-1614（直通）
FAX 06-6877-1617
URL : http://www.osaka-up.or.jp

印刷・製本　亜細亜印刷株式会社

ⓒ Ayumu BANZAWA, Tetsuya YAMANE, Kazuhide OKUNAMI,
　Mizuho KITAJIMA, Hikaru TANAKA, Sepi MUNAKATA, 2011
Printed in Japan
ISBN 978-4-87259-297-9 C3022

Ⓡ〈日本複写権センター委託出版物〉
本書を無断で複写複製（コピー）することは、著作憲法上の例外を除き、禁じられています。本書をコピーされる場合は、事前に日本複写権センター（JRRC）の許諾を受けてください。
JRRC : http://www.jrrc.or.jp　eメール : info@jrrc.or.jp　電話:03-3401-2382

ドイツ文化史への招待
―芸術と社会のあいだ―
三谷研爾 編

博物学の画家メーリアン（赤木登代）　読書と市民階級（吉田耕太郎）　口承文化を発見した人びと（阪井葉子）　市民的教養としての音楽（玉川裕子）　ワーグナーとバイロイト祝祭（藤野一夫）　聖者の民ユダヤ人（樋上千寿）　メンデルスゾーン家の人びと（小石かつら）　ハイネとドイツ（中川一成）　カフカ家三代（三谷研爾）　カウンターカルチャーの輝き（三谷研爾）　ハンナ・ヘーヒと「騒然たる時代」（小松原由理）　フランクフルト社会研究所（原千史）　ドイツ統一と東ドイツの現実（國重裕）

四六版並製 294 頁、定価 2100 円（阪大リーブル 4）

ベルリン・歴史の旅
―都市空間に刻まれた変容の歴史―
平田達治 著
ドイツ統一 20 周年記念出版　写真地図多数

序・『舞姫』のベルリン　Ⅰ・中世から始まるベルリンの歴史　Ⅱ・凱旋パレードの舞台リンデン街　Ⅲ・世紀末ベルリンと第一次大戦の敗北　Ⅳ・ユダヤ文化の開花と抑圧　Ⅴ・ヴァイマル共和国、第三帝国、分断　Ⅵ・壁の崩壊と再統一　附・ベルリン市歴史年表

四六版並製 332 頁、定価 2310 円（阪大リーブル 25）